汉代三公犯罪研究

郜俊斌 著

九州出版社
JIUZHOUPRESS

图书在版编目(CIP)数据

汉代三公犯罪研究/郜俊斌著.--北京:九州出
版社,2019.12
  ISBN 978-7-5108-8540-2

Ⅰ.①汉… Ⅱ.①郜… Ⅲ.①职务犯罪－研究－中国
－汉代 Ⅳ.①D924.302

中国版本图书馆 CIP 数据核字(2019)第 269931 号

汉代三公犯罪研究

作　　者	郜俊斌　著
出版发行	九州出版社
地　　址	北京市西城区阜外大街甲 35 号(100037)
发行电话	(010)68992190/3/5/6
网　　址	www.jiuzhoupress.com
电子信箱	jiuzhou@jiuzhoupress.com
印　　刷	北京亚吉飞数码科技有限公司
开　　本	787 毫米×1092 毫米　16 开
印　　张	16.75
字　　数	217 千字
版　　次	2020 年 3 月第 1 版
印　　次	2020 年 3 月第 1 次印刷
书　　号	ISBN 978-7-5108-8540-2
定　　价	80.00 元

按　语

官吏的犯罪问题是两汉时期普遍存在的一种社会现象,三公作为汉代官僚集团中的高级成员,他们的犯罪对社会造成的危害和影响要比普通官员更大,所以如何抑制和减少三公犯罪,成为朝廷重点关注和亟待解决的问题。汉代三公犯罪的罪名十分多样,大致可分为危害政权、亵渎皇权和皇帝尊严、侵夺他人财产、思想言论以及职务犯罪几种类型。汉代法律对犯罪官员的处罚是比较严厉的,但由于三公地位尊崇,所以犯罪三公从被起诉、抓捕、拘禁、审讯到定罪判刑等各个阶段,又能够依法享有一定的优待政策,这些优待措施主要有有罪先请、拘捕时不得使用刑具等。此外,在议罪时,犯罪三公还可以以勋贵、以功劳等方式减免所应该受到的处罚。

这一时期,虽然国家各级官吏因犯罪被免官的现象十分普遍,但由于汉代法律对曾因犯罪问题被免职的官员再度出仕没有明确的限制,因而两汉时期有相当多的因犯罪被免官的三公得以重新步入仕途。他们出仕后,依照汉代法律规定,还可以享受某些特殊的优待政策,例如担任低级别官职时可以享受加秩任职的优待。复起之后,他们基本上也不会从最低级别的官吏做起,所任官职基本都在二千石级别以上。犯罪三公在复叙时享受的这些待遇,体现了汉代政府对国家高级官员一贯持有的优待态度。

汉代是中国专制主义中央集权社会法律初步形成并日渐成熟的阶段。汉代法律继承了西周德刑并用的司法传统,矫正了秦代专任刑罚所造成的法律过于残酷的弊端,在立法的指导思想以及司法案件的处理手段方面,不仅较秦律有了很大进步,同时也为后代法律的制定提供了良好的范本。汉代法律规定的国家官员享有有罪先请的特权,依据功劳大小、身份高低获得减罪甚至免罪的特权等原则,也都为后代法律所继承。董仲舒所提出的"《春秋》决狱"思想,更是成为汉代以后历代国家法律的重要指导思想之一。汉代政府在预防和减少官员犯罪方面,始终坚持以礼教为主、以刑罚为辅助的指导思想,以及政府监督同社会舆论监督相结合的方法,同样为其后各个王朝继承和完善。但是,以维护专制主义中央集权制度为目的而制定的汉代法律,同中国传统社会其他各朝代的法律一样,都有着君主专制社会无法克服的缺点。当今社会在借鉴预防和处理国家官员犯罪问题的历史成功经验时,对两汉法律中存在的这些缺点也须同样给予足够的重视。

目　录

绪 论

一、本书研究对象

（一）汉代的"三公"

"三公"具体指代哪些官职，汉代以前主要有两种说法。古文经学认为，"三公"是指太保、太师、太傅，其依据是《尚书·周官》"立太师、太傅、太保，兹惟三公，论道经邦，燮理阴阳"①的说法。今文经学则认为，所谓的"三公"是指司马、司徒和司空。在汉代，今文经学和古文经学在社会上都有很大影响，因此班固在编纂《汉书》时，同时采纳了这两种说法，这样《百官公卿表》中既有"太师、太傅、太保是为三公"的说法，同时又有"司马主天，司徒主人，司空主土，是为三公"②的说法。但综合考察汉代的史料之后可以发现，以丞相、太尉、御史大夫作为"三公"的说法在汉代更为盛行，更为时人所接受。因而，本书在研究中所提到的"三公"，如无特殊说明，都是指丞相、太尉和御史大夫。

以丞相、太尉、御史大夫为"三公"的制度，在汉代经历了多次变化。西汉前期，虽有"三公"的名号，但太尉不常设置，有战事则设，战事完毕马上罢免，并未形成固定的官职。至武帝时期，改太尉为大司马，但大司马主要作为内朝官出现，既没有印绶，也没有

---

① ［汉］孔安国注，［唐］孔颖达疏：《尚书正义》卷一七《周官》，上海：上海古籍出版社，2007年，第703页。

② ［汉］班固：《汉书》卷一九上《百官公卿表上》，北京：中华书局，1962年，第722页。

属官,基本不干预外朝的行政事务。这一时期,所谓的"三公"实际上仅指丞相与御史大夫"二公",在当时两者又被人们称作"两府"或"二府",如《汉书·薛宣传》中说:"(薛)宣,考绩功课,简在两府。"师古注:"两府,丞相、御史府也。"①至汉成帝时期,丞相何武向皇帝提出设立三公的建议,汉成帝接受了这一建议,将御史大夫改为大司空,将大司马由内朝转移到外朝,并"皆增俸如丞相"。经过改制,大司马、大司空与丞相在地位和俸秩上已完全相同,"三公"的名号也才真正名副其实。至哀帝时期,又将丞相改名为大司徒,这样,在官职名称上,"三公"也变得整齐而划一了。所以当时人即称"三公之任,鼎足承君"。汉光武帝建武二十七年(公元51年)五月丁丑,诏曰:"昔契作司徒,禹作司空,皆无'大'名,其令二府去'大'。"又将大司马之名改回太尉,并去掉了大司徒、大司空之前的大字。这样,东汉时期的"三公"变成了太尉、司徒和司空。并且,三公的次序也发生了变化。西汉时期丞相位次最前,地位最高,东汉时期,则变成了太尉位次在最前面,地位超过了丞相。这一时期,尚书台的权力增大,三公虽然地位仍旧尊崇,但也只是备员而已。总体上看,西汉在大多数时间里基本实行的是丞相制,而直到西汉哀帝改制以后,以及除汉献帝时期外的整个东汉时期实行的才是真正意义上的三公制。

　　"三公"的名称在汉代经历了多次变化,特别是在西汉哀帝之前,中央实际上实行的是丞相单一管理制度。太尉并不常设,常常因战争的临时需要而设置,战争结束旋即撤销,始终没有形成一个固定的官职。御史大夫职位虽固定,但无论是从地位上还是从掌握的权力上,它都无法与丞相相比。直到哀帝以后,较为固定的"三公"制度才最终形成。但为了研究的方便,本书在选择研究对象的时候,也将汉哀帝以前的太尉、御史大夫包括进去,以便与东汉时期的"三公"整齐对应,这样做更有助于反映两汉时期三公犯罪的变化情况。本书拟以"三公"这一特殊的汉代官僚集团

---

　　① [汉]班固:《汉书》卷八三《薛宣传》,北京:中华书局,1962年,第3391—3392页。

为研究对象,分析两汉时期三公的犯罪情况、犯罪的特点以及汉代政府对三公犯罪的惩罚情况,以期对汉代三公的犯罪做出较为全面的梳理。

(二)关于"犯罪"概念的界定

我国现行《刑法》第十三条对犯罪所下的定义是这样的:"一切危害国家主权、领土完整和安全,分裂国家、颠覆人民民主专政的政权和推翻社会主义制度,破坏社会秩序和经济秩序,侵犯国有财产或者劳动群众集体所有的财产,侵犯公民私人所有的财产,侵犯公民的人身权利、民主权利和其他权利,以及其他危害社会的行为,依照法律应当受刑罚处罚的,都是犯罪;但是情节显著轻微危害不大的,不认为是犯罪。"

根据现代法律对犯罪的定义可以看到,各种犯罪行为,都是对国家现存法律秩序的破坏行为,都应受到刑罚的制裁。具有刑事违法性和刑罚当罚性,是现代犯罪行为的主要特征。

对于犯罪特征的认识,在中国古代社会与现代社会中是基本相同的。《尚书·皋陶谟》中就有"天讨有罪,五刑五用"[①]这样的说法,即体现了犯罪应当受到惩罚的思想。在我国古代,罪这个字是后来才出现的,罪字的本字应该是"辠"字。东汉许慎在《说文解字》中从文字学的角度对"罪"这个字进行了定义。书中解释:"罪,捕鱼竹网,从网非声。秦以为辠字。"[②]段玉裁注:"始皇以辠字似皇,乃改为罪。按经典多出秦后,故皆作罪。"《说文解字》又说:"辠,犯法也。从辛自。言罪人蹙鼻苦辛之忧。"[③]从罪字的本字"辠"的定义来看,凡是犯法的行为都属于犯罪,即《说文解字》中提到的"辠,犯法也"。犯了罪,就应受到刑罚处罚,即《说文

---

① 〔汉〕孔安国注,〔唐〕孔颖达疏:《尚书正义》卷四《皋陶谟》,上海:上海古籍出版社,2007年,第151页。

② 〔汉〕许慎撰,〔清〕段玉裁注:《说文解字注》,杭州:浙江古籍出版社,2006年,第355页。

③ 〔汉〕许慎撰,〔清〕段玉裁注:《说文解字注》,杭州:浙江古籍出版社,2006年,第741页。

解字》中提到的"蹙鼻苦辛之忧"。许慎从字形方面对"罪"的解释,体现出在古人的认识中,犯罪是一种违反法律的行为,应当受到刑罚的制裁,这与现代法律对犯罪概念的界定是基本吻合的。

此外,我们还应注意,我国现行《刑法》对犯罪概念的界定中,认为情节显著轻微危害不大的行为,不是犯罪。根据对社会的危害程度来限定是否属于犯罪,古今法律的判定标准基本上是相同的。依照犯罪行为对社会造成的危害程度来划分犯罪情节轻重的记载,最早出自《国语·齐语》:"制重罪赎以犀甲一戟,轻罪赎以鞼盾一戟,小罪谪以金分,宥间罪。"①管仲在齐国制定罚赎之法的时候,曾明确将犯罪行为按照情节轻重划分为重罪、轻罪、小罪和间罪四个等级,并按罪行轻重处以不同的刑罚。秦汉以后,按罪行轻重分处不同刑罚的精神被继承下来,成为古代法律始终遵循的原则。以汉代的"矫诏"罪为例:据《汉书·景武昭宣元成功臣表》中"浩侯王恢"条的记载:"坐使酒泉矫制害,当死,赎罪,免。"如淳注曰:"律,矫诏大害,要斩。有矫诏害,矫诏不害。"②根据如淳的记载,在汉律中,矫诏罪行按照对于社会的危害程度划分为三个等级,即大害、害和不害。对于这三个等级的"矫诏"罪,刑罚的轻重是不同的。矫诏大害要处以汉代死罪中处罚最为严厉的腰斩;矫诏害处罚稍轻,为弃市;矫诏不害处罚最轻,仅为处罚金四两。这样一来,就出现了虽罪名相同,但刑罚却有异的情况。本书在考察国家法律对犯罪三公的惩罚中,留意区分了这种情况。

根据实施犯罪行为人的心理状态,将犯罪分为故意与过失犯罪两种形态,这种做法在古今法律中是相同的。我国现行《刑法》第十四条对故意犯罪是这样定义的:"明知自己的行为会发生危害社会的结果,并且希望或者放任这种结果发生,因而构成犯罪

---

① [清]徐元诰撰,王树民、沈长云点校:《国语集解》,北京:中华书局,2002 年,第 230 页。

② [汉]班固:《汉书》卷一七《景武昭宣元成功臣表》,北京:中华书局,1962 年,第 660 页。

的,是故意犯罪。"根据《刑法》对故意犯罪的定义可知,实施犯罪行为人在采取犯罪行动之前,就已经对犯罪可能造成的后果有所预判,但其明知道会造成这样的后果,却仍不终止行动,这样的行为就构成了故意犯罪。《刑法》第十五条对过失犯罪这样定义:"应当预见自己的行为可能发生危害社会的结果,因为疏忽大意而没有预见,或者已经预见而轻信能够避免,以致发生这种结果的,是过失犯罪。"由《刑法》对过失犯罪的定义可知,犯罪行为人在采取犯罪行动之前应当预料到,却因麻痹大意而没有预料到可能造成的后果;或者本应该预料到行动将会造成的后果,却因为过于自信而没有避免结果的发生。这两种行为皆构成过失犯罪。区分故意与过失犯罪的标准主要是看犯罪行为人主观上是故意的还是疏忽大意。故意与过失犯罪的处罚轻重程度是不同的。故意犯罪情节恶劣,并且可能会对社会造成极大的危害,《刑法》规定"故意犯罪,应当负刑事责任",这体现了《刑法》严惩故意犯罪的原则。过失犯罪的主观恶性要小于故意犯罪,且对社会造成的危害可能要小于故意犯罪,因此《刑法》规定"过失犯罪,法律有规定的才负责任",如果刑法的条文中没有规定,则无论过失行为对社会造成多大的危害,也不能构成犯罪,这体现了《刑法》对过失犯罪从轻处理的原则。

我国古代法律同样根据犯罪者心理状态的不同,将犯罪行为分为故意与过失两种类型,并依照不同类型的犯罪行为分别处以不同程度的刑罚。西晋时期的律学家张斐就曾说过:"其知而犯之谓之故,不意误犯谓之过失。"即行为人明知将会造成的后果却仍然一意孤行,这种情况就是"故";相反,行为人对自己行为可能造成的后果没有预料,或预料不足,因为疏忽大意而造成过失,这种情况则称为"过失"。根据犯罪者犯罪心态的不同,法律对故意与过失犯罪的处罚力度也不相同。《周礼·地官·司徒》即规定:"其有过失者,三让而罚,三罚而归于圜土。"①表明如果是过失犯

---

① 〔汉〕郑玄注,〔唐〕贾公彦疏:《周礼注疏》卷一五《地官·司徒》,上海:上海古籍出版社,2010 年,第 504 页。

罪,可以有三次改正的机会,三犯而不改,才对犯罪者进行处罚。《周礼·秋官·司寇》中又有"一宥曰不识,再宥曰过失,三宥曰遗忘"的规定,郑司农曰:"不识,谓愚民无所识则宥之。过失,若今律过失杀人不坐死。"①即如果犯罪者属于不懂法律,过失犯罪或者是遗忘法律条文的情况,都可以适当减轻刑罚的处罚,充分表现了中国古代法律对过失犯罪从轻处罚的原则。

基于以上分析可知,现代司法中对于犯罪行为的定义,有相当一部分可以适用于古代社会,但在古人的眼中,犯罪所涵盖的范围要比今天大得多,所以,在运用现代司法中的犯罪概念来定义古代社会中的相应行为时,应谨慎使用,避免出现生搬硬套的情况。

二、学术史回顾

19 世纪末、20 世纪初期,伴随着西方法律思想的传入,中国出现了一批采用西方的新理论和新方法来研究中国的法律制度的学者。他们的研究工作主要是从搜集、整理资料和撰写研究专著两个方面展开。

在这批学者中间,尤以沈家本与程树德两位学者的研究成果最为突出。沈家本是清末著名的法学家,主持参与了清末制定新律法的工作。为此,他曾专门搜集了大量中国历代的法律资料,并撰写了《历代刑法考》一书。这本书综合了以往律学的研究成果,详细考证了从三皇五帝的传说时代到明清时期,几千年间各个朝代的法律制度,并分析了历代法律制度的优劣得失。他还特别用较大篇幅,对汉代的法律制度作了较为详尽的分析,并编成《汉律摭遗》二十二卷。这部书搜集了十分详尽的汉代法律资料,虽然作者并未将有关三公犯罪的资料单独列出,但却为后辈学者研究汉代法律制度提供了便利条件。

---

① [汉]郑玄注,[唐]贾公彦疏:《周礼注疏》卷四二《秋官·司寇》,上海:上海古籍出版社,2010 年,第 1382 页。

程树德是现代著名的法律史学家。他观察到现存的古代律法多是唐代以后的，而唐以前的律法却多有缺失。针对这一状况，程树德悉心搜集了大量从汉代至隋唐时期的法律资料，整理编订了《九朝律考》一书。这本书以朝代先后为顺序，不仅详尽分析了唐以前各个朝代的法律名称、刑名名称，以及重要的法律条文，还仔细梳理了每一朝代法律的沿革，另外对每个朝代出现的律家也做了一番简要的介绍。其中在卷一《汉律考》中，作者不仅对两汉时期出现的各种刑名和刑罚手段做了较为详尽的考证，而且还对两汉时期法律的发展演变情况进行了分析。虽然在考证中，引用了不少三公犯罪的资料，但很可惜，作者也没有单独列举出"三公"犯罪的资料。

继沈家本、程树德二位学者之后，20世纪二三十年代，在一些中国法律史研究的著作中，开始出现专门研究汉代司法制度和官吏犯罪状况的内容。这一时期较为突出的成果主要有杨鸿烈的《中国法律思想史》（中国政法大学出版社，2004年版）和《中国法律发达史》（中国政法大学出版社，2009年版）两书，陈顾远的《中国法制史》（商务印书馆，1959年版）以及瞿同祖的《中国法律与中国社会》（中华书局，1981年版）等。

杨鸿烈的《中国法律发达史》一书，引用了大量文献及考古资料，分别从法典、法院编制、刑法总则、民法、法律思想等几个方面，详细考证了从上古时期一直到民国，中国历史上各个朝代的法律制度，并探讨了中国法律制度的演进情况。在第六至八章的刑法分则部分，作者详细列举了两汉时期的各种罪名以及处罚情况，但并没有对"三公"这一官僚群体的犯罪状况作过多的分析。《中国法律思想史》一书，在以赃定罪、赦罪当否等问题的讨论中，引用了一些两汉时期"三公"犯罪的文献资料，但书中也没有专门针对"三公"犯罪情况作进一步讨论。

瞿同祖在《中国法律与中国社会》一书中，运用社会学的方法，将中国两千多年来的法律与中国传统社会联系起来进行考察。全书共分六个章节，其中"阶级（续）"一章中，作者首先以贵族的法律作为研究对象,探讨了社会上各个阶级在法律上的不平等权利与地位。紧接着,作者又选取贵族和官吏这两个阶级作进一步的分析探讨,并从贵族与官吏有罪要先请,在关押和审讯中可以不受拘系拷问,在判刑以后还可以通过各种途径减轻刑罚这几个方面,详尽地剖析了这两个阶级在历代律法中所拥有的特权。

陈顾远的《中国法制史概要》一书,不仅向读者介绍了中国法制史研究的目的和方法,还考察了自上古三代至清朝末期,几千年来中国传统社会法律的形成、发展演变情况,以及古代狱讼制度的发展状况。尤其难能可贵的是,作者将中国法律置于中国传统文化的大背景之中进行考察,从中国法律所体现出来的儒法两家学说、天道观念、家族伦理等思想观念入手,深入剖析了中国传统法律的特点,并提出了自己独到的见解。

这一时期学者们的研究有一个共同点,即大多采用了西方近代的法律观对中国古代的法律进行分析研究。西方法律研究方法的引入,扩展了中国传统法律研究的领域,增加了研究的深度,但从总体上看,汉代司法制度以及官吏犯罪的研究,囿于史料的不足,不能够充分展开,使得这方面的研究仍显得很薄弱。

从中华人民共和国成立以后一直到 20 世纪 70 年代末,我国的法学研究基本处于停滞状态。但令人欣慰的是,这一时期,考古工作取得了重大成果。一大批秦汉时期的简牍出土,特别是1975 年湖北云梦睡虎地秦墓出土的一千一百多支简牍,具有极高的研究价值。这批简牍,尤其是其中的《秦律十八种》《法律答问》《封诊式》等法律简,忠实地还原了战国时期的秦国,以及统一六国之后秦朝的法律原貌,弥补了秦汉时期法律资料的不足,为进一步研究秦代的法律制度奠定了基础。

20 世纪 80 年代以后,随着西方法律研究新视角的不断引入以及简牍帛书等考古文物的陆续出土,困扰汉代司法制度研究的史料短缺的问题初步得到了解决,利用新出土的简帛资料来研究两汉时期的司法制度成为这一时期的法律史研究的主要方向,并且取得了丰硕的成果。于振波在《秦汉法律与社会》（湖南人民出版社,2000 年版）一书的第五章"秦汉法律与社会等级"中,就以新出土的秦汉简牍资料为基础,并结合正史中的史料,从有罪"先请"制度,以及刑罚适用等方面,探讨了秦汉时期贵族官吏在法律上拥有的特权,并简要分析了秦汉时期,贵族官吏团体由封闭走向开放,再由开放回到封闭这一转变过程,对秦汉法律的制定所产生的影响。李振宏在《居延汉简与汉代社会》（中华书局,2003年版）一书的"西汉官吏的法律特权"一节,也谈及西汉时期官吏的法律特权,他主要从"先请"制度、免于戮辱、赎罪、靠皇亲皇恩免罪减刑等方面,简要探讨了西汉时期官吏拥有的法律特权。程政举的《汉代诉讼制度研究》（法律出版社,2010 年版）一书,同样以秦汉简牍为基础,详尽考察了秦汉时期的司法诉讼制度和诉讼观念。作者在其第四章"汉代基本诉讼制度"中,对汉代的上请制度、时效制度、录囚制度、杂治制度、廷议议罪制度、覆讯制度、判例制度以及奏谳制度进行了细致的梳理。其中在介绍上请制度、杂治制度和廷议议罪制度时,曾提及在这些司法制度中官吏所享有的特权。

同一时期,在秦汉断代史的研究中,也有不少著作内容涉及两汉时期的司法制度,以及汉代官员的犯罪情况。林剑鸣《秦汉史》（上海人民出版社,1989 年版）在介绍西汉时期法律的基本内容和作用的时候,提到"汉律中有相当多的一部分内容在于调整统治阶级内部关系:皇帝与大臣间,贵族官僚与一般地主间以及各类统治人物间的关系"[①],这其中就有一些反映严格控制和管理各级官吏犯罪的法令,对于研究汉代三公的犯罪有很大帮助。此外,田昌五、安作璋主编的《秦汉史》（人民出版社,2008 年版）在介绍两汉时期的法律制度时,也曾对这一时期国家官员的犯罪情况有简要的介绍。

李开元的《汉帝国的建立与刘邦集团——军功受益阶层研

---

① 林剑鸣:《秦汉史》,上海:上海人民出版社,1989 年,第 361 页。

究》（三联书店，2000 年版）一书，选取了西汉初期参加反秦战争和楚汉战争而获得军功的武人集团作为研究对象，详尽分析了这一集团的兴起、起伏升降，直到最终消亡的全过程，并对汉初军功受益阶层对汉代初期的政治影响作了细致剖析。作者通过对贾谊左迁、周亚夫下狱冤死等一系列事件的描述，为我们展现了这一时期在皇权同军功受益阶层从合作到最终走向对立这一政治背景之下，西汉初期三公获罪的情况。

安作璋、熊铁基两位合著的《秦汉官制史稿》（齐鲁书社，2007 年版）一书，则从政治史的角度，系统介绍了秦汉时期上自中央三公九卿，下至乡里基层，这一庞大国家中各级职官的设置与职能的分配，以及发展演变情况。在介绍汉代丞相的设置时，作者绘制了一张《西汉丞相简表》，其中有一栏为去职理由，这其中就涉及丞相犯罪去职情况。但在反映丞相去职原因时，限于表格篇幅，仅简单地记录为"免"或"下狱死"，并未对具体原因作过多分析。对于汉代太尉与御史大夫因犯罪而去职的情况，则没有专门列表。

另外，还有不少学者专门选取汉代司法制度中的某一方面展开探讨，力求从不同的角度反映出两汉时期司法制度的运行情况，这其中就有一些文章涉及汉代的三公犯罪问题。

余行迈的《西汉诏狱探析》[①]一文，选取了西汉时期特殊的司法制度——诏狱作为研究对象，对"诏狱"名称的由来、西汉诏狱的类型、诏狱中关押人员的组成以及诏狱案件的执行过程等问题作了较为详尽的分析。其中在探讨诏狱中关押的人员时，就曾谈及"公卿大臣"这类国家高级官员。

宋杰先生的《汉代的廷尉狱》[②]一文，选取了两汉国家的最高司法审判机关——廷尉狱作为研究对象，对廷尉狱的诏狱性质、关押囚犯的身份、廷尉狱的日常管理制度以及监狱中囚犯的生活状况做了细致的考察。在论及廷尉狱中关押囚犯的身份时，

---

① 余行迈：《西汉诏狱探析》，云南师范大学学报（哲社版），1986 年第 3 期。
② 宋杰：《汉代的廷尉狱》，史学月刊，2008 年第 1 期。

宋先生指出,廷尉狱中关押的囚犯并不仅限于两千石以上的国家高级官吏,还关押着全国除三辅、三河外其他郡县以及王国的郡守、王国相等二千石官员,另外还有不少秩禄在二千石以下的官员。

宋杰先生的《东汉的黄门北寺狱》[①]一文,则选择了东汉后期设立的由宦官把持的监狱——黄门北寺狱作为研究对象。在文中,宋先生考察了黄门北寺狱的兴起及衰亡,监狱在宫中的位置,监狱的设置及运作情况,以及黄门北寺狱自设立以后,外戚、士大夫与宦官集团对其的争夺与控制,并着力分析了东汉后期发生的"党锢之祸"事件中,黄门北寺狱在镇压党人方面所起的作用,其中就涉及因党锢之祸而被捕入狱的三公,他们在狱中被关押以及受审的情况。

李振宏的《西汉贵族、官吏经济犯罪问题考论》[②]一文,专门以西汉时期的宗室和国家官吏的经济犯罪作为研究对象,详尽叙述了汉代法律中关于经济立法的情况,以及贵族、官吏因赃获罪后,在量刑上所依据的标准。最后,对西汉时期政府对贵族、官吏经济犯罪问题严加处理对汉代社会造成的积极影响作了总结。作者在对官吏经济犯罪情况的叙述中有部分内容涉及三公经济犯罪方面的材料。此外,专门研究汉代官吏经济犯罪问题的文章还有诸如熊伟华的《汉代经济犯罪的类型及惩治的司法原则》[③]、董平均的《两汉时期的"赇赂"犯罪与防范措施》[④]等,在论述汉代官吏经济犯罪状况的时候,也都对汉代三公经济犯罪有所提及。

20 世纪 80 年代以后,伴随着法学的复兴,出于法律人才的培养以及教学的要求,众多法律史方面的教材被编纂出来。这些教材基本都是通史性质的,限于篇幅,它们对汉代的司法制度虽有

---

① 宋杰:《东汉的黄门北寺狱》,首都师范大学学报(社会科学版),2007 年第 2 期。

② 李振宏:《西汉贵族、官吏经济犯罪问题考论》,史学月刊,1992 年第 3 期。

③ 熊伟华:《汉代经济犯罪的类型及惩治的司法原则》,人文杂志,1995 年第 1 期。

④ 董平均:《两汉时期的"赇赂"犯罪与防范措施》,学术论坛,2004 年第 5 期。

所介绍,但都较为简略。内容的侧重点也主要集中在说明汉代司法制度的运作情况,其中只有较少的部分提到汉代三公犯罪的情况。这些涉及汉代三公犯罪的通史性质的教材主要有李玉福的《中国法制史》(山东大学出版社,2003 年版),在"中国封建社会身份法律制度"一章中对三公犯罪的法律制度有简要的介绍。其他如郭成伟的《中国法制史》(中国法制出版社,2007 年版),范忠信的《中国法制史》(北京大学出版社,2007 年版)等法制史教材,也有部分涉及三公犯罪的内容,但同样着墨不多。

通史性质的法律著作中影响最大的要属张晋藩主编的十卷本《中国法制通史》(法律出版社,1999 年版),这本书是目前中国法律史学界最为突出的研究成果,其中第二卷《战国、秦汉卷》,由徐世虹撰写。这部著作在充分利用近年来新出土的简帛资料的基础上,充分结合传世的史料文献,并注意吸收法学界最新的研究成果,从汉代司法机构的组成、司法审判制度、刑罚制度等若干方面,较为详尽地介绍了汉代的司法制度,可以看作中国近二十年来研究秦汉时期法律制度的集大成之作,其中就有关于两汉三公犯罪的内容。

截至目前,学术界关于汉代三公犯罪情况的研究,已经取得了较大成绩,尤其是对史料中有关汉代三公犯罪资料的搜集和整理工作,为后辈学者的研究奠定了坚实的基础。但目前的研究成果中仍然存在一些问题,仍有可以继续深入挖掘的地方,主要表现在以下几点:

首先,研究的理论方法不够创新,仍以传统的研究方法为主。随着近年来多学科综合研究的兴起,以历史学的研究方法为基础,同时借鉴社会学、法学、犯罪学等相关学科的理论和方法展开研究,成为这一时期法律研究的热点。但目前史学界对"三公"的研究,仍然主要从政治史的角度入手,分析秦汉时期三公的职能、地位的演变等情况,而较少借鉴其他学科的研究方法,尝试从其他角度来考察三公这一群体在汉代的活动状况。

其次,缺乏较为系统、深入的研究。以往涉及犯罪问题的研究,或者是以秦汉时期某一种罪名作为研究对象,在论及罪名的适用对象时,对三公的犯罪情况稍带提及;或者研究多以整个古代社会作为时间段,秦汉时期的犯罪研究只是其中的一个部分,或一个章节,对于三公犯罪情况的论述,所占的篇幅就更少了。限于篇幅,这样的研究自然不可能十分系统和深入。因而,到目前为止,还没有专门研究三公犯罪问题的专著出现。

鉴于学术界研究中存在的不足,本书试图在前辈学者研究成果的基础之上,通过对两汉"三公"犯罪的类别、汉代法律对犯罪"三公"的处罚规定和优待政策的研究,总结出两汉时期"三公"犯罪的特点,以及"三公"犯罪对汉代社会产生的影响。并希望通过对"三公"这一官僚最高权力集团的犯罪研究,折射出两汉时期政治制度和法律思想的变化。最后,希望通过对汉代对三公犯罪预防机制的研究,为当今社会预防和处理国家高级官员犯罪问题提供一些借鉴。

三、本书研究方法

(一)历史陈述的方法

梁启超先生在《中国历史研究法补编》中曾说过:"什么是历史的目的? 简单一句话,历史的目的在将过去的真事实予以新意义或新价值,以供现代人活动之借鉴。……历史所以要常常去研究,历史所以值得研究,就是因为要不断地予以新意义及新价值以供吾人活动的资鉴。譬如电影,由许多呆板的影片凑合成一个活动的电影,一定有他的意义及价值,合拢看是活的,分开看是死的。吾人将许多死的影片组织好,通上电流使之活动,活动的结果,就是使人感动。研究历史也同做电影一样。吾人将许多死的事实组织好予以意义及价值使之活动,活动的结果,就是供给现代人应用。再把这个目的分段细细解释,必定要先有真事实才能说到意义,有意义才能说到价值,有意义及价值才可说到活动。"①
梁启超先生在这段话中,用精练的语言向我们阐释了历史研究的
最终目的就是要能够不断从历史当中获得新的意义和价值,为当
今社会的发展建设服务。而要想获得新的意义和价值,就应该以
过去发生的历史事实为依据,重新将其排列组合,并仔细加以
研究。

　　然而在现阶段的法律史研究当中,很多学者似乎更热衷于研
究"为什么"这一问题,他们更多地关心到底是什么原因使得国家
选择了这种司法制度而不是那种司法制度,又是什么原因造成了
国家司法制度的改变。而对于最基本的司法制度的描述,则既不
抱有太大的热情,也不愿花费太多的笔墨。这样的研究是有失平
衡的。事实上,对于历史现象的描述与探究现象背后的原因,两
者之间是相辅相成的关系。如若没有"是什么"作为铺垫,那么
"为什么"的总结归纳就只能是缺乏事实依据的空洞理论,也无法
经得起反复推敲;反过来,如若没有"为什么"作为理论的升华,法
律史的研究也就只能停留在对"是什么"的简单描述阶段,这样的
研究又是十分肤浅的。

　　中国古代法律是中国传统社会的一部分,法律的制定离不开
当时的社会文化背景。通过研究中国传统法律的产生、存在以及
演变情况,可以从一个侧面了解中国传统社会的发展、演变状况。
武树臣先生在《中国传统法律文化》一书中,将"混合法"时代的法
律规范分成三类:第一类是稳定型的法律规范,即成文法典;第二
类为半稳定型的法律规范,即令;第三类是非稳定型的法律规范,
即判例。成文法典一经制定出来,在相当长的一段时间之内是保
持固定不变的,然而社会却是在不断变化发展的,社会的变化发
展速度要远远快于法律的制定修改速度,这就可能会造成社会中
某一种行为违背了伦理道德的要求,并对社会造成了较大危害,
但由于法律的滞后性,在国家法律中缺少对这种行为的制裁规

_____

① 梁启超:《中国历史研究法》,上海:上海古籍出版社,1998 年,第 148 页。

定,致使这种行为对社会造成了更大的危害。为了改善这种状况,汉代的统治者在正式的律令条文之外,针对社会中出现的新情况、新问题专门制定了一系列的"科""比",它们同通行的法律条文一样具有法律效力。然而,法律条文毕竟是死的,在实际的司法审判中,又会遇到各种不同的状况,这就需要在法律允许的范围内,根据不同的状况,及时作出调整。作为本书研究对象的"三公",他们是国家的高级官员,相对于一般的国家官员,以及普通的百姓,他们在法律上拥有一定的优待权利,这样就会造成同罪不同罚情况的出现。而另一方面,"三公"作为国家的高级官员,他们的案件一般都要上报皇帝,并由皇帝做出最后的裁决,皇帝在裁决的时候,往往会依照自己对于官员的好恶做出决断,这也有可能会造成同罪不同罚的情况。另外,自董仲舒提出以"《春秋》决狱"之后,汉代官员在司法审判中开始大量引经入律,以经义中的内容作为指导方针来审理案件。"《春秋》决狱"的出现,虽然使司法审判变得更为灵活,也有助于更好地处理法理情三者之间的关系,却也为司法官员的徇私舞弊大开方便之门,他们依照自己的意愿随意歪曲经义,由此造成罪刑的判定并没有一个统一的标准,罪刑的轻重全凭主审官员的主观决断。基于以上种种原因,文献中记载的法律条文与法律在实际运作过程中的情况是大不相同的。因而,在汉代司法制度的研究中,我们不能够仅仅对文献中记载的各种法律条文以及犯罪现象有大概了解,就急于作下一步的探讨,而是既要考察文献中的各项法律条文,又要仔细辨别法律的实际运用状况。唯有将两者结合起来考察,我们的研究才能更接近于汉代司法制度的真实运作情况。

基于以上原因,作者认为现阶段对两汉司法制度的研究,应该注意事实的描述与理论的升华两者并重,不应只注重其中的一个方面,而忽视另一方面,甚至将两者割裂开来。本书在写作中,初步尝试将两者统一起来,不仅注意搜集最新出土的简牍资料,结合传世的各种史料,力求对两汉时期的三公犯罪现象作一全面细致的梳理,而且还在对历史事实全面梳理的基础上,借鉴现代各种司法理论，以及其他相关的理论方法，对三公犯罪现象背后所反映出的汉代司法制度，甚至是汉代社会的整体面貌作出初步的探讨。

（二）传统文献资料与新出土的考古资料相结合的方法

传统的史学研究，大多借助于传世的文献资料，尤其是官修史书来研究历史问题。但正如班固在《汉书·司马迁传》中对司马迁编纂《史记》的评价："其文直，其事核，不虚美，不隐恶，故谓之实录。"①在古代专制主义中央集权的社会里，这些所谓官修史书的编纂者们不免会受到来自统治者方面的压力，以及王朝正统思想的束缚，对统治者有利的事情就大肆鼓吹宣扬，对统治者不利的事情则极力掩饰，因而经由他们编纂的史料难免会对历史事实有所歪曲。像司马迁这样能够秉笔直书、真实记录历史事实的史家简直是少之又少，且越到专制主义社会的后期，史家歪曲事实的现象就越严重。再加上秦汉时期的文献距今已近两千年，在传世的过程中，难免会出现错传、漏传的情况。所以，单纯借助传世的文献资料来考察历史，是很难得出正确结论的。

新出土的考古资料自被埋入地下之日起，直到被考古工作者发掘出来，这中间没有经过人为的改动，也不存在在传世中出现的错传、漏传情况。因而，相比流传至今的传统文献资料，考古资料可能要更接近于历史的真实情况。通过考古资料与正史文献资料的对比，还可以验证、修正正史文献资料，这在一定程度上可以弥补单纯借助传统史料进行研究的不足。

然而考古资料也存在一定缺陷。即考古出土的资料大部分都是一时一地的零散资料，它们所反映的仅仅只是某一个较短时间段，或某一个较狭小区域内的历史情况。要想系统研究某一较长时段内国家法律的发展演变情况，以及这个时间段内某一社会群体的犯罪状况，单纯借助出土的新资料显然是不够的。而传

---

① ［汉］班固：《汉书》卷六二《司马迁传》，北京：中华书局，1962年，第2738页。

世的正史史料则不然。就拿史学界所谓的"前四史"来说,每一部史书所记录的都是一个王朝从建立到编修者所生活的时代这一段时期内的历史,所收集的都是这个王国整个疆域内发生的重大历史事件,所反映的也都是这个王朝政治、经济、文化等方方面面的情况。无论在时间和地域的跨度上,还是在内容的丰富程度上,正史文献资料所反映出的历史情况较考古资料丰富全面得多。

有鉴于此,本书在资料的运用上遵循这样的原则:仍旧以传统的正史文献资料为主,以新出土的考古资料作为辅助,对于史学界不存在争议,或较少争议的正史文献资料,可以直接拿来使用,而对于史学界中存在较大争议的正史文献资料,则力求与考古资料相互印证之后,谨慎地拿来使用。

第一章　三公犯罪的类别

一、危害政权罪

(一)谋反和大逆罪

谋反罪,《唐律疏议》的解释是:"王者居宸极之至尊,奉上天之宝命,同二仪之覆载,作兆庶之父母。为子为臣,惟忠惟孝。乃敢包藏凶慝,将起逆心,规反天常,悖逆人理,故曰'谋反'。"[①]但凡意图谋害君主、推翻现存政权的行动,都属于谋反罪,都应受到最严厉的制裁。由于谋反罪对皇权的稳固构成严重威胁,因此唐以后被归入"十恶"罪,位列"十恶"罪之首。在汉代,虽然还没有"十恶"罪的说法,但谋反罪仍然被视为重罪,法律对谋反罪的惩罚也是最为严厉的。谋反罪的判定依据是"反形已具",即谋划者为发动叛乱行动事先做了大量前期准备工作,包括人员的调配和物资的储备等,已经具备或基本具备了发动叛乱的条件。例如汉武帝时期,淮南王刘安谋反一案,胶西王刘端认为:"淮南王安……谋反形已定。臣端所见其书节印图及他无道事验明白,甚大逆无道,当伏其法。"[②]刘安被判定谋反罪,其依据就是在刘安宫殿中发现的各类通信文书,伪造的符节、印玺,以及军事地图等物品,即所谓的"谋反形已定"。

汉代的大逆罪,是指"背叛宗庙及危及宗庙的行为。具体地

---

① [唐]长孙无忌:《唐律疏议》卷一《名例》,北京:中华书局,1983 年,第 6—7 页。
② [汉]司马迁:《史记》卷一一八《淮南衡山列传》,北京:中华书局,1959 年,第 3094 页。

说，这种行为就是推翻刘氏统治，由他姓夺取天下，或者黜废现在的天子而由他人取代”[①]。即凡是妄图以武力或其他手段推翻刘氏政权的行为，都可归为大逆罪。

谋反罪与大逆罪虽然罪名不同，但都是指阴谋推翻现有政权的行为，实际上是一件事情的两个阶段。《唐律疏议》指出：“反则止据始谋，大逆者谓其行讫。”[②]即谋反罪尚处于行动的谋划阶段，而大逆罪则是指该谋划已经付诸实施的阶段。沈家本在《历代刑法考》中论及谋反、大逆的关系时也称：二者“本是一事，一则已谋，一则已行”[③]。考察汉代史料，谋反罪与大逆罪的区别确实不甚明显，很多情况下两者可以互换使用。如《汉书·宣帝纪》记载：地节四年（公元前 66 年）“秋七月，大司马霍禹谋反”[④]。这里使用的是“谋反”一词，而宣帝的诏书中则称：“今大司马博陆侯禹与母宣成侯夫人显……等谋为大逆。”[⑤]使用的词语则换成了“谋为大逆”，证明谋反与大逆二者是可以互换使用的。甚至有些时候谋反与大逆还可以连用，即史料中常出现的“反逆”。如《汉书·晁错传》丞相庄青翟等人劾奏晁错的奏疏中就有“吴王反逆亡道，欲危宗庙，天下所当共诛”[⑥]的说法。

正如美国学者科恩所说：“专制主义权力的独占性容不得他人发动或试图进行权力窥视，更谈不上权力的分享与妥协。”[⑦]在君主专制制度已经初步确立的汉代，任何妄图推翻现有政权的行为都是不能被容忍的，不仅犯罪者本人要处以极刑，其家人往往也要受到牵连。《汉书·景帝纪》：“三年冬十二月，诏曰：‘襄平侯

---

① ［日］大庭脩：《秦汉法制史研究》，上海：上海人民出版社，1991 年，第 105 页。

② ［唐］长孙无忌：《唐律疏议》卷一七《贼盗》，北京：中华书局，1983 年，第 321 页。

③ ［清］沈家本：《汉律摭遗》卷三《历代刑法考》，北京：中华书局，1985 年，第 1414 页。

④ ［汉］班固：《汉书》卷八《宣帝纪》，北京：中华书局，1962 年，第 251 页。

⑤ 同上。

⑥ ［汉］班固：《汉书》卷四九《晁错传》，北京：中华书局，1962 年，第 2302 页。

⑦ ［美］卡尔·科恩著，聂崇信、朱秀贤译：《论民主》，北京：商务印书馆，1988 年，第 89 页。

嘉子恢说不孝,谋反,欲以杀嘉,大逆无道。其赦嘉为襄平侯,及妻子当坐者复故爵。论恢说及妻子如法。'"如淳注曰:"律,大逆不道,父母妻子同产皆弃市。"①汉武帝征和年间,时为丞相的刘屈氂与大将军李广利欲立李夫人之子昌邑王为太子,不料被内者令郭穰告发,汉武帝旋即以大逆不道罪,将刘屈氂腰斩于东市,其妻子也被枭首于华阳街。又如汉昭帝时期,燕刺王刘旦联合鄂邑盖长公主、左将军上官桀和御史大夫桑弘羊妄图发动叛乱,推翻汉昭帝的统治,但因事情泄露,谋反未能成功,于是辅政的霍光"尽诛桀、安、弘羊、外人宗族。燕王、盖主皆自杀"。② 参与谋反的相关人员连同其宗族尽数被诛杀,只有燕刺王一家,因为昭帝的宽恕而免遭处罚。

三公以谋反罪被免官下狱的情况多出现在西汉时期,除上文所举刘屈氂、桑弘羊的例子外,还有周勃、周亚夫父子。《史记·绛侯周勃世家》记载,周勃被遣就国后,"每河东守尉行县至绛,绛侯勃自畏恐诛,常被甲,令家人持兵以见之"。后因此事被人以谋反罪告发,廷尉于是"下其事长安,逮捕勃治之"。③ 周亚夫之子"为父买工官尚方甲楯五百被可以葬者。取庸苦之,不予钱"④。后被庸工告发,事情牵连到周亚夫,景帝令其召诣廷尉,罪名也是谋反罪。东汉以后,随着儒家忠君观念逐渐深入人心,士人对于国家的忠诚程度较西汉大为增强,再加上国家的监察制度日渐完善,这一时期三公直接参与谋反的记载已基本不见于史书。安帝永初元年(公元 107 年),司空周章密谋逼迫安帝退位,改立平原王刘胜为帝,后因事情泄露自杀,这是整个东汉时期仅有的一位直接参与谋反的三公。

① [汉]班固:《汉书》卷五《景帝纪》,北京:中华书局,1962 年,第 142 页。

② [汉]班固:《汉书》卷六八《霍光传》,北京:中华书局,1962 年,第 2936 页。

③ [汉]司马迁:《史记》卷五七《绛侯周勃世家》,北京:中华书局,1959 年,第 2072 页。

④ [汉]司马迁:《史记》卷五七《绛侯周勃世家》,北京:中华书局,1959 年,第 2079 页。

(二)不道罪

所谓"不道",《晋书·刑法志》引张斐律表曰："逆节绝理,谓之不道。"①《唐律疏议》则解释为:"谓杀一家非死罪三人,肢解人,造畜蛊毒,厌魅。""议曰:安忍残贼,背违正道,故曰不道。"②由《晋书》和《唐律疏议》的解释,可知晋代以后的不道罪主要指犯罪行为极端残忍,违背儒家的伦理道德和礼义秩序的行为。但汉代的"不道"罪却是个比较宽泛的概念,并没有一个特别明确的定义。在汉代文献中,不道罪一般不单独出现,而是经常与其他一些罪名,例如"罔上""不忠""执左道"等搭配出现。首先来看几个三公因不道罪被免官的例子。

(1)元帝时司隶校尉骏、少府忠行廷尉事弹劾丞相匡衡:"衡位三公,辅国政,领计簿,知郡实,正国界,计簿已定而背法制,专地盗徒以自益,及赐、明阿承衡意,猥举郡计,乱减县界,附下罔上,擅以地附益大臣,皆不道。"③

(2)成帝时,左将军丹弹劾丞相王商:"商位三公,爵列侯,亲受诏策为天下师,不遵法度以翼国家,而回辟下媚以进其私,执左道以乱政,为臣不忠,罔上不道。"④

(3)时帝舅红阳侯立使客因南郡太守李尚占垦草田数百顷,颇有民所假少府陂泽,略皆开发,上书愿以入县官。有诏郡平田予直,钱有贵一万万以上。(孙)宝闻之,遣丞相史按验,发其奸,劾奏立、尚怀奸罔上,狡猾不道。尚下狱死。⑤

(4)哀帝时,左将军彭宣弹劾丞相朱博:"博执左道,污损上恩,以结信贵戚,背君乡臣,倾乱政治,奸人之雄,附下罔上,为臣

---

① [唐]房玄龄:《晋书》卷三〇《刑法志》,北京:中华书局,1974年,第928页。

② [唐]长孙无忌:《唐律疏议》卷一《名例》,北京:中华书局,1983年,第9页。

③ [汉]班固:《汉书》卷八一《匡衡传》,北京:中华书局,1962年,第3346页。

④ [汉]班固:《汉书》卷八二《王商传》,北京:中华书局,1962年,第3374页。

⑤ [汉]班固:《汉书》卷七七《孙宝传》,北京:中华书局,1962年,第3258—3259页。

不忠不道。"①

　　所举四例中，第一个例子是"不道"作为一个词组单独出现，第二个例子是"不道"与"罔上"搭配出现，第三个例子是"不道"与"狡猾"搭配出现，最后一个例子则是"不道"与"不忠"搭配出现。所谓"罔上"，是"附下罔上"的简称，最早见于汉武帝元朔元年（公元前 128 年）十一月颁布的一则令二千石官员察举孝廉的诏书："夫附下罔上者死，附上罔下者刑，与闻国政而无益民者斥，在上位而不能进贤者退，此所以劝善黜恶也。"②"罔"本义为"网"，是指渔猎用的网子。《周易·系辞》有"作结绳而为罔罟，以佃以渔，盖取诸离"③。后来引申出"欺骗，蒙蔽"的含义。"罔上"的"罔"字就是此意。因此，"罔上"，即可解释为"欺骗君主"。上文列举的几条史料中，第一、四两条都出现了"附下罔上"的说法。第一条史料，丞相匡衡与地方官员串通，擅自修改计簿，为自己谋取私利。两位地方官员也因"阿承衡意……擅以地附益大臣"，被冠以"附下罔上"的罪名。第四条史料，丞相朱博"以结信贵戚，背君乡臣"，即背弃君主，擅自结交功臣贵戚，同样被冠以"附下罔上"罪。由此推测，"附下罔上"，应该是指大臣之间相互袒护，共同欺骗君主的罪行。

　　与"罔上"意思相近的还有"诬罔"一词。许慎《说文解字》说："诬，加也。"段玉裁注："云加言者，谓凭空构架，听者所当审慎也。按力部曰，加，语相增加也。从力口。然则加与诬同义互训。可不增言字。加与诬皆兼毁誉言之。毁誉不以实皆曰诬也。"④"诬"就是凭空捏造事实，以此毁坏别人的名誉。在汉代史料中，"诬罔"有两种含义，其一为"诬陷诽谤"。如上文例证中出现的"诬罔"，即此意。"诬罔"的另一个含义为"欺骗"。如《汉书·王莽

①　[汉]班固：《汉书》卷八三《朱博传》，北京：中华书局，1962 年，第 3407—3408页。

②　[汉]班固：《汉书》卷六《武帝纪》，北京：中华书局，1962 年，第 166—167 页。

③　[清]李道平：《周易集解纂疏》卷九《系辞》，北京：中华书局，1994 年，第 624 页。

④　[汉]许慎撰，[清]段玉裁注：《说文解字注》卷三上《言部》，杭州：浙江古籍出版社，2006 年，第 97 页。

传》:"有丹书著石,文曰'告安汉公莽为皇帝'。符命之说,自此始矣。莽使群公以白太后,太后曰:'此诬罔天下,不可施行。'"①这里的诬罔就应该翻译成欺骗。"罔上"一词的"罔"字,同样也有欺骗的含义,单从字义上看,两者的差别不大,所以,在史料中,两个词经常互换使用。

常与不道搭配出现的还有"不忠"和"执左道"。"不忠"这个罪名很好理解,指的是不忠于君主的行为。"执左道"中的"左道"又该如何理解?《礼记·王制篇》有"析言破律,乱名改作,执左道以乱政,杀"。郑注云:"析言破律,巧卖法令者也。乱名改作,谓变易官与物之名,更造法度。左道若巫蛊及俗禁。"②按郑注的说法,诅咒别人时所使用的巫蛊之术,以及各种时俗禁忌,都称为左道。利用这些东西以达到某种目的的行为,就是"执左道"。徐世虹先生也认为:"凡违背经术意蕴,假托神怪,以迷信、天象即图谶蛊惑人心,批评时政,甚至诅咒皇帝,都属于左道。"③然而,考察上文所举的几个例子可以发现,所谓的"左道"并不限于巫蛊之术和各种时俗禁忌。第二个例子中,王商"不遵法度以翼国家,而回辟下媚以进其私",被冠以"执左道"罪名;第三个例子中,朱博"以结信贵戚,背君乡臣,倾乱政治",同样被冠以"执左道"罪名。显然两者的行为与利用巫蛊之术并没有什么关系。他们的行为之所以被冠以"执左道",是因为他们都违背了政府正常的运作秩序,利用各种非正当的手段,以达到各自的目的。由此推测,广义的"执左道"罪,应该包括这种违背国家正常秩序,破坏了国家的稳定,并给社会造成严重后果的行为。

综上所述,汉代人所谓的"不道罪"大致应该是指擅自联合其他大臣,以各种非正当的手段欺骗君主,由此影响到皇权的稳固

---

① [汉]班固:《汉书》卷九九上《王莽传上》,北京:中华书局,1962 年,第 4078—4079 页。

② [清]孙希旦:《礼记集解》卷一四《王制第五之三》,北京:中华书局,1989 年,第 373 页。

③ 张晋藩主编、徐世虹著:《中国法制通史》卷二《战国秦汉卷》,北京:法律出版社,1999 年,第 488 页。

以及政府的正常运作,并造成较为严重后果的行为。

(三)阿党罪

所谓"阿党",郑玄曰:"阿党,谓治狱吏以私恩曲挠相为也。"①根据郑玄的解释,阿党罪主要是指治理监狱的狱吏与犯人相勾结,违背法律的规定,私自为犯人开脱罪行的行为。但纵观两汉的史料,阿党罪的范围并非仅限于狱吏与囚犯之间。

《汉书·高五王传》引张晏律注:"诸侯有罪,傅相不举奏,为阿党。"②表明阿党罪还应包括朝廷派出监察诸侯王的傅相与诸侯王,为了共同的利益,擅自结为党派的行为。国家各级官员同各诸侯王之间,或者国家官员相互之间为达成某一政治目的而结成利益集团,同样构成阿党罪。如《汉书·昭帝纪》:"左将军安阳侯(上官)桀、骠骑将军桑乐侯(上官)安、御史大夫(桑)弘羊皆数以邪枉干辅政,大将军不听,而怀怨望,与燕王通谋,置驿往来相约结。燕王遣寿西长、孙纵之等赂遗长公主、丁外人、谒者杜延年、大将军长史公孙遗等,交通私书,公谋令长公主置酒,伏兵杀大将军光,征立燕王为天子,大逆毋道。"③燕刺王刘旦与权臣上官桀、桑弘羊等人交通,并伙同鄂邑长公主,阴谋杀死辅政的霍光,废除汉昭帝,另立燕王为帝。事情未及实施便被人告发,罪名之一就是阿党。东汉中期以后,阿党罪更是频繁出现,这很可能与汉代选官制度的变化有关。正如于迎春先生所说:"朋党问题由来久矣,它不是士大夫的专利,却几乎是与士人大量入仕共生并随的一个现象。"④随着元成以后官员队伍儒家化进程的加快,士人逐渐成为国家官员的主要组成部分。这些入仕的士大夫由于彼此之间的志向情趣以及利益上的一致性,很容易结合在一起,形成

---

① [清]孙希旦:《礼记集解》卷一七《月令第六之三》,北京:中华书局,1989年,第487页。

② [汉]班固:《汉书》卷三八《齐悼惠王肥传》,北京:中华书局,1962年,第2002页。

③ [汉]班固:《汉书》卷七《昭帝纪》,北京:中华书局,1962年,第226页。

④ 于迎春:《秦汉士史》,北京:北京大学出版社,2000年,第278页。

牢固的关系网络，往往其中一人获罪，其他人也会受到牵连。东汉末年发生的党锢之祸，就是如此。这一时期，三公因阿党罪被免官下狱的例子有很多，例如顺帝永建元年（公元126年）正月辛巳，"太傅冯石、太尉刘憙、司徒李郃免"。注引《东观记》曰："冯、刘以阿党权贵，李郃以人多疾疫免。"① 宋由"(章)[元]和间为太尉，坐阿党窦宪，策免归本郡，自杀"②，韩演"桓帝时为司徒，大将军梁冀被诛，演坐阿党抵罪，以减死论，遣归本郡"③ 等。

二、亵渎皇权及皇帝尊严罪

（一）不敬罪

不敬罪，主要是指冒犯皇帝尊严的失礼、违礼行为。晋张斐解释为"亏礼废节谓之不敬"④。《唐律疏议·名例》则说："礼者，敬之本，礼之舆。故《礼运》曰：'礼者，君之柄，所以别嫌明微，考制度，别仁义。'责其所犯既大，皆无肃敬之心，故曰大不敬。"⑤《唐律疏议·名例》又说："汉制《九章》，虽并湮没，其不道、不敬之目见存，原夫厥初，盖起诸汉。"⑥ 证明汉代就已经有不敬罪了。但不敬罪在汉代并没有形成一个特别明确的概念，似乎很多难以归类到其他罪名中的罪行，都可以划归到"不敬"罪，如《汉书·冯野王传》大将军王凤诬陷冯野王"赐告养病而私自便，持虎符出界归家，奉诏不敬"⑦。其罪名就是"不敬"。又如《汉书·景武昭元成功臣表》秺侯商丘成"醉歌堂下，大不敬，自杀"⑧。罪名同样是"不

---

① [刘宋]范晔：《后汉书》卷六《顺帝纪》，北京：中华书局，1965年，第252页。

② [刘宋]范晔：《后汉书》卷二六《宋弘传》，北京：中华书局，1965年，第905页。

③ [刘宋]范晔：《后汉书》卷四五《韩棱附韩演传》，北京：中华书局，1965年，第1536页。

④ [唐]房玄龄：《晋书》卷三〇《刑法志》，北京：中华书局，1974年，第928页。

⑤ [唐]长孙无忌：《唐律疏议》卷一《名例》，北京：中华书局，1983年，第10页。

⑥ [唐]长孙无忌：《唐律疏议》卷一《名例》，北京：中华书局，1983年，第6页。

⑦ [汉]班固：《汉书》卷七九《冯野王传》，北京：中华书局，1962年，第3303页。

⑧ [汉]班固：《汉书》卷一七《景武昭宣元成功臣表》，北京：中华书局，1962年，第663页。

敬"。汉代的不敬罪似乎并不单指某一种固定的行为,而是一系列行为的概称,史书中这一类罪名常见的表述方式为"某一种具体的行为＋不敬罪",如上文中秪侯不敬罪的表述方式就是一种具体的行为"醉歌堂下"再加上"大不敬"构成。正如孟德斯鸠在《论法的精神》一书中所说:"中国的法律规定,任何人对皇帝不敬就要处死刑。因为法律没有明确规定什么叫不敬,所以任何事情都可拿来作借口去剥夺任何人的生命,去灭绝任何家族。"①孟德斯鸠认为中国法律没有明确规定什么是不敬罪这一判断是正确的,但他又说任何人对皇帝不敬都要被处以死刑,这一判断却存在一定问题。由于不敬罪的范围很宽泛,其中包含的犯罪行为各异,因而刑罚的轻重相差很大。严重者可能会处以弃市的重罪,轻者很可能只处以罚金了事。至于到底处以多重的刑罚,主要还得看君主的意思。

（二）矫诏罪

矫诏之"矫",汉律中又写作"挢",《说文解字·手部》:"挢,举手也。从手,乔声。一曰挢,擅也。"段玉裁注:"擅,专也。凡矫诏当用此字。"②挢,本是举手的意思,后引申为不经皇帝允许,擅自拟定诏令的行为。《汉书·景武昭宣元成功臣表》记载,浩侯王恢"坐使酒泉矫诏害,当死,赎罪,免"。如淳注:"律,矫诏大害,要斩。有矫诏害,矫诏不害。"③可知汉代的矫诏罪根据可能引起后果的严重程度,分为矫诏大害、矫诏害与矫诏不害三种。对矫诏害与大害的处罚极为严厉,对矫诏不害的处罚则相对较轻。如汉武帝元鼎中,博士徐偃矫制,令胶东、鲁国私营盐铁,后被张汤劾为矫诏大害而处死。又如魏其侯窦婴矫诏一案,窦婴救人心切,

① [法]孟德斯鸠著,张雁深译:《论法的精神》(下册),北京:商务印书馆,1982年,第194页。

② [汉]许慎撰,[清]段玉裁注:《说文解字注》卷一二上《手部》,杭州:浙江古籍出版社,2006年,第604页。

③ [汉]班固:《汉书》卷一七《景武昭宣元成功臣表》,北京:中华书局,1962年,第660页。

向武帝出示了景帝颁给自己的遗诏,但经核对宫内并无此遗诏,窦婴遂被有司劾为"矫先帝诏害,罪当弃市"[①]。窦婴被劾以矫诏害,本应处以弃市极刑,但汉武帝却并未有严厉处置窦婴的意思,这主要是因为矫诏的目的是为了救人,对自己的统治并未构成实质性的威胁,但擅自拟定诏书的行为,仍是不被允许的,后来有人以恶言中伤窦婴,窦婴最终还是被弃市渭城大街。

《汉书·冯奉世传》颜师古注说:"汉家之法,擅矫诏命,虽有功劳不加赏也。"[②]在专制主义制度之下,君主的权威是至高无上的,不允许任何人加以挑战。对于臣子的矫诏行为,即便出发点是为了维护国家利益,但根据汉代法律的规定是不能够获得赏赐的。如《汉书·陈汤传》记载,陈汤在没有得到皇帝批准的情况下,伪作诏书擅自调动西域军队进攻郅支单于,虽然将单于打败,维护了汉朝在西域的统治,但在立功封赏问题上,以匡衡为首的朝中大臣皆反对封赏陈汤,认为:"(甘)延寿、(陈)汤擅兴师,矫制幸得不诛,如复加爵土,则后奉使者争欲乘危徼幸,生事于蛮夷,为国招难,渐不可开。"[③]元帝只好采纳他们的意见,宣布陈汤功过相抵,不予封赏。

（三）祝诅罪

所谓"祝诅",《说文解字·示部》:"祝,祭主赞词者。从示从人口。一曰从兑省。《易》曰:兑为口为巫。"祝最早是指向神灵做祈祷的巫师,后来又演化为动词,意思是向鬼神祷告。《尚书·无逸》又有"否则厥口诅祝"。孔颖达解释为:"诅祝,谓告神明加殃咎也。以言告祝谓之祝,请神加殃谓之诅。"[④]因此,祝诅罪就是指利用巫术,向鬼神祈祷以求降灾于他人的行为。

---

① ［汉］班固:《汉书》卷五二《窦婴传》,北京:中华书局,1962年,第2392页。

② ［汉］班固:《汉书》卷七九《冯奉世传》,北京:中华书局,1962年,第3301页。

③ ［汉］班固:《汉书》卷七〇《陈汤传》,北京:中华书局,1962年,第3016页。

④ ［汉］孔安国注,［唐］孔颖达疏:《尚书正义》卷一五《无逸》,上海:上海古籍出版社,2007年,第639页。

　　两汉距离上古未远,巫术、巫风依然盛行,其中又以汉武帝统治时期最为兴盛。汉武帝本人颇好神仙方术,对神鬼确信不疑。有心人就利用这一点,在政治斗争中随意捏造与巫术有关的罪名打击政敌。终于,在汉武帝晚年,爆发了巫蛊之祸,戾太子刘据和卫皇后在这场政治阴谋中相继被杀,因巫蛊之祸受牵连的官员不计其数。此后,巫蛊之狱大兴,曾先后担任丞相的刘屈氂和公孙贺皆因祝诅罪下狱身死。公孙贺子敬声被人告发与阳石公主私通,并“使人巫祭祠诅上,且上甘泉当驰道埋偶人,祝诅有恶言。”汉武帝令有司案验,最后父子皆“死狱中,家族”。① 征和二年(公元前 91 年),内者令郭穰向武帝告发丞相刘屈氂:“使巫祠社,祝诅主上,有恶言,及与贰师共祷祠,欲令昌邑王为帝。”武帝令有司案验,有司劾以大逆无道罪,最后,“屈氂厨车以徇,要斩东市,妻子枭首华阳街”。②

　　弗雷泽在《金枝》一书中指出巫术赖以存在的两个基本原则:相似律和接触律。“巫师根据第一原则,即‘相似律’引申出,他能够仅仅通过模仿就实现任何他想做的事;从第二个原则出发,他断定,他能通过一个物体来对一个人施加影响,只要该物体曾被那个人接触过,不论该物体是否为该人身体之一部分。”③祝诅常用的方式之一:利用埋木偶人或是通过损害木偶人以达到加害被诅咒者的目的,其施术原理正是依据了相似律的原则。因为按照相似率的规定,如果伤害或毁掉代表施术对象的偶人,施术对象就会受伤或死亡。如上文中公孙敬声“当驰道埋偶人”就是希望通过让车子碾压偶人,使偶人受创的方式,令被诅咒者受到相似的伤害。

　　古人对鬼神颇为敬畏,相信通过向神灵祷告,可以对被诅咒者造成伤害,因此汉代法律对祝诅罪的惩罚是相当严厉的,特别

---

　　① 　[汉]班固:《汉书》卷六六《公孙贺传》,北京:中华书局,1962 年,第 2878 页。

　　② 　[汉]班固:《汉书》卷六六《刘屈氂传》,北京:中华书局,1962 年,第 2883 页。

　　③ 　[英]弗雷泽著,徐育新等译:《金枝——巫术与宗教之研究》,北京:中国民间文艺出版社,1987 年,第 19 页。

是祝诅的对象为皇帝时,惩罚更是较一般的祝诅罪严厉得多。如汉武帝时期因祝诅罪被处死的两位丞相,公孙贺父子死于狱中,其家族也被夷族。刘屈氂则在东市腰斩,其妻子也被处以枭首刑。除此二人外,两汉时期因祝诅罪被判以腰斩、弃市的勋臣贵戚还有嗣曲侯终根、嗣阳河侯其仁、嗣弓高侯韩兴等人,可见汉代对祝诅罪处罚是很重的。

三、官吏职务犯罪

(一)贪污罪

我国现行《刑法》第三百八十二条规定:"国家工作人员利用职务上的便利,侵吞、窃取、骗取或者以其他手段非法占有公共财产的,是贪污罪。"中国古代社会对贪污罪的定义与现行《刑法》相差不大,同样是指官吏利用职务之便,侵吞国家财产,或者通过不正当的手段谋取个人利益的行为。

贪污罪在汉代又被称为"受赇"。《说文解字·贝部》:"赇,以财物枉法相谢也。"段玉裁注曰:"枉法者,违法也。法当有罪而以财求免,是曰赇。受之者亦曰赇。"①《汉书·刑法志》:"吏坐受赇枉法,守县官财物而即盗之,已论命复有笞罪者,皆弃市。"师古注:"吏受赇枉法,谓曲公法而受赂者也。"②由颜师古等人的注释可知,受赇就是收取请托人的钱财,歪曲法律的判决,为请托人开脱罪责的行为。贿赂和收取贿赂都称为"赇"。在汉代,受赇枉法被视为重罪,尤其为国法所不容,收受贿赂者都要受到严厉的处罚。如上引《汉书·刑法志》中就有"吏坐受赇枉法,守县官财物

---

① [汉]许慎撰,[清]段玉裁注:《说文解字注》卷六《贝部》,杭州:浙江古籍出版社,2006年,第282页。

② [汉]班固:《汉书》卷二三《刑法志》,北京:中华书局,1962年,第1099—1100页。

而即盗之,已论命复有笞罪者,皆弃市"①的规定。汉景帝七年(公元前 150 年)又颁布诏书,重申国家严厉打击官员受赇枉法行为的态度,诏书规定:"吏受所监临,以饮食免,重;受财物,贱买贵卖,论轻。廷尉与丞相更议著令。"廷尉信谨与丞相议曰:"吏及诸有秩受其官属所监、所治、所行、所将,其与饮食计偿费,勿论。它物,若买故贱,卖故贵,皆坐臧为盗,没入臧县官。吏迁徙免罢,受其故官属所将监治送财物,夺爵为士伍,免之。无爵,罚金二斤,令没入所受。有能捕告,畀其所受臧。"②

李振宏先生在《西汉贵族、官吏经济犯罪问题考论》一文中指出:"西汉时的赃罪,大抵说即分为这样三级。一般说,'臧二百五十以上',多为受所监赃,象贪污、主守盗一类性质严重的犯罪行为,虽赃数少也坐罪;'臧五百以上',是通常赃罪的数额标准,赃数仅达这两个标准额的,一般是免官。'臧十金以上',是重大的犯罪行为,多以不道论,死罪不赦。"③《汉书·薛宣传》颜师古注曰:"依当时律条,臧值十金,则至重罪。"④《汉书·陈万年传》如淳注又说:"律,主守而盗直十金,弃市。"⑤表明西汉时期,贪污一般以十金为限,十金以上处以弃市极刑。但在实际的司法审判中,却并未严格遵照汉律的标准执行。如丞相匡衡因"监临盗所主守直十金以上"⑥被大臣弹劾,但皇帝的处罚仅仅是免除匡衡的丞相职务而已。

虽然汉代法律为防止官员贪污受贿制定了极为严厉的制裁手段,但正如王亚南先生所说:"专制官僚社会统治者对其臣下,或其臣下对于僚属所要求的只是'忠实',不是'清廉',至少两者相权,宁愿以不清廉保证'忠实'。"⑦在君主专制制度下,君主最关

① [汉]班固:《汉书》卷二三《刑法志》,北京:中华书局,1962 年,第 1099 页。
② [汉]班固:《汉书》卷五《景帝纪》,北京:中华书局,1962 年,第 140 页。
③ 李振宏:《西汉贵族、官吏经济犯罪问题考论》,《史学月刊》1992 年第 3 期。
④ [汉]班固:《汉书》卷八三《薛宣传》,北京:中华书局,1962 年,第 3388 页。
⑤ [汉]班固:《汉书》卷六六《陈万年传》,北京:中华书局,1962 年,第 2902 页。
⑥ [汉]班固:《汉书》卷八一《匡衡传》,北京:中华书局,1962 年,第 3346 页。
⑦ 王亚南:《中国官僚政治研究》,北京:商务印书馆,2010 年,第 78 页。

心的是皇权的巩固,在他们眼中,只要臣子一心侍奉君主,踏踏实实为君主办事,即便偶尔犯些小过,也是可以容忍的。这就解释了为何两汉时期官吏因贪污罪被处罚者远远少于逍遥法外者。

(二)渎职罪

渎职罪在汉代并不专指某一具体罪名,而是一系列罪行的总称,所以汉律所惩处的,也只是一个个具体的渎职行为。

在汉代文献中,常见的渎职行为是"不任职"或"不胜任"。但两者又有一些区别。文献中,"不胜任"既可适用于品秩较低的地方官员,也可用于二千石以上的国家高级官员,而"不任职"则基本上只用于二千石以上的高级官员。如汉武帝元朔元年(公元前128年)冬十一月颁布的一份诏书称:"夫附下罔上者死,附上罔下者刑,与闻国政而无益于民者斥,在上位而不能进贤者退,此所以劝善黜恶也。今诏书昭先帝圣绪,令二千石举孝廉,所以化元元,移风易俗也。不举孝,不奉诏,当以不敬论。不察廉,不胜任也,当免。"①这里,"不胜任"的适用范围就仅限于二千石以上国家官员。在汉代官场中,软弱不胜任是最为官员所忌讳的行为,酷吏尹赏在临终前告诫其子:"丈夫为吏,正坐残贼免,追思其功效,则复进用矣。一坐软弱不胜任免,终身废弃无有赦时,其羞辱甚于贪污坐臧,慎毋然!"②正隐隐透露出这个意思。正因如此,官员不胜任又往往成为君主策免大臣常用的借口之一。《汉书·卫绾传》:"建元中,丞相以景帝病时诸官囚多坐不辜者,而君不任职,免之。"③卫绾被罢免的理由,正是在皇帝生病期间,丞相由于软弱不胜任,致使牢狱中关押了许多无辜者。

此外,《汉书·武帝纪》又有:"御史大夫暴胜之、司直田仁坐失纵,胜之自杀,仁腰斩。"④"坐失纵"也是渎职行为的一种。《汉

---

① 〔汉〕班固:《汉书》卷六《武帝纪》,北京:中华书局,1962年,第1167页。
② 〔汉〕班固:《汉书》卷九○《酷吏尹赏传》,北京:中华书局,1962年,第3675页。
③ 〔汉〕班固:《汉书》卷四六《卫绾传》,北京:中华书局,1962年,第2202页。
④ 〔汉〕班固:《汉书》卷六《武帝纪》,北京:中华书局,1962年,第209页。

书·成帝纪》:"秋,桃李实,大水,河决东郡金堤。冬十月,御史大夫尹忠以河决不忧职,自杀。"①黄河决口,作为三公的尹忠既不着急,也不积极主动想办法堵塞黄河决口,这种行为同样属于渎职,尹忠也因此被逼自杀。此外,丞相许昌、御史大夫庄青翟"坐丧事不办,免"②。也是因渎职而被免官的例子。

(三)选举不实罪

两汉时期,官员选举的主要途径为察举制。按照察举制的规定,三公及二千石官吏都有为皇帝保举人才的职责。不能为国家推举人才,负有选举职责的官员则要负相应的责任。元朔元年(公元前 128 年)冬十一月,汉武帝针对二千石官吏不举孝廉的行为曾专门颁布诏书:"夫附下罔上者死,附上罔下者刑,与闻国政而无益于民者斥,在上位而不能进贤者退,此所以劝善黜恶也。今诏书昭先帝圣绪,令二千石举孝廉,所以化元元,移风易俗也。不举孝,不奉诏,当以不敬论。不察廉,不胜任也,当免。"③

不为国家推举人才不行,所推举的人才名实不相副,举荐者也要负相应的责任:按照汉律的规定,举荐者要反坐,这就构成了选举不实罪。张家山汉简《二年律令·置吏律》中就有这方面的规定:"有任人以为吏,其所任不廉、不胜任以免,亦免任者。其非吏及宦也,罚金四两,戍边二岁。"④《后汉书·明帝纪》注也说:"举非其人,并正举主之罪。"⑤汉章帝于建初八年(公元 83 年)再一次颁布诏令,规定公卿大臣、二千石官吏在举孝廉茂材为吏的时候,一定要仔细考核。如果出现所举荐者不能胜任官职的情况,对举荐者要按选举不实罪处罚。

两汉时期,因选举不实被免官下狱的三公很多,如光武帝时

---

① [汉]班固:《汉书》卷一〇《成帝纪》,北京:中华书局,1962 年,第 308 页。

② [汉]班固:《汉书》卷五二《田蚡传》,北京:中华书局,1962 年,第 2379 页。

③ [汉]班固:《汉书》卷六《武帝纪》,北京:中华书局,1962 年,第 167 页。

④ 张家山二四七号汉墓竹简整理小组:《张家山汉墓竹简(二四七号墓)》(释文修订本),北京:文物出版社,2006 年,第 36 页。

⑤ [刘宋]范晔:《后汉书》卷二《明帝纪》,北京:中华书局,1965 年,第 98 页。

期曾任大司徒的戴涉即"坐所举人盗金下狱"①。后被处死。延熹九年(公元 166 年),李膺等以党事下狱。陈蕃上疏极谏,请求桓帝赦免李膺等人。"帝讳其言切,托以蕃辟召非其人,遂策免之。"②策免的罪名同样是选举不实。此外还有司徒赵温于建安十三年(公元 208 年)正月坐辟忠臣子弟选举不实被策免。

四、侵夺他人财产罪

侵夺他人财产罪是指高官贵戚利用手中的权力,强行占有别人的土地、房屋等行为。西汉建立之初,饱受战乱的国家刚稳定下来,百姓生活仍然很贫苦,《史记·平准书》说:"汉兴,接秦之弊,丈夫从军旅,老弱转粮饷,作业剧而财匮,自天子不能具钧驷,而将相或乘牛车,齐民无藏盖。"③因而这一时期,高官贵戚私自侵夺他人财产者较少,三公中唯有丞相萧何强买百姓田地一事属于侵夺别人财产。《史记·萧相国世家》记载:"上罢布军归,民道遮行上书,言相国贱强买民田宅数千万。"④至于萧何强买田地也并非为了奢侈享乐,而是欲借此事以自保。刘邦似乎也看出了萧何强占田地的目的,因此也仅令其向百姓赔罪了事。经过文景时期的休养生息,武帝以后国家已较为富裕,特权阶层中的一些人生活逐步腐化,滥用权力夺人田产的情况时有发生。《史记·平准书》就说道:"当是之时,网疏而民富,役财骄溢,或至兼并豪党之徒,以武断于乡曲。宗室有土,公卿大夫以下争于奢侈,室庐舆服僭于上,无限度。"⑤特别是这一时期,地主阶级中的士族门阀开始逐步形成,他们以儒学传家,以精通儒术作为入仕的途径,形成了家族世代为官的局面。他们凭借手中的权力,以暴力为后盾,大

---

① [刘宋]范晔:《后汉书》卷二三《窦融传》,北京:中华书局,1965 年,第 807 页。

② [刘宋]范晔:《后汉书》卷六六《陈蕃传》,北京:中华书局,1965 年,第 2167 页。

③ [汉]司马迁:《史记》卷三〇《平准书》,北京:中华书局,1959 年,第 1417 页。

④ [汉]司马迁:《史记》卷五三《萧相国世家》,北京:中华书局,1959 年,第 2018 页。

⑤ [汉]司马迁:《史记》卷三〇《平准书》,北京:中华书局,1959 年,第 1420 页。

肆收购田地房屋,因而能在较短的时间内发家致富。如汉成帝时期的大儒张禹,被成帝任命为丞相,封安昌侯。他本人"为人谨厚,内殖货财,家以田为业"。成为丞相以后,他又凭借丞相的权力"多买田至四百顷,皆泾渭灌溉,极膏腴上贾,它财物称是"。①很快就进入大地主的行列。

在中国以自然经济为主体的传统社会中,土地是维持家庭小农经济的重要支柱,而小农经济的盛行又是国家赋税来源的保证。自汉朝建立以来,政府为保护小农经济,始终采取较为严厉的措施打击土地兼并行为。如汉哀帝时期,由于诸侯王、列侯、各级官吏大肆兼并土地,蓄养奴婢,汉哀帝不得不专门颁布诏令,限制个人占有田地的数目:"诸王、列侯得名田国中,列侯在长安及公主名田县道,关内侯、吏民名田,皆无得过三十顷。诸侯王奴婢二百人,列侯、公主百人,关内侯、吏民三十人。年六十以上,十岁以下,不在数重。"②国家虽制定严格的法律制止土地兼并,但土地兼并之风仍旧愈演愈烈。如武帝时期的丞相李蔡就因"坐诏赐冢地阳陵当得二十亩,蔡盗取三顷,颇卖得四十余万,又盗取神道外壖地一亩葬其中"③,被逼自杀。成帝时丞相匡衡也因夺人土地被免除官职。《汉书·匡衡传》记载:"久之,(匡)衡子昌为越骑校尉,醉杀人,系诏狱。越骑官属于昌弟且谋篡昌。事发觉,衡免冠徒跣待罪,天子使谒者诏衡冠履。而有司奏衡专地盗土,衡竟坐免。"④中国传统社会,凡是做的官越大,手中的权力越多,就越有能力去聚敛更多的财富,也就更容易因贪污而获罪。"他们无论是'达则兼济天下'的把持朝政,抑是'穷则独善其身'的武断乡曲,始终在把政治作为达成经济目的的手段。而这种倾向,就是直通'贪污之路'的便桥。"⑤王亚南先生的判断是不错的。

---

① [汉]班固:《汉书》卷八一《张禹传》,北京:中华书局,1962年,第3026页。
② [汉]班固:《汉书》卷一一《哀帝纪》,北京:中华书局,1962年,第336页。
③ [汉]班固:《汉书》卷五四《李广附李蔡传》,北京:中华书局,1962年,第2449页。
④ [汉]班固:《汉书》卷八一《匡衡传》,北京:中华书局,1962年,第3346页。
⑤ 王亚南:《中国官僚政治研究》,北京:商务印书馆,2010年,第116页。

五、思想言论罪

(一)非所宜言罪

非所宜言罪,是指说了不应该说的话,使皇帝的权威受到损失的行为。至于哪些言论属于"宜言",哪些属于"非宜言",汉代法律却并没有一个固定的标准,全凭君主个人的意志决定。非所宜言罪的设立,充分体现了专制主义制度下,法律"人治"的特点。也许同样的话语,由佞臣之口说出,就能被君主接受;由忠臣之口说出,却被认为是非所宜言之语。例如《后汉书·韩歆传》记载,韩歆"好直言,无隐讳,帝每不能容"。在一次朝会上,韩歆一番"亡国之君皆有才,桀纣亦有才"的言论惹得光武帝大怒,不仅如此,韩歆"又证岁将饥凶,指天画地,言甚刚切",光武帝一怒之下,免去韩歆官职。但光武帝仍感到不能释怀,遂"复遣使宣诏责之"。韩歆在被逼无奈的情况下只好选择了自杀。① 韩歆在朝会上的奏对,其本意只是规劝皇帝应端正自己的行为,为天下人做出表率,这本是件好事,但他却将光武帝同亡国之君和桀纣一类的暴君相提并论,使光武帝感到自己的面子受到损害,这是作为帝王的光武帝所不能容忍的,而韩歆最终的悲剧也正是来源于此。

非所宜言罪的起因多是奏对者的言论损害了皇帝个人的尊严。在汉代法律中,有损皇帝尊严的行为又大多归于不敬罪。因此汉代文献中,非所宜言又时常与大不敬同时出现。如《汉书·陈汤传》记载,东莱郡冬天有黑龙出没,陈汤解释说:"是所谓玄门开。微行数出,出入不时,故龙以非时出也。又言当复发徙,传相语者十余人。"因为此事,陈汤被丞相御史劾奏,罪名正是"惑众不

---

① [刘宋]范晔:《后汉书》卷二六《韩歆传》,北京:中华书局,1965年,第902页。

道,妄称诈归异于上,非所宜言,大不敬"。①

(二)诽谤罪

所谓"诽谤",《说文解字·言部》说:"诽,谤也。从言非声。"段玉裁注:"诽之言非也,言非其实。"②《说文解字·言部》又说:"谤,毁也。"段玉裁注:"谤,毁也。谤之言旁也。旁,溥也。大言之过其实。"③由《说文解字》的解释来看,"诽""谤"两字的字义相近,都有言语与实际不相符合的含义。在先秦时期的文献中,"诽"与"谤"二字常单独出现。如《管子·桓公问》:"汤有总街之庭,以观人诽也。"④这是"诽"字单独使用的例子。"谤"字单独使用的情况更为普遍。如《国语·周语上》:"厉王虐,国人谤王。邵公告曰:'民不堪命矣。'王怒,得卫巫,使监谤者,以告,则杀之,国人莫敢言,道路以目。"⑤先秦文献中也有"诽谤"二字连用的情况,多为"直言进谏"之意。如《吕氏春秋·自知》:"尧有欲谏之鼓,舜有诽谤之木。"⑥先秦文献中,"诽谤"一词还有另一含义,即以虚假的言论来诋毁别人。如《韩非子·难言》中有"大王若以此不信,则小者以为毁訾诽谤,大者患祸灾害死亡及其身"⑦。汉代法律中的"诽谤"罪,指的就是这种以不实的言论来诋毁别人的行为。

西汉建立之初,仍然沿袭了秦朝的诽谤罪,直至汉文帝时期才被革除。汉文帝说:"古之治天下,朝有进善之旌,诽谤之木,所

---

① [汉]班固:《汉书》卷七〇《陈汤传》,北京:中华书局,1962 年,第 3025—3026 页。

② [汉]许慎撰,[清]段玉裁注:《说文解字注》卷三《言部》,杭州:浙江古籍出版社,2006 年,第 97 页。

③ [汉]许慎撰,[清]段玉裁注:《说文解字注》卷三《言部》,杭州:浙江古籍出版社,2006 年,第 97 页。

④ [清]颜昌峣:《管子校释》卷一八《桓公问》,岳麓书社,1996 年,第 452 页。

⑤ [清]徐元诰撰,王树民、沈长云点校:《国语集解》,北京:中华书局,2002 年,第 10—11 页。

⑥ 许维遹:《吕氏春秋集释》卷二四《自知》,北京:中国书店出版社,1985 年,第 621—622 页。

⑦ [清]王先慎:《韩非子集解》卷一《难言》,北京:中华书局,1998 年,第 22 页。

以通治道而来谏者也。今法有诽谤妖言之罪,是使众臣不敢尽情,而上无由闻过失也。将何以来远方之贤良?其除之。民或祝诅上,以相约而后谩,吏以为大逆,其有他言,吏又以为诽谤。此细民之愚,无知抵死,朕甚不取。自今以来,有犯此者勿听治。"①但未过多久,诽谤罪又重新出现在汉代法律之中,汉武帝时期,甚至出现了诽谤罪的"升级版"——腹诽罪,因诽谤罪被免官下狱的官员人数不断增多。鉴于此种状况,哀帝再次下诏:"除任子令及诽谤诋欺法。"②王莽篡汉自立后,当上皇帝的他害怕有人因此而攻讦自己,所以这一时期,一度稍稍沉寂的诽谤罪又再次兴起,朝廷对诽谤罪的处罚也较之前更为严厉。对此,东汉人申屠刚评价道:"今朝廷(王莽)不考功校德,而虚纳毁誉,数下诏书,张设重法,抑断诽谤,禁割论议,罪之重者,乃至腰斩。"③此后,诽谤罪的设立又时断时续,终汉之世,仍然未能根除。

由于诽谤多是指针对统治者的言行进行品评,到底该言论是否为"不实的言论",完全取决于君主的意志,缺乏一个明确的标准。较开明的君主,大多能虚心接受批评,即便一时不能接受,对于批评者一般也不会过多追究其责任。相反,昏庸的君主,即便臣子的言论是正确的,君主仍会追究批评者的责任,更有甚者,批评者还会因此丢了性命。两汉时期,对于诽谤罪的处罚一直是极为严厉的。如西汉初年曾有具五刑的惩罚方式,就是用来对付犯有诽谤罪的囚犯:"当三族者,皆先黥、劓、斩左右趾,笞杀之,枭其首,菹其骨肉于市。其诽谤詈诅者,又先断舌。"④诽谤罪的定罪标准不明确,处罚的轻重程度也相差很大,体现了君主专制体制下法律制度的不健全。

---

① [汉]班固:《汉书》卷四《文帝纪》,北京:中华书局,1962 年,第 118 页。
② [汉]班固:《汉书》卷一一《哀帝纪》,北京:中华书局,1962 年,第 336 页。
③ [刘宋]范晔:《后汉书》卷二九《申屠刚传》,北京:中华书局,1965 年,第 1011—1012 页。
④ [汉]班固:《汉书》卷二三《刑法志》,北京:中华书局,1962 年,第 1104 页。

（三）漏泄省中语罪

这项罪名在汉代并没有一个固定的称谓，一般称之为漏泄省中语，此外，又有"漏泄不忠""漏泄秘事"等称谓。另据何休解诂《公羊春秋》引"所谓守小信而忘大义，拘小介而失大忠，不为君漏言者，即漏言，当坐杀"的记载看，漏泄省中语有时还可称之为"漏言"。

首先来看几条三公因漏泄省中语而犯罪的例子：

"上以问（师）丹使吏书奏，吏私写其草，丁、傅子弟闻之，使人上书告丹上封事行道人遍持其书。上以问将军中朝臣，皆对曰：'忠臣不显谏，大臣奏事不宜漏泄，令吏民传写流闻四方。臣不密则失身，宜下廷尉治。'事下廷尉，廷尉劾丹大不敬。"①

"（郑弘）在位四年，奏尚书张林阿附侍中窦宪，而素行臧秽，又上洛阳令杨光，宪之宾客，在官贪残，并不宜处位。书奏，吏与光故旧，因以告之。光报宪，宪奏弘大臣漏泄密事。帝诘让弘，收上印绶。"②

"（袁敞）坐子与尚书郎张俊交通，漏泄省中语，策免。"③

所谓"省中"，《汉书·昭帝纪》注引伏俨曰："蔡邕云，本为禁中。门阁有禁，非侍御之臣不得妄入。……孝元皇后父名禁，避之，故曰省中。"④"省中"最早又被称为"禁中"，是指皇帝所居住的宫禁。宫禁除皇帝身边侍御的大臣外，其他人等均不得擅自

---

① ［汉］班固：《汉书》卷八六《师丹传》，北京：中华书局，1962 年，第 3506—3507 页。
② ［刘宋］范晔：《后汉书》卷三三《郑弘传》，北京：中华书局，1965 年，第 1156 页。
③ ［刘宋］范晔：《后汉书》卷四五《袁敞传》，北京：中华书局，1965 年，第 1524 页。
④ ［汉］班固：《汉书》卷七《昭帝纪》，北京：中华书局，1962 年，第 218 页。

进入。颜师古注曰："省,察也。言入此中皆当察视,不可妄也。"①这意味着宫禁有严格的管理制度,任何进入宫禁者都要受到严密的监察,他们的一举一动也必须遵循宫禁的制度,但凡涉及宫禁中的秘事,如皇帝在省禁中的行踪和日常生活状况,内侍近臣同皇帝的奏对,关于军国大事的重大决议,在未经君主同意的情况下,均须严格保密,不得擅自泄露,否则便要受到法律的惩罚。

孔子曾说过:"乱之所生也,则言语以为阶。君不密则失臣,臣不密则失身。几事不密则害成,是以君子慎密而不出也。"②一语道破为官的真谛:为臣必须时时刻刻小心谨慎,不该说的不要说,该守口如瓶的绝不随意泄露秘密,这才是明哲保身之道。特别是牵涉到军国大事,更不能随意透漏给不相干的人。《汉书·孔光传》记载了这样一件事情:"(孔光)沐日归休,兄弟妻子燕语,终不及朝省政事。或问光:'温室省中树皆何木也?'光嘿不应,更答以它语,其不泄如是。"③孔光在担任丞相期间,处处谨小慎微,有关于宫内的任何事情,甚至宫廷内种植的一草一木,他都不随意向身边的人泄露。孔光在西汉末期的宫闱斗争中虽然屡次被免官,但旋即复起视事,位列三公几十年,始终屹立不倒,与孔光为官时时小心谨慎的性格是分不开的。

由于省中管理严格,唯有被皇帝加官侍中、给事中等称号的官员,才有资格随时进出省中,参与军国机密事件的讨论。因此漏泄省中语的犯罪者基本局限于中央的高级官员以及与君主关系密切、可自由出入禁中者。外朝大臣,虽不排除个别外朝官员偶然犯罪的情况,但因为他们离政治中心较远,很少能够直接接触到皇帝,因此他们犯漏泄省中语的概率要低得多。

汉代法律对朝臣私自泄露朝政军国消息的处罚是很严厉的,

---

① [汉]班固:《汉书》卷七《昭帝纪》,北京:中华书局,1962 年,第 218 页。

② [清]李道平:《周易集解纂疏》卷七《系辞上》,北京:中华书局,1994 年,第 575—576 页。

③ [汉]班固:《汉书》卷八一《孔光传》,北京:中华书局,1962 年,第 3354 页。

主要是因为他们所泄露的信息都是事关国家机密的事件,一旦泄露,则有可能给统治阶级造成巨大的危害。《汉书·王莽传》就曾说:"泄露省中及尚书事者,机事不秘则贼害成也。"① 虽然汉代法律规定对漏泄省中语罪应该严厉处罚,但在实际的司法审判中,这一罪名的判罚轻重程度却相差很大。例如元帝永光元年(公元前43年),贾捐之因漏泄省中语被弃市,但同样是漏泄省中语,杨兴则"减死罪一等,髡钳为城旦"。② 陈咸因漏泄省中语"下狱掠治,减死,髡为城旦"③,并被元帝处以免官禁锢的惩罚。相反,师丹因漏泄省中语被大臣弹劾,汉哀帝仅仅没收了师丹大司空高乐侯印绶,并令其免官归家而已。同样,郑弘因漏泄省中语也只是被皇帝诘问,并被没收丞相印绶。

---

① [汉]班固:《汉书》卷九九中《王莽传中》,北京:中华书局,1962年,第4116页。
② [汉]班固:《汉书》卷六四《贾捐之传》,北京:中华书局,1962年,第2838页。
③ [汉]班固:《汉书》卷六六《陈咸传》,北京:中华书局,1962年,第2900页。

第二章 犯罪三公的司法审判

一、犯罪三公的起诉

（一）起诉的方式

1. 劾奏

所谓劾奏是指中央或地方官员通过向皇帝上奏疏的方式弹劾大臣。劾奏必须有正式的奏疏，且必须严格依照一定的格式书写。奏疏的内容，首先应写明所要弹劾者的犯罪事实，但在叙述被弹劾者罪状时，应注意择其扼要，尽量用精练的语言将其表述出来，其次，根据所弹劾者的犯罪行为拟定相应的罪名，以及处罚方式，如果有必要，还应在奏疏中将所依据的法律条文一并列出，以供君主作最终裁定时以为参考。奏疏最后是上疏者请求君主予以批准的话语。以《汉书·晁错传》丞相庄青翟等三人联名弹劾晁错的奏疏为例。在奏疏的第一部分，庄青翟三人首先简明扼要地陈述了晁错的犯罪事实："吴王反逆亡道，欲危宗庙，天下所当共诛。今御史大夫错议曰：'兵数百万，独属群臣，不可信，陛下不如自出临兵，使错居守。徐、僮之旁吴所未下者可以予吴。'错不称陛下德信，欲疏群臣百姓，又欲以城邑予吴，亡臣子礼。"然后三人根据晁错的犯罪事实判定其行为犯了大逆无道罪，紧接着是三人拟定的处理意见："错当要斩，父母妻子同产无少长皆弃市。"

最后是三人恳求景帝同意他们的处理办法："臣请论如法。"①又如汉成帝时期师丹等人弹劾王商一案，左将军师丹等在奏疏中首先陈述了王商犯罪的基本情况："商位三公，爵列侯，亲受诏策为天下师，不遵法度以翼国家，而回辟下媚以进其私。"然后是依据犯罪事实拟定的罪名："（王商）执左道以乱政，为臣不忠，罔上不道。"最后是师丹等人提出的处理意见："臣请诏谒者召商诣若卢诏狱。"②

劾奏按检举者身份的不同又可分为监察机关独立弹劾、公卿大臣独立弹劾以及公卿大臣与监察机关联名弹劾三种情况。

监督百官是监察机关的职责所在，监察机关独立弹劾犯罪三公的例子很多。如《汉书·酷吏·严延年传》记载，大将军霍光以昌邑王荒淫无道废除其帝位，另立宣帝为皇帝。时任侍御史的严延年上疏宣帝，弹劾霍光"擅废立，亡人臣礼，不道"③。这是御史中丞下属侍御史独立弹劾三公的例子。又如《汉书·匡衡传》："于是司隶校尉王尊劾奏衡、谭居大臣位，知显等专权，势作威福，为海内患害，不以时白奏行罚，而阿谀曲从，附下罔上，无大臣辅政之义。"《后汉书·虞诩传》："永建元年（虞诩）代陈禅为司隶校尉。数月间，奏太傅冯石、太尉刘熹、中常侍程璜、陈秉、孟生、李闰等，百官侧目，号为苛刻。"④以上两例是司隶校尉独自弹劾三公的例子。

在汉代，虽然由以御史大夫为首的监察机关主要负责监督纠察百官，但并不表示其他官员就没有检举揭发的义务。一旦他们发现其他官员的犯罪行为，也应立即向君主报告，明知有人犯罪，却隐瞒不报，按照汉代法律的规定，隐瞒者要按见知故纵罪受到处罚。所以，公卿大臣上疏弹劾犯罪三公的情况也是很常见的。

---

① ［汉］班固：《汉书》卷四九《晁错传》，北京：中华书局，1962年，第2302页。

② ［汉］班固：《汉书》卷八二《王商传》，北京：中华书局，1962年，第3374页。

③ ［汉］班固：《汉书》卷九〇《酷吏严延年传》，北京：中华书局，1962年，第3667页。

④ ［刘宋］范晔：《后汉书》卷五八《虞诩传》，北京：中华书局，1965年，第1870页。

如哀帝时丞相王嘉因推举犯有严重罪行的故廷尉梁相等为官,被尚书劾奏"言事恣意,迷国罔上不道"①。这是尚书独立弹劾三公的例子。又如《汉书·佞幸·董贤传》:"(王莽)以太后指使尚书劾贤帝病不亲医药,禁止贤不得入出宫殿司马中。"②王莽利用太后诏书的名义,指使尚书弹劾董贤在哀帝病重期间不亲自尝药,并以此为理由禁止董贤随意进出禁中。对董贤的弹劾,尚书虽是在王莽的授意之下进行的,但在上疏时,并未有其他人联合署名,所以也应算作尚书独立弹劾三公的例子。再如《汉书·师丹传》记载,师丹曾让手下草拟自己准备上奏给哀帝的奏疏,与师丹素来不和的外戚丁氏和傅氏便派人上疏告发师丹。哀帝以此事下将军与中朝大臣讨论,他们都认为"忠臣不显谏,大臣奏事不宜漏泄,令吏民传写流闻四方"③,应该送交廷尉处置。于是廷尉以大不敬罪名弹劾师丹。这是廷尉单独弹劾三公的例子。

联名弹劾又分为两种情况。第一种情况是,某些案情重大、涉案人员身份又较为特殊的案件,监察机关为谨慎起见,常会联合其他公卿大臣共同弹劾。如《汉书·朱博传》:"有诏左将军彭宣与中朝者杂问。宣等劾奏:'博宰相,玄上卿……'④就属于这种情况。第二种情况是,涉案的三公与皇帝关系密切,监察机关担心独自弹劾恐不能奏效,遂联合其他公卿大臣共同弹劾,以期给君主施加一定的压力,引起君主对案件的重视。如《汉书·晁错传》:"后十余日,丞相(庄)青翟、中尉嘉、廷尉(张)欧劾奏错曰:'……'"⑤晁错在景帝还是太子的时候曾担任太子家令一职,景帝即位后又担任内史一职。两人的关系非常密切,"错数请间言事,辄听,幸倾九卿,法令多所更定"。丞相申屠嘉曾以晁错擅凿庙垣为门为由,请求景帝诛晁错,但在景帝的回护下,申屠嘉不仅没能

① 〔汉〕班固:《汉书》卷七二《龚胜传》,北京:中华书局,1962年,第3081页。

② 〔汉〕班固:《汉书》卷九三《佞幸·董贤传》,北京:中华书局,1962年,第3739页。

③ 〔汉〕班固:《汉书》卷八六《师丹传》,北京:中华书局,1962年,第3507页。

④ 〔汉〕班固:《汉书》卷八三《朱博传》,北京:中华书局,1962年,第3407页。

⑤ 〔汉〕班固:《汉书》卷四九《晁错传》,北京:中华书局,1962年,第2302页。

扳倒晁错,反而自己愤懑发病而死。庄青翟等三人弹劾晁错大逆不道,显然吸取了前次丞相单独劾奏未能奏效的教训,为了达到弹劾的目的,丞相、中尉连同主管司法审判的廷尉联名上疏,终于引起景帝的重视,晁错本人因大逆无道罪被腰斩于市,其父母妻子同产也都被处以弃市之刑。这是大臣联名弹劾的第二种情况。

2. 自劾

所谓自劾是指犯罪者在司法机关尚未提起诉讼之前,主动向司法机关投案自首,检讨自己罪责的行为。但由于三公地位较为特殊,他们犯罪后一般不亲自到司法机关自首,而是多以向皇帝上书的方式检讨自己的罪行。如《汉书·于定国传》记载,汉元帝永光元年(公元前43年),出现异常天象,再加上此时东方出现严重的灾荒,丞相、御史大夫却隐瞒未报,被元帝发觉。元帝遂下诏书责备时任丞相的于定国等人。于定国接到皇帝谴责的诏书,感到惶恐不安,于是"上书自劾,归侯印,乞骸骨"①。又如《后汉书·桥玄传》:"玄以国家方弱,自度力无所用,乃称疾上疏,引众灾以自劾。遂策罢。"②桥玄也是在监察机关尚未弹劾他的情况下,主动向皇帝上书,以灾异频发为由,请求皇帝罢免自己的官职。

汉代法律对主动到司法机关自首者,可以酌情予以减轻刑罚。张家山汉简《二年律令·告律》即明确规定:"告不审及有罪先自告,各减其罪一等,死罪黥为城旦舂,城旦舂罪完为城旦舂……"③此外,在汉代君主颁布的赦免诏书中,也常有对自首者减刑的规定。如光武帝中元二年(公元57年)十二月甲寅,汉明帝下诏令:"天下亡命殊死以下,听得赎论:死罪入缣二十匹,右趾至髡钳城旦舂十匹,完城旦舂至司寇作三匹。其未发觉,诏书到

---

① [汉]班固:《汉书》卷七一《于定国传》,北京:中华书局,1962年,第3045页。
② [刘宋]范晔:《后汉书》卷五一《桥玄传》,北京:中华书局,1965年,第1696页。
③ 张家山二四七号汉墓竹简整理小组:《张家山汉墓竹简(二四七号墓)》(释文修订本),北京:文物出版社,2006年,第26页。

先自告者，半入赎。"①因为自劾是在无外界因素强迫的情况下，犯罪者主动投案，表示愿意接受法律的惩罚，因此，对于三公主动上疏自劾，君主一般都会从轻处罚。如上引《汉书·于定国传》中，时为丞相的于定国在元帝未追究其责任之前主动上疏承认自己的罪责，元帝见于定国认罪态度良好，便没有再过多追究于定国的责任，不仅批准了他的致仕请求，还赐给他安车驷马，黄金六十斤，以示优宠。

3. 追劾

这种弹劾大臣的方式与前两种弹劾方式略有不同。前两种弹劾方式发生的时间多为被弹劾者犯罪行为发生后不久，而追劾的时间大多距离被弹劾者犯罪的时间比较久，属于事后追诉的性质。如《汉书·翟方进传》中，杜业弹劾翟方进就属于这种情况。杜业在奏疏中写道："今闻方进卒病死，不以尉示天下，反复赏赐厚葬。惟陛下深思往事，以戒来今。"杜业上奏疏弹劾翟方进，起因是皇帝在其死后，给予过于隆重的赏赐和葬礼。杜业认为，翟方进在担任丞相期间，"专作威福，阿党所厚，排挤英俊，托公报私，横厉无所畏忌。欲以熏辚天下，天下莫不望风而靡。自尚书近臣皆结舌杜口，骨肉亲属，莫不股栗，威权泰盛而不忠信，非所以安国家也"②。他死后不应享受这样高规格的优待。但杜业上疏弹劾翟方进时，翟方进已经死去很长时间了，属于事后的追诉。由于追劾一般距离被弹劾者犯罪已经过去了很长时间，甚至有些被弹劾者已经去世多时，因此君主多会予以宽大处理。如《汉书·匡衡传》记载，匡衡的封地在临淮郡僮县乐安乡，封地的南边以闽佰为界，但当地官员误把闽佰看成平陵佰，致使匡衡的封地比实际多出四百顷。这件事情一直隐瞒了十多年，直到建始元年（公元前 32 年）重新划定地界时，才被人揭发。于是司隶校尉骏、

---

①　[刘宋]范晔：《后汉书》卷二《明帝纪》，北京：中华书局，1965 年，第 98 页。

②　[清]严可均：《全上古三代秦汉三国六朝文》，北京：中华书局，1958 年，第 300 页。

少府忠弹劾匡衡"监临盗所主守直十金以上"①,应该加以重罚。因为按照汉代法律规定,贪污偷盗十金以上,应处以弃市之刑,但由于这件事已经过去了十多年,再加上匡衡与皇帝的关系密切,所以皇帝尽管认可了二人拟定的罪名,却并未对匡衡做出过于严厉处罚,只是免去了他的丞相职位,贬为平民而已。

(二)起诉的程序

所谓"案",就是调查取证的意思。当司法机关发现罪犯的犯罪行为,或者收到检举者的检举、控告材料之后,派遣相关人员核实被检举者的犯罪事实,并进一步搜集相关证据,这一过程就称为"案"。沈家本在《汉律撾遗》中说:"田蚡劾灌夫,此丞相劾人,先劾而后案治;御史劾婴,是先案而后劾;王嘉、董宏、师丹,并事下而后劾,与窦婴同;淮南相劾寿春丞,有司劾孝,尚书劾咸、钦,并因事而劾;何武则莽风有司劾;翟方进则犯其所司之事而劾。劾之事不一端,并被人劾者也。"②根据沈家本的论述,以及汉代相关材料的记载,根据劾奏与案验先后关系的不同,可以将汉代的司法起诉程序分为先劾奏后案验、先案验后劾奏以及劾而不案三类。

1.先劾奏后案验

这类起诉程序适用于某些案情重大且特别紧急的案件。本着"宁可错杀一千,不可放过一人"的原则,司法机关多采取先劾奏、后案验的方式。例如《汉书·公孙贺传》记载,武帝时丞相公孙贺子公孙敬声因擅自挪用军费而下狱。公孙贺欲以抓捕阳陵朱安世赎其子之罪过。朱安世被捕后,在狱中上书反告敬声"与阳石公主私通,及使人巫祭祠诅上,且上甘泉当驰道埋偶人,祝诅

---

① [汉]班固:《汉书》卷八一《匡衡传》,北京:中华书局,1962年,第3346页。
② [清]沈家本:《汉律撾遗》卷六,《历代刑法考》,北京:中华书局,1985年,第1479页。

有恶言"。于是武帝"下有司案验贺,穷治所犯。遂父子死狱中"。① 因为这一事件牵涉到国家的高级官员,且利用巫蛊之术诅咒君主性质极为恶劣,在社会上造成的影响可能也比较大,因此,为慎重起见,武帝在接到朱安世的告劾文书后,没有立即表态,而是再次令有司进行审查,待审核无误后再做出最终的判决。这是典型的先劾奏后案验的例子。

2.先案验后劾奏

这类起诉程序适用于某些犯罪人员地位比较尊贵的案件。三公在汉代官僚系统中的地位比较尊贵,为谨慎起见,涉及三公犯罪的案件,司法机关有时不直接对犯罪三公提起诉讼,而是先派遣相关人员作进一步调查、核实后,再向君主提起诉讼。例如《史记·魏其武安侯列传》记载,灌夫因在一次宴会上出言辱骂丞相田蚡,被劾系都司空。窦婴为救灌夫,向武帝出示了景帝留下的"事有不便,以便宜论上"的诏书。武帝一时不能辨别诏书真伪,于是令尚书查询了内廷档案,发现并没有此遗诏。在经过一系列调查之后,有司"乃劾魏其矫先帝诏,罪当弃市"②。有司的弹劾发生在事实已经调查清楚之后,因此属于典型的先案验后劾奏。又如《汉书·朱博传》记载,哀帝即位后,其祖母傅太后欲求尊号,遭到傅喜的反对,心内对傅喜很不满。傅太后的堂弟傅晏与朱博、赵玄等人遵照傅太后的暗示,上书哀帝请求收回傅喜的爵位和赏赐,将其免为庶人。哀帝知道傅太后素来对傅喜不满,怀疑朱博、赵玄的上奏是奉了太后的旨意,因此"召玄诣尚书问状。玄辞服"。哀帝又令左将军彭宣与中朝官杂问。彭宣等人劾奏"(朱)博执左道,亏损上恩,以结信贵戚,背君向臣,倾乱政治,奸人之雄,附下罔上,为臣不忠不道;(赵)玄知博所言非法,枉义

---

① [汉]班固:《汉书》卷六六《公孙贺传》,北京:中华书局,1962年,第287页。

② [汉]司马迁:《史记》卷一○七《魏其武安侯列传》,北京:中华书局,1959年,第2853页。

附从,大不敬;(傅)晏与博议免(傅)喜,失礼不敬"①,并请求将三人交付廷尉诏狱。在这一事件中,哀帝先将赵玄交付尚书审问,在得到赵玄的供认后,又将其交给左将军彭宣和中朝官员杂治。在审核无误之后,彭宣等人才上疏弹劾朱博三人,请求将他们下廷尉诏狱。案件的审理同样采用了先案验后劾奏的方式。

3.劾而不案

这种司法审讯程序较前两种情况特殊,君主在接到弹劾三公的奏疏后,在不经过案验的情况下,直接就给犯罪三公定罪。如《后汉书·刘恺传》:"会司隶校尉李膺等抵罪,而南阳太守成瑨、太原太守刘瓆下狱当死,(刘)茂与太尉陈蕃、司徒刘矩共上书讼之。帝不悦,有司承旨劾奏三公,茂遂坐免。"②李膺等人因党锢之祸下狱抵罪,太尉陈蕃、司徒刘矩等人上疏桓帝,请求赦免他们罪行,由此触怒桓帝,遭到有司弹劾,桓帝在没有经过案验的情况下,直接免除了刘茂等人的官职,这是典型的劾而不案。劾而不案的方式,多数发生在大臣的言语或行动顶触或违背了皇帝意愿的情况下。这种弹劾方式,无须事先对三公的犯罪情况做任何调查,三公被弹劾以后,也无须再次案验,因为在君主看来,他们顶撞君主的言论和行动就是他们犯罪的证据,证据确凿,无须再进一步调查。在被弹劾以后,三公也无须交由相关的司法机关进一步审理,君主往往直接下旨拟定罪名,而相关的司法机关也只需要遵照君主的旨意办事就可以了。

二、犯罪三公的逮捕与拘禁

(一)逮捕者的身份

杨鸿年先生在《汉魏制度丛考》一书中,将汉朝都城的防卫体

---

① [汉]班固:《汉书》卷八三《朱博传》,北京:中华书局,1962 年,第 3407—3408页。

② [刘宋]范晔:《后汉书》卷三九《刘恺传》,北京:中华书局,1965 年,第 1310 页。

系,按照宫外、宫内省外以及省内,划分为三个层次。三个层次的防御力量各自独立,各有分工,共同负责整个宫城的治安防务。根据罪犯犯罪区域的不同,负责抓捕罪犯的官员的身份也有一定的变化。

宫外负责抓捕犯罪三公的任务主要由执金吾、司隶校尉及其手下担任。

1.执金吾

执金吾,旧为中尉,汉武帝太初元年更名为执金吾。《汉书·百官公卿表上》:"中尉,秦官,掌徼循京师。"如淳注曰:"所谓游徼、徼循禁备盗贼也。"①《后汉书·百官志四》:"(执金吾)掌宫外戒司非常水火之事,月三绕行宫外,及主兵器。"注引胡广曰:"卫尉巡行宫中,则金吾徼于外,相为表里,以擒奸讨猾。"②执金吾的职责主要是负责在宫外抓捕盗贼和防水火之事,维护京师治安的稳定。所以执金吾是有在宫外抓捕犯罪官员的权力的。例如《汉书·晁错传》:"乃使中尉召错,绐载行市,错衣朝衣,斩东市。"③是为执金吾在宫外抓捕犯罪官员的例子。又如《汉书·萧望之传》:"(石)显等封以付谒者,敕令召望之手付,因令太常急发执金吾车骑驰围其第。"④由于要抓捕的萧望之并未在宫中,而是居住在宫外的府邸,因此石显等人便派执金吾负责此次抓捕行动。

2.司隶校尉

《后汉书·百官志四》注引荀绰《晋百官表注》记载:"司隶校尉,周官也。征和中,阳石公主巫蛊之狱起,乃依周置司隶。"⑤司

---

①　[汉]班固:《汉书》卷一九上《百官公卿表上》,北京:中华书局,1962年,第732页。

②　[刘宋]范晔:《后汉书》卷一一七,《百官志四》,北京:中华书局,1965年,第3605页。

③　[汉]班固:《汉书》卷四九《晁错传》,北京:中华书局,1962年,第2302页。

④　[汉]班固:《汉书》卷七八《萧望之传》,北京:中华书局,1962年,第3288页。

⑤　[刘宋]范晔:《后汉书》卷一一七《百官志四》,北京:中华书局,1965年,第3614页。

隶校尉设立的最初目的是用来处理巫蛊之狱的。但随着巫蛊之祸的平息，司隶校尉的职能也发生了变化："掌察举百官以下，及京师近郡犯法者。"①司隶校尉最初的权力很大，持节代表皇帝行使职权，有权劾奏公卿贵戚。汉成帝时，司隶校尉一度被取消。汉哀帝时虽恢复司隶校尉的设置，但却将其置于大司空管理之下，地位有所降低。东汉建立后，光武帝复置司隶校尉，并令其单独领一州。司隶校尉的地位也大大提升，与御史中丞、尚书令号称京师"三独坐"。其监察范围也有所扩展："职在典京师，外部诸郡，无所不纠。封侯、外戚、三公以下，无尊卑。"②司隶校尉因有监督纠察三公的权力，所以也常负责在宫外抓捕犯罪的三公。例如《后汉书·梁翼传》记载，桓帝延熹二年（公元 159 年），大将军梁翼阴谋发动叛乱。桓帝"使黄门令具瑗将左右厩驺、虎贲、羽林、都候剑戟士，合千余人，与司隶校尉张彪共围翼第。使光禄勋袁盱持节收翼大将军印绶，徙封比景都乡侯。翼及妻寿即日皆自杀"③。这是司隶校尉联合宫中虎贲、羽林卫士共同在宫外抓捕罪犯的例子。

宫内负责抓捕犯罪三公的任务主要由卫尉和光禄勋的属下担任。

（1）卫尉。《汉书·百官公卿表上》曰："卫尉，秦官，掌宫门卫屯兵。"④《后汉书·百官志二》："卫尉卿一人，中二千石。本注曰：掌宫门卫士，宫中徼循事。"⑤卫尉的职责主要是率领其手下的卫士护卫皇宫宫殿，担任日常警戒任务。

---

① ［刘宋］范晔：《后汉书》卷一一七《百官志四》，北京：中华书局，1965 年，第 3613 页。

② ［刘宋］范晔：《后汉书》卷一一七《百官志四》，北京：中华书局，1965 年，第 3614 页。

③ ［刘宋］范晔：《后汉书》卷三四《梁翼传》，北京：中华书局，1965 年，第 1186 页。

④ ［汉］班固：《汉书》卷一九上《百官公卿表上》，北京：中华书局，1962 年，第 728 页。

⑤ ［刘宋］范晔：《后汉书》卷一一五《百官志二》，北京：中华书局，1965 年，第 3579 页。

卫尉的属官主要有左右都候。《后汉书·百官志二》本注曰："左右都候各一人,秩六百石,主剑戟士,徼循宫,及天子有所收考。"①右都候员吏二十二人,卫士四百一十六人;左都候员吏二十八人,卫士三百八十三人。左右都候各自管理一部分卫士,协助卫尉负责宫内警卫。蔡质《汉仪》曰:"宫中诸有劾奏罪,左都候执戟戏车缚送付诏狱。"②从这条史料的记载来看,在宫中,左都候剑戟士有负责逮捕犯罪官员的权力,被抓捕的官员被捆绑后乘坐专门车辆由左都候剑戟士押送赴诏狱收监。又如《后汉书·酷吏·周纡传》:"诏召司隶校尉、河南尹诣尚书谴问,遣剑戟士收纡送廷尉诏狱。"③周纡就是被剑戟士押送至廷尉狱的。

（2）光禄勋。《汉书·百官公卿表上》:"郎中令,秦官,掌宫殿掖门户,有丞,武帝太初元年更名光禄勋。"④《后汉书·百官志二》则说:"光禄勋卿一人,中二千石。本注曰:掌宿卫宫殿门户。"⑤光禄勋的职责与卫尉基本相同,主要负责宫内的安全与警戒任务。

据应劭《汉官仪》记载:"郎中令,属官有五官中郎将,左、右中郎将,曰三署。署中各有中郎、议郎、侍郎、郎中,皆无员。（外）多至千人,主执戟卫宫陛,及诸虎贲、羽林郎皆属焉。"⑥光禄勋的下属主要有郎和谒者,分别由五官中郎将和左右中郎将统领,协助光禄勋确保各个宫殿的安全。光禄勋统辖下的期门、羽林两支军队,其职责也主要是宿卫皇宫,如《汉书·霍光传》:"太后被珠襦,

---

① ［刘宋］范晔:《后汉书》卷一一五《百官志二》,北京:中华书局,1965 年,第 3579 页。

② ［刘宋］范晔:《后汉书》卷一一五《百官志二》,北京:中华书局,1965 年,第 3580 页。

③ ［刘宋］范晔:《后汉书》卷七七《酷吏·周纡传》,北京:中华书局,1965 年,第 2495 页。

④ ［汉］班固:《汉书》卷一九上《百官公卿表上》,北京:中华书局,1962 年,第 727 页。

⑤ ［刘宋］范晔:《后汉书》卷一一五《百官志二》,北京:中华书局,1965 年,第 3574 页。

⑥ ［清］孙星衍等辑,周天游点校:《汉官六种》,北京:中华书局,1990 年,第 130 页。

盛服坐武帐中,侍御数百人皆持兵,期门武士陛戟,陈列殿下。"师古注曰:"陛戟,谓执戟以卫陛下也。"①但他们也经常参与逮捕押解宫内犯罪大臣的工作。如《后汉书·窦武传》窦武与陈蕃等谋划捕杀宦官,宦官曹节等先发制人,假天子之命,发兵逮捕窦武等人,其中就有期门、羽林的身影:"王甫将虎贲、羽林、厩驺、都候、剑戟士,合千余人,出屯朱雀掖门,与(张)奂等合。明旦悉军阙下,与武对陈。"②

省内的日常警戒任务主要是由黄门、钩盾等内廷部门的宦官担任。《汉书·百官公卿表上》记载,中书谒者、黄门、钩盾、尚方、御府、永巷、内者、宦者等皆属少府管辖,他们的职责主要是为皇帝的日常生活服务:"钩盾主近苑囿,尚方主作禁器物,御府主天子衣服也。中黄门,奄人居禁中在黄门之内给事者也。"③但由于省内在一般情况下是禁止外朝大臣私自进入的,因而,省内的警戒任务就主要交由各宦者署衙的宦官完成:"中官、小儿官及门户四尚、中黄门持兵,三百人侍宿。冗从吏仆射,出则骑从夹乘舆,车居则宿卫,直守省中门户。"④

黄门官员起初不全由宦官担任,朝廷大臣也有任职黄门者。如刘更生(刘向)"会初立《谷梁春秋》,征更生受《谷梁》,讲论五经于石渠,复拜为郎中,给事黄门,迁散骑谏大夫给事中"⑤。后来刘向的儿子刘歆也曾担任黄门郎一职。东汉以后,黄门官员完全改由宦官担任。《后汉书·百官志三》记载:"黄门令一人,六百石。本注曰:宦者。主省中诸宦者。"董巴注曰:"禁门曰黄闼,以中人主之,故号曰黄门令。"⑥

---

① [汉]班固:《汉书》卷六八《霍光传》,北京:中华书局,1962年,第2939页。

② [刘宋]范晔:《后汉书》卷六九《窦武传》,北京:中华书局,1965年,第2244页。

③ [汉]班固:《汉书》卷一九上《百官公卿表上》,北京:中华书局,1962年,第732页。

④ [清]孙星衍等辑,周天游点校:《汉官六种》,北京:中华书局,1990年,第31—32页。

⑤ [汉]班固:《汉书》卷三六《楚元王传》,北京:中华书局,1962年,第1929页。

⑥ [刘宋]范晔:《后汉书》卷一一六《百官志三》,北京:中华书局,1965年,第3594页。

《汉书·王莽传》记载，大司马董忠与刘歆等谋叛王莽，护军王咸担心董忠谋划很久却不行动，恐事情泄露，正逢王莽派使者召忠等，王咸劝其应杀掉使者，勒兵擒拿王莽，董忠不听，"遂与歆、涉会省户下，莽令恽责问，皆服。中黄门各拔刃，将忠等送庐。忠拔剑欲自刿，侍中王望传言大司马反。黄门持剑共格杀之，省中相惊传勒兵"①。这是黄门宦官负责抓捕叛乱者，平定宫禁叛乱的例子。

（二）逮捕时刑具的使用

在汉代，逮捕又被称作"执"。"执"字在甲骨文中常被写作 𥙊。其右半部分像一个跪坐的人，左半部分是一种两端略尖的刑具，用来铐住跪坐之人的双手。从甲骨文"执"字的字形推测，至少从商代开始，在逮捕和羁押囚犯时，就已经开始让犯人佩戴刑具了。

汉代逮捕和羁押囚犯经常使用的刑具主要有法绳和桎梏。

法绳。《易·坎卦·上六》："系用徽纆，置于丛棘，三岁不得，凶。"释文引刘表注云："徽纆皆绳也，三股曰徽，两股曰纆。"②可见，西周时期，"徽纆"是绳子的代称，两股绳拧起来的被称作"纆"，三股绳拧起来的则被称作"徽"。汉代法绳有时被称为"纆"，如《后汉书·西羌传》："并、凉之士，特冲残毙，壮悍则委身于兵场，女妇则徽纆而为虏，发冢露胔，死生涂炭。"③《说文解字·系部》亦曰："徽，衺幅也。一曰三纠绳也。"段玉裁注："三纠，谓三合而纠之也。"④有时又被称为"缧"，如《史记·太史公自序》中就有："七年而太史公遭李陵之祸，幽于缧绁"⑤之语。

---

① ［汉］班固：《汉书》卷九九下《王莽传下》，北京：中华书局，1962年，第4185页。

② ［清］李道平：《周易集解纂疏》卷四《坎》，北京：中华书局，1994年，第303页。

③ ［刘宋］范晔：《后汉书》卷八七《西羌传》，北京：中华书局，1965年，第2900页。

④ ［汉］许慎撰，［清］段玉裁注：《说文解字注》卷一三《系部》，杭州：浙江古籍出版社，2006年，第657页。

⑤ ［汉］司马迁：《史记》卷一三〇《太史公自序》，北京：中华书局，1959年，第3300页。

逮捕罪犯时,用绳索将犯人捆绑起来,在汉代文献中被称为"束缚"或"收缚"。见《汉书·贾谊传》:"若夫束缚之,系继之,输之司寇,编之徒官,司寇小吏詈骂而榜笞之,殆非所以令众庶见也。"①又见《后汉书·广陵思王荆传》:"君王无罪,猥被斥废,而兄弟至有束缚入牢狱者。"②或被称为"收缚",见《汉书·刘辅传》:"书奏,上使侍御史收缚辅,系掖庭秘狱,群臣莫知其故。"③

桎梏。《周礼·秋官·大司寇》:"桎梏而坐诸嘉石。"注曰:"木在足曰桎,在手曰梏。"④《说文解字·木部》:"桎,足械也。从木至声。"⑤"梏,手械也。从木告声。"段玉裁注:"梏,手械也,所以告天;桎,足械也,所以质地。"⑥手上佩戴的手镣一般被称为桎,脚上佩戴的脚镣被称为梏。在汉代文献中,桎梏又合称为"械"。如《汉书·刑法志》:"凡囚,上罪梏拲而桎。"师古注曰:"械在手曰梏,两手同械曰拲,在足曰桎。"⑦又见《汉书·公孙贺传》:"丞相祸及宗矣。南山之竹不足受我辞,斜谷之木不足为我械。"师古注曰:"斜,谷名也,其中多木。械谓桎梏也。言我方欲告丞相事,狱辞且多,械系方久,故云然也。"⑧

汉代法律规定,官府在捕获人犯、遣送入狱的过程中,为了防止人犯中途逃跑,一般都要给人犯施加某些刑具,但宗室成员以及国家高级官员由于身份尊贵,在被抓获、遣送入狱期间,通常情况下是不戴刑具的,这就是汉代法律中的颂系政策。在未得到君

①　[汉]班固:《汉书》卷四八《贾谊传》,北京:中华书局,1962年,第2256页。

②　[刘宋]范晔:《后汉书》卷四二《广陵思王荆传》,北京:中华书局,1965年,第1446页。

③　[汉]班固:《汉书》卷七七《刘辅传》,北京:中华书局,1962年,第3252页。

④　[汉]郑玄注,[唐]贾公彦疏:《周礼注疏》卷四〇《秋官司寇》,上海:上海古籍出版社,2010年,第1323页。

⑤　[汉]许慎撰,[清]段玉裁注:《说文解字注》卷六《木部》,杭州:浙江古籍出版社,2006年,第270页。

⑥　[汉]许慎撰,[清]段玉裁注:《说文解字注》卷六《木部》,杭州:浙江古籍出版社,2006年,第270页。

⑦　[汉]班固:《汉书》卷二三《刑法志》,北京:中华书局,1962年,第1108页。

⑧　[汉]班固:《汉书》卷六六《公孙贺传》,北京:中华书局,1962年,第2878页。

主默许或授意的情况下，负责抓捕的官员不得私自给犯罪三公佩戴刑具。例如《汉书·王嘉传》记载，汉哀帝时期，宠臣董贤受到哀帝的宠信，时任丞相的王嘉因封还加封董贤的诏书而触怒哀帝，哀帝令谒者持节逮捕王嘉，并移送至廷尉诏狱。使者到丞相府，王嘉"遂装出，见使者再拜受诏，乘吏小车，去盖不冠，随使者诣廷尉"①。从王嘉被使者押送至廷尉的情形来看，似乎在去往廷尉狱途中王嘉并未被要求佩戴任何刑具，这是因为使者在得到要求将王嘉押送至廷尉狱的命令之外，并没有其他的指示，所以按照汉代法律的规定，王嘉有权享受颂系的政策，即在被押送入狱期间，是无须佩戴刑具的。

但是，从汉代文献的记载看，并非在所有情况下，犯罪的勋臣贵戚均可以享受这项优待政策。在得到君主默许或授意的情况下，负责抓捕的官员仍然需要给犯人戴上刑具。如汉高祖时期，丞相萧何因为民请上林苑空地种田一事触怒高祖，高祖"乃下相国廷尉，械系之"②。说明萧何在被押送至廷尉狱的过程中是佩戴着刑具的。又如《史记·陈丞相世家》记载："行未至陈，楚王（韩）信果郊迎道中。高帝豫具武士，见信至，即执缚之，载后车。信呼曰：'天下已定，我固当烹！'高帝顾谓信曰：'若毋声！而反，明矣！'武士反接之。"《史记集解》注："《汉书音义》曰：'反缚两手。'"正因为事先得到刘邦的指示，所以武士在抓捕韩信之时动用了刑具，将韩信的双手捆绑扭于背后，并押解至车上。试想一下，如果没有刘邦的指示，负责抓捕罪犯的武士是无论如何也不敢私自动用刑具的。

（三）逮捕所需的凭证

汉代逮捕罪犯的方式有很多种，沈家本在《汉律摭遗》中将其详细划分为逮捕、诏捕、逐捕、名捕、追捕、急捕、收捕和疏捕等八

---

① ［汉］班固：《汉书》卷八六《王嘉传》，北京：中华书局，1962 年，第 3502 页。
② ［汉］司马迁：《史记》卷五三《萧相国世家》，北京：中华书局，1959 年，第 2018 页。

类。这八类逮捕方式各有其使用范围,并非对所有人群都适用。抓捕犯罪的三公则主要采用诏捕的方式。

刘庆在《汉代捕系文书考述》一文中指出:"两汉时期,在拘捕一些特殊罪犯时需要出示相关的命令作为证明,主要包括逮捕诏书和诏狱书等。这类捕系文书可视为逮捕令。"①在汉代,三公均享有有罪先请特权,他们若是有罪,司法机关不能擅自进行抓捕,必须先将情况上奏给皇帝,由皇帝做出裁决。皇帝如果批准了司法机关的请求,一般也不会直接委任司法机关的官员负责抓捕,而是另外派遣使者,由他们持君主颁布的批准逮捕的诏书实施抓捕行动。这时皇帝颁布的诏书就成为抓捕罪犯的凭据。如《汉书·萧望之传》记载,弘恭、石显诬陷萧望之与周堪、刘更生等人结为朋党,为臣不忠,请求将二人交付廷尉狱。元帝遂下诏没收萧望之前将军光禄勋印绶,周堪、刘更生免为庶人。于是"显等封以付谒者,敕令召望之手付,因令太常急发执金吾车骑驰围其第"②。石显之所以能够调动军队,围堵大臣府第抓捕人犯,凭借的正是元帝颁布的诏书。又如《汉书·王尊传》记载:"司隶遣假佐放奉诏书白尊发吏捕人,放谓尊:'诏书所捕宜密。'尊曰:'治所公正,京兆善漏泄人事。'放曰:'所捕宜令发吏。'尊又曰:'诏书无京兆文,不当发令。'"③通过使者放与京兆尹王尊之间的对话可知,皇帝的诏书是调动武装力量逮捕囚犯的主要依据,诏书中应写明需要哪些部门配合抓捕行动。没有诏书,或者是需要调动诏书允许范围以外的部门,这些部门可以拒绝使者要求配合逮捕罪犯的请求。

如果三公的犯罪案件被升级为诏狱案件,则与一般的司法案件就更为不同了。因为诏狱涉及的犯罪对象都是身份显贵的公卿王侯,诏狱的启动必须要由皇帝亲自颁布诏书批准。很多情况下,皇帝为了维护公卿王侯们的尊严,抓捕大多采取秘密执行的

---

① 刘庆:《汉代捕系文书考述》,《南都学坛》,2010 年第 4 期。
② [汉]班固:《汉书》卷七八《萧望之传》,北京:中华书局,1962 年,第 3288 页。
③ [汉]班固:《汉书》卷七六《王尊传》,北京:中华书局,1962 年,第 3233 页。

方式。在这种情况下，皇帝一般会派遣自己的亲信大臣，绕过司法机关，直接利用诏书逮捕人犯。如果需要其他部门的配合，也应以皇帝颁布的诏书为信物。所有参与抓捕人犯的人员均不得私自泄露诏书中的内容，如有违反，将会受到严厉的惩处。如上引《汉书·王尊传》中，正因为考虑到诏狱必须保密的原则，使者才专门对王尊说"诏书所捕宜密"，就是担心王尊不小心泄露了消息。

除皇帝颁布的诏书外，使者持有的皇帝授予的节杖也是抓捕人犯的凭据之一。在汉代，节的使用范围相当广泛，大臣出使外国，将领调动军队，都需要以皇帝授予的节杖作为信物。在司法领域里，节也经常作为大臣秉承君主旨意，逮捕和审核囚犯的依据。如《汉书·朱博传》记载，汉哀帝时，丞相朱博承傅太后旨意，罢免了傅喜大司马之职，此事后被发觉，有司劾奏朱博"附下罔上，为臣不忠不道"，并请求"召博、（赵）玄、（傅）晏诣廷尉诏狱"。哀帝同意了这一请求，并"假谒者节召丞相诣廷尉诏狱"。[①] 谒者将丞相抓捕至廷尉诏狱，所依据的凭证正是哀帝授予谒者的节杖。又如《汉书·顺帝纪》："（顺帝）乃幸嘉德殿，遣侍御史持节收阎显及其弟城门校尉耀、执金吾晏，并下狱诛。"[②] 这又是侍御史持节杖负责抓捕犯罪大臣的例子。因为诏书、节杖代表了皇帝的命令，是皇帝权力的象征，因此，在很多宫廷政变中，某些臣子为达到其篡权的政治目的，又常会通过矫诏、夺节之类的行动，将君主权力的象征掌握在自己手中。例如《后汉书·窦武传》记载，窦武、陈蕃欲诛杀宦官，其密谋事先被宦官曹节等知晓，曹节等人遂提前发动政变，乃"召尚书官属，胁以白刃，使作诏板。拜王甫为黄门令，持节至北寺狱收尹勋、山冰。冰疑，不受诏，甫格杀之。遂害勋，出郑飒。还共劫太后，夺玺书。令中谒者守南宫，闭门，绝复道。使郑飒等持节，及侍御史、谒者捕收武等。武不受诏，驰

---

① ［汉］班固：《汉书》卷八三《朱博传》，北京：中华书局，1962年，第3408页。

② ［刘宋］范晔：《后汉书》卷六《顺帝纪》，北京：中华书局，1965年，第250页。

入步兵营,与绍共射杀使者"①。东汉时期,尚书主管皇命的草拟和下达,唯有接到经由尚书台草拟、颁布的皇帝诏书,大臣的任命才具有法律效力。因此,曹节等人欲发动政变,首先就劫持了尚书省的官员,使其按照自己的意愿草拟诏书。这样一来,他们任命的官员就是合法的了。使者两次持节抓捕和赦免人犯,他们所持的节杖就代表了皇帝的命令,同样充当了抓捕罪犯的凭证。

三、犯罪三公的审讯

(一)审讯者的身份

1.司法审判机构官员

汉代中央最高司法审判机关为廷尉。《汉书·百官公卿表上》曰:"廷尉,秦官,掌刑辟,有正、左右监,秩皆千石。景帝中六年更名大理,武帝建元四年复为廷尉。宣帝地节三年初置左右平,秩皆六百石。哀帝元寿二年复为大理。王莽改曰作士。"应劭注曰:"听狱必质诸朝廷,与众公之,兵狱同制,故称廷尉。"②廷尉平时主要负责审核和处理各地上奏的司法案件,有时还负责审理某些皇帝交代的特殊案件。既然廷尉是国家的最高司法审判机关,作为廷尉最高长官的廷尉卿,自然有资格参与犯罪三公司法案件的审讯。廷尉卿参与司法案件的审讯主要有两种情况:第一种情况是奉皇帝命令,独立对犯罪三公进行审讯。因为廷尉不仅是国家最高司法审判机关,并且还掌管着廷尉诏狱。廷尉诏狱中所关押的人犯,身份都非常特殊,或是勋臣贵戚,或是皇帝专门下令关押的特殊囚犯。凡是涉及这些人员的案件,一般多交由廷尉卿亲自审理。第二种情况则是以"杂治"的方式,会同其他官员共

---

① [刘宋]范晔:《后汉书》卷六九《窦武传》,北京:中华书局,1965年,第2243页。
② [汉]班固:《汉书》卷一九上《百官公卿表上》,北京:中华书局,1962年,第730页。

同参与案件的审理。

除廷尉卿外,廷尉中的其他官员也常参与某些特殊案件的审理。廷尉卿属官廷尉正秩千石,在廷尉机构中的地位仅次于廷尉卿,有时作为廷尉的代表单独审理案件,有时也会同其他官员参与廷议和杂治。如《汉书·广川王去传》:"天子遣大鸿胪、丞相长史、御史丞、廷尉正杂治巨鹿诏狱。"①这是廷尉正会同其他部门官员杂治案件的例子。廷尉监,秩禄也是千石,与廷尉正相同,同样有权参与案件的审讯。如《汉书·丙吉传》:"武帝末,巫蛊事起,吉以故廷尉监征,诏治巫蛊郡邸狱。"②

2. 司法审判机关外的其他人员

除司法审判机关的官员外,还有一些官员,虽然他们本人并无司法审判的权力,但由于他们与皇帝的关系密切,因此临时被皇帝委派参与审理司法案件,这些人主要有以下几类:

诸大夫。《汉书·百官公卿表上》:"大夫,掌论议。有太中大夫、中大夫、谏大夫,皆无员,多至数十人。武帝元狩五年初置谏大夫,秩比八百石。太初元年更名中大夫为光禄大夫,秩比二千石。太中大夫秩比千石如故。"③《后汉书·百官志二》又记载:"凡大夫、议郎,皆掌顾问应对,无常事,唯诏命所使。"④汉代的诸大夫包括太中大夫、中大夫、谏大夫等几种,他们并无固定的职事,平时主要帮助君主出谋划策,解答君主的疑问。由于大夫直接听命于皇帝,可以自由出入禁中,秉承皇帝旨意办事,事情办完后,又能在不惊动外朝的情况下,直接将结果向皇帝汇报。这样一来,皇帝就可以较少受外朝官员的掣肘,相对自由地依照自己的意愿行事。因此很多事关机密的案件,皇帝不是交给外朝官员处理,

---

① [汉]班固:《汉书》卷五三《广川王去传》,北京:中华书局,1962年,第2432页。

② [汉]班固:《汉书》卷七四《丙吉传》,北京:中华书局,1962年,第3142页。

③ [汉]班固:《汉书》卷一九上《百官公卿表上》,北京:中华书局,1962年,第727页。

④ [刘宋]范晔:《后汉书》卷一一五《百官志二》,北京:中华书局,1965年,第3577页。

而是交由大夫处理。诸大夫或奉皇帝旨意单独审讯犯罪官员；或以廷议或杂治的方式，会同其他官员参与司法案件的审讯。

谒者。《汉书·百官公卿表上》："谒者，掌宾赞受事，员七十人，秩比六百石。有仆射，秩比千石。"①《汉官仪》又说："谒者三十人，秩四百石，掌报章奏事及丧吊祭享。"②从史书的记载看，谒者的职责主要是行宾礼时充任司仪，平时则负责报章奏事，某些重要人物去世，谒者常作为皇帝的代表前去吊丧。谒者同诸大夫的情况一样，虽然他们的秩禄较低，但因他们可以自由出入禁中，与皇帝的关系较为亲密，因而，谒者也经常以皇帝使者的身份参与案件的审理。

外戚。西汉中期以前，除短暂一段时间里吕后以女主身份临朝，诸吕以外戚身份把持了内外朝政之外，其余绝大多数时间，在君主的刻意防范之下，外戚的实力都比较弱小。一般情况下，他们中的大多数人只能得到一个闲散的爵位和一份优厚的俸禄，能够有幸参与朝政者不会太多。但自霍光以外戚兼大将军的身份辅佐昭帝开始，逐步形成了外戚以大将军身份把持朝政的局面。外戚往往以大将军的名义并"领""录"尚书事，成为中朝官的实际领袖。由于他们可以自由出入宫禁，参与政治决策，再加上与皇帝的亲密关系，这就为外戚集团攫取国家政治权力提供了便利。随着皇权不断削弱，外戚实力不断加强，他们遂逐渐将权力的触角伸向了司法领域，其表现之一就是重大案件的审理，主审官员的选择已不仅限于司法官员，外戚参与司法审判的现象开始逐步增多。如汉元帝时期，贾捐之一案的审理，就是由当时王皇后的父亲阳平侯王禁与石显共同审理的。

宦官。宦官参与司法审判始于汉元帝时期。汉元帝重用宦官弘恭、石显，让他们担任中书令，参与国家政事的处理。《汉

① ［汉］班固：《汉书》卷一九上《百官公卿表上》，北京：中华书局，1962年，第727页。

② ［清］孙星衍等辑，周天游点校：《汉官六种》，北京：中华书局，1990年，第133页。

书·佞幸·石显传》称："是时，元帝被疾，不亲政事，方隆好于音乐，以显久典事，中人无外党，精专可信任，遂委以政。事无小大，因显白决，贵幸倾朝，百僚皆敬事显。"①正如赵翼分析的那样："盖地居禁密，日在人主耳目之前，本易窥觑笑而售谗谀，人主不觉，竟为之移。"②宦官因久在内廷，比较难与外朝官员结党，再加上他们与皇帝朝夕相处，有一定的感情基础，因而深得皇帝信任，经常被委以大权。汉元帝以后的西汉时期，宦官参与审理司法案件主要有三次：贾捐之漏泄省中语，罔上不道一案，汉元帝令"皇后父阳平侯禁与显共杂治"③。汉成帝暴崩一案，皇太后令掖庭令与御史、丞相、廷尉"杂治"赵昭仪④。中郎谒者张由诬告中山太后祝诅哀帝及太后一案，哀帝"使中谒者令史立与丞相长史大鸿胪丞杂治"⑤。宦官介入司法领域，参与案件的审理，表明宦官集团开始逐步分割以廷尉为首的司法机关的司法权，但西汉时期宦官所掌握的司法权极为有限，他们参与司法审判也仅是个别现象。

汉和帝以后，皇帝大多年幼，太后临朝听政，不得不重用宦官，宦官权力开始急剧膨胀。正如《后汉书·宦者列传》所说："邓后以女主临政，而万机殷远，朝臣国议，无由参断帷幄，称制下令，不出房闱之间，不得不委用刑人，寄之国命。手握王爵，口含天宪，非复掖庭永巷之职，闺牖房闼之任也。"⑥随着宦官集团势力的膨胀，他们不仅攫取了国家的政治权力，还逐步从司法机关手中夺取了部分司法权，与西汉时期相比，东汉宦官参与司法审判的现象要普遍得多。黄门北寺狱的设立，更是宦官攫取司法权的集

① ［汉］班固：《汉书》卷九三《佞幸·石显传》，北京：中华书局，1962年，第3726页。

② ［清］赵翼：《廿二史札记校正》卷五《东汉宦官》，北京：中华书局，1984年，第110页。

③ ［汉］班固：《汉书》卷六四《贾捐之传》，北京：中华书局，1962年，第2837页。

④ ［汉］班固：《汉书》卷九七《外戚传》，北京：中华书局，1962年，第3990页。

⑤ ［汉］班固：《汉书》卷九七《外戚传》，北京：中华书局，1962年，第4006页。

⑥ ［刘宋］范晔：《后汉书》卷七八《宦者列传》，北京：中华书局，1965年，第2509页。

中表现。不仅管理这座监狱的狱吏、牢监以及狱卒全部由阉宦担任，而且对被关押在黄门北寺狱中的囚犯的审讯，也多有宦官参与，甚至还出现了以宦官担任主审官的情况。例如刘宠与其国相魏愔不道案，皇帝令"中常侍王酺与尚书令、侍御史杂考"①。又如白马令李云露布上疏案的审理，桓帝"下有司逮云，诏尚书都护剑戟送黄门北寺狱，使中常侍管霸与御史廷尉杂考之"②。皆是宦官担任主审官参与司法审判的情况。

（二）审讯的方式

汉代司法官员审讯犯罪三公所采用的方法很多，其中最常见的审讯方式主要有以下几种：

1. 簿责

《史记·魏其武安侯列传》："于是上使御史簿责魏其所言灌夫，颇不雠，欺谩。劾系都司空。"③又《汉书·张汤传》："上以汤怀诈面欺，使使八辈簿责汤。汤具自道无此，不服。"④司法官员在审讯窦婴和张汤时采用的方式正是簿责。所谓"簿责"，《汉书·周亚夫传》曰："居无何，亚夫父子买工官尚方甲楯五百被可以葬者。取庸苦之，不与钱。庸知其盗买县官器，怨而上变告子，事连污亚夫。书既闻，上下吏。吏簿责亚夫，亚夫不对。"如淳曰："簿音主簿之簿，簿问其辞情。"颜师古曰："簿问者，书之于簿，一一问之也。"⑤簿责不同于一般的口头审讯，负责审讯的官员事先需把准备讯问的问题书写在书簿上，审讯时即按照书簿上的问题逐一向犯人讯问，被审问的犯人也必须根据提出的问题逐一进行回答，

---

① ［刘宋］范晔：《后汉书》卷五〇《陈愍王宠传》，北京：中华书局，1965 年，第 1669 页。

② ［刘宋］范晔：《后汉书》卷五七《李云传》，北京：中华书局，1965 年，第 1850 页。

③ ［汉］司马迁：《史记》卷一〇七《魏其武安侯列传》，北京：中华书局，1959 年，第 2853 页。

④ ［汉］班固：《汉书》卷五九《张汤传》，北京：中华书局，1962 年，第 2645 页。

⑤ ［汉］班固：《汉书》卷四〇《周亚夫传》，北京：中华书局，1962 年，第 2062 页。

并由审讯官员将犯人的回答一一详细记录在书簿上,审讯内容整理完毕后,还要呈送皇帝阅览。据宋杰先生考证:"朝廷、官府对臣下的谴责当中,簿责是一种较重的惩罚形式,其结果经常导致受责者自杀。"[①]上引材料中,张汤在被簿责后,羞愤难当,就最终选择了自杀以表明自己不愿受辱的态度。又如《汉书·酷吏·田广明传》:"宣帝初立,(田广明)代蔡义为御史大夫,以前为冯翊与议定策,封昌水侯。岁余,以祁连将军将兵击匈奴,出塞至受降城。受降都尉前死,丧柩在堂,广明召其寡妻与奸。既出不至质,引军空还。下太守杜延年簿责,广明自杀阙下,国除。"[②]田广明在被簿责后,同样因为不愿受辱而选择了自杀。即便受簿责者当下并未自杀,随后也多在狱中被折磨至死,或者经过一番折磨后被处以极刑。如窦婴在被捕入狱前本欲绝食自杀,后得知武帝并未有诛杀之意,又恢复饮食。但不久之后,又有流言蜚语传至武帝耳中,结果窦婴最终还是被判处死刑,弃市于渭城。

2. 问状

问状在汉代文献中又被称作"考问"或"验问"。这种审讯方式一般是在犯罪者主动上书坦白自己的罪状,或是犯罪者上书陈述自己冤屈的情况下,君主根据犯罪者所上奏疏的内容,专门派遣使者对涉案相关人员进行询问,以便弄明白事情的真相。如《汉书·王章传》记载,汉元帝时,中书令石显手握大权,丞相匡衡、御史大夫张谭皆阿附于石显。汉成帝即位后,石显大权被剥夺,匡衡与张谭趁机弹劾石显擅权,请求给予石显以严厉的处罚。司隶校尉王章认为匡衡、张谭"阿谀曲从,附下罔上,怀邪迷国,无大臣辅政之义,皆不道",遂上书成帝,请求治两人的罪。匡衡羞愧难当,上书谢罪,并上交丞相、侯印绶。汉成帝以新即位即重伤

---

① 宋杰:《汉代的秘密处决与政治暗杀——"隐诛"》,《史学月刊》,2013 年第 7 期。
② [汉]班固:《汉书》卷九〇《酷吏·田广明传》,北京:中华书局,1962 年,第 3664—3665 页。

大臣为由，"乃下御史丞问状"，①就是采用了专门派遣使者对王章弹劾匡衡这件事向当事人询问，以求弄清事情的来龙去脉，为君主最终做出裁定提供证据的方式。

从汉代文献的记载来看，问状又不仅限于司法官员向案件涉案者询问案情，皇帝如果对大臣提出的治国方略有所疑问，向其详细询问，也被称为问状。如《汉书·萧望之传》："天子拜望之为谒者。时上初即位，思进贤良，多上书言便宜，辄下望之问状。"②又见《后汉书·耿恭传》："其秋，金城陇西羌反，恭上疏言方略，召入问状。乃遣恭将五校士三千人，副车骑将军马防讨西羌。"③

3. 诘问

诘，《说文解字·言部》："诘，问也。"④《广雅》又云："诘，让也。"⑤诘问不同于一般的讯问，而是含有诘难、责备的意思。在汉代文献中，诘问有时又被称为"诘责"。如《汉书·贾山传》："其后文帝除铸钱令，山复上书谏，以为变先帝法，非是。又讼淮南王无大罪，宜急令反国。又言柴唐子为不善，足以戒。章下诘责，对以为……"颜师古注曰："以其所上之章，令有司诘问。"⑥诘问的发起者一般都是君主，或下诏书亲自传唤被讯问者当面责问，或由专门委派的官员携带皇帝的诏书，向被讯问者详细责问君主所提出的疑问，被委任的官员应该仔细将被讯问者的回答记录下来，经过整理之后交由君主御览。如果由君主亲自诘问，则无须上述步骤。如《汉书·萧望之传》记载，萧望之看到丞相丙吉虽年老不能

① ［汉］班固：《汉书》卷七六《王章传》，北京：中华书局，1962年，第3231—3232页。
② ［汉］班固：《汉书》卷七八《萧望之传》，北京：中华书局，1962年，第3273页。
③ ［刘宋］范晔：《后汉书》卷一九《耿恭传》，北京：中华书局，1965年，第723页。
④ ［汉］许慎撰，［清］段玉裁注：《说文解字注》卷三《言部》，杭州：浙江古籍出版社，2006年，第100页。
⑤ ［清］王念孙：《广雅疏证》卷二上《释诂》，北京：中华书局，1983年，第58页。
⑥ ［汉］班固：《汉书》卷五一《贾山传》，北京：中华书局，1962年，第2337—2338页。

理事,却始终受到皇帝的敬重,感到心内不平,于是给宣帝上书,认为这年正月日月无光,是因为三公的人选不当,责任应在三公身上。宣帝认为萧望之的上奏有轻视丞相的意思,乃"下侍中建章卫尉金安上、光禄勋杨恽、御史中丞王忠,并诘问望之。望之免冠置对,天子由是不说"①。这是君主将诘问的任务交由专门委任的官员执行。又如《汉书·王嘉传》记载,王嘉身为三公,没有遵循将相不理冤狱的传统,而是亲至都船诏狱,此举彻底激怒了哀帝,哀帝"使将军以下与五二千石杂治。吏诘问嘉,嘉对曰:……"②诘问王嘉的任务则是交由羁押王嘉的监狱中的狱吏来执行的。

4. 刑讯

在汉代,刑讯又被称作"考鞫",或者"拷问",是指在司法审讯中,通过使用刑具对受审的人进行肉体折磨,从而强行取得受审人的口供或其他证据的审讯方式。在中国古代社会,定罪量刑的主要依据是当事人的口供,唯有最终获得涉案人员的口供,才能给罪犯判定罪名。如果缺少被告或证人的证词,一般是不能结案的。但是在审讯中,某些犯罪者抱着侥幸心理,百般抵赖,拒不认罪,所以审讯的官员只有借助刑具来让犯人开口。

刑讯时,使用频率最高的刑具为棍棒。用棍棒击打被刑讯者通常称为"笞""答"或者"掠"。"笞",《后汉书·陈宠传》:"断狱者急于笞格酷烈之痛。"注曰:笞即榜也,古字通用。《声类》曰:'答也。'《说文》曰:'格,击也。'"③"掠",《礼记·月令》:"命有司省图圄,去桎梏,毋肆掠,止狱讼。"高氏诱曰:"掠,答也。"应氏镛曰:"肆掠,谓肆意答棰。"④为了对刑具的使用加以规范,汉律中对木

---

① ［汉］班固:《汉书》卷七八《萧望之传》,北京:中华书局,1962 年,第 3280 页。
② ［汉］班固:《汉书》卷八六《王嘉传》,北京:中华书局,1962 年,第 3502 页。
③ ［刘宋］范晔:《后汉书》卷四六《陈宠传》,北京:中华书局,1965 年,第 1549 页。
④ ［清］孙希旦:《礼记集解》卷一五《月令第六之一》,北京:中华书局,1989 年,第 424 页。

板的规格以及击打囚犯的方式都作了明确的规定："笞者,箠长五尺,其本大一寸,其竹也,末薄半寸,皆平其节。当笞者笞臀,毋得更人,毕一罪乃更人。"①

为了获得结案所必需的口供,司法官员常常不惜以各种手段来拷问囚犯,这些手段有些是合法的,但更多的则是法外用刑。对于司法官员法外用刑,中国传统法律一直秉承不支持的态度。睡虎地秦墓竹简《封诊式》中就规定:"治狱,能以书从迹其言,毋笞掠而得人情为上;笞掠为下;有恐为败。"司法官员在审理案件时,应该尽量通过各种审讯技巧获得当事人的口供,这是上乘的审讯方法;刑讯则是逼不得已的下策,是最低劣的审讯方式,因为利用刑讯获取口供,极有可能造成冤假错案的发生。所以,高明的司法人员应尽量避免使用刑讯。汉代法律除了秉承秦律不支持刑讯的态度,并且又规定对于身份尊贵的王侯将相,在审讯时不得随意施加刑罚。然而在实际的司法审判当中,这些身份显贵的勋臣贵戚们也仍然无法避免被刑讯的命运。沈家本在《历代刑法考》中针对这一情况,不无痛心地评价道:"临江王以故太子迫而自杀,周勃、周亚夫以丞相之贵见辱于狱吏。以贵宠体貌之大臣,小吏得施其詈骂榜笞,积威之渐,子长言之可云痛心。后之论狱者,其亦有哀矜之意乎。"②因为担心在狱中受到狱吏的侮辱,许多三公在犯罪后都选择了自杀。

四、犯罪三公的定罪

(一)廷议定罪

廷议,又被称为"集议",是一种君臣集体讨论政事的形式。汉代廷议的内容十分庞杂,包括朝廷与周边少数民族外交政策的制定和变更,皇帝的废立,重大政治、经济政策的制定等,都需要

---

① [汉]班固:《汉书》卷二三《刑法志》,北京:中华书局,1962年,第1100页。

② [清]沈家本:《历代刑法考》,北京:中华书局,1985年,第1174页。

君主召集有关部门的官员，共同协商探讨。重大刑事案件的裁定也在廷议探讨的范围之内。廷议讨论的刑事案件一般都比较特殊，或是涉及皇室宗亲、公卿将相等勋贵人物，或是某些争议不绝的疑难案件。

　　所谓"杂治"，颜师古认为是"交杂同共治之也"①。即不同身份的官员共同处理某一案件，就被称为"杂治"。虞云国在《汉代"杂治"考》一文中认为："杂治是汉代法律专用术语之一，亦称杂案、杂问、杂考或杂理。它是皇帝对谋反不道或凡有其他不赦重罪的王侯后主、公卿大臣及罪涉不道的吏民要犯，指派公卿大臣或起副贰和重要属官以及相关邻近的州郡长吏进行会审的司法制度。"②虞氏的这一定义，作者比较赞同。汉代司法审判制度中，"廷议"和"杂治"属于集体审判制度中的一种，集中体现了中国传统法律文化中的慎刑观。

　　1."廷议"和"杂治"的启动

　　廷议和杂治这两种集体审判方式所处理的案件大多涉及勋臣贵戚，或是性质比较恶劣的重大案件，参与讨论的官员又来自多个不同的部门，人员身份较为复杂，需要专门的协调才能够顺利展开。因此，"廷议"和"杂治"程序的启动权，只能是掌握在皇帝手中，其他任何官员都没有权力在未经皇帝允许或授权的情况下擅自启动。汉昭帝时期，御史大夫桑弘羊因谋反被诛，其子迁逃亡在外，被桑弘羊的故吏侯史吴藏匿。后事情泄露，侯史吴自出系狱，朝廷令廷尉王平与少府徐仁杂治。二人因上书请求朝廷赦免侯史吴藏匿罪名被有司以"纵反者"为由弹劾。少府徐仁为丞相田千秋的女婿，田千秋为保自己的女婿，在未经昭帝允许的情况下，"召中二千石、博士会公车门，议问吴法"。第二日，霍光

————————————

①　[汉]班固：《汉书》卷六〇《杜周传》，北京：中华书局，1962年，第2663页。

②　虞云国：《汉代"杂治"考》，《史学集刊》，1987年第3期。

便"以千秋擅召中二千石以下,外内异言"①为由,弹劾丞相田千秋。通过此例可以看到,是否召开廷议或"杂治",以及派谁来参与廷议和"杂治",完全由皇帝决定,即便身份尊贵如丞相,也无权私自召集官员议论案件,否则轻则免官,重则下狱问罪,体现出中国传统社会君主专制制度下,皇帝对司法权的垄断。

廷议和杂治,虽然是两种不同的制度,但两者之间并不是截然分开的。两汉时期,一些特别重大的案件,在审理过程中可能会单独使用其中的一种形式,也可能会兼而采用两种形式,经过若干次反复的讨论,才会做出最终的判决。汉代法律规定,三公享有有罪先请特权,因此,三公犯罪后,司法官员应先将情况上报给皇帝,由皇帝派遣相关人员对案情作初步调查取证,待案件详细调查取证完毕后,再由参与案件审理的官员上奏皇帝,请求对相关涉案人员予以逮捕。至于对犯罪三公施以何种刑罚,为慎重起见,皇帝可能会另行召集廷议,待广泛听取大臣意见之后,最后由皇帝亲自宣布对犯罪三公的最终处理意见。有时,对于皇帝的处理办法,大臣们觉得不合适,可能还会请求皇帝再次召集廷议,重新对案情予以讨论。汉文帝时期淮南王刘长谋反案的审判,就经历了这样一个过程,文帝才最终对参与谋反的相关人员做出判决。《汉书·淮南王长传》记载:"王至长安,丞相张苍、典客冯敬行御史大夫事,与宗正、廷尉杂奏:'……长所犯不轨,当弃市,臣请论如法。'"文帝没有立即同意丞相等人的奏请,令"其与列侯吏二千石议"。丞相、列侯与二千石官员四十三人经过讨论后认为"宜论如法"。文帝不同意议论的结果,又另外颁布诏书赦免刘长死罪,并废除其淮南王之位。有司奏请:"请处蜀严道邛邮,遣其子、子母从居,县为筑盖家室,皆日三食,给薪菜盐炊食器席蓐。"文帝又再颁诏书,令"食长,给肉日五斤,酒二斗。令故美人材人

---

① [汉]班固:《汉书》卷六〇《杜周传》,北京:中华书局,1962 年,第 2662—2663 页。

得幸者十人从居"。① 汉哀帝时期丞相王嘉一案的审理过程,也是经历了两次廷议和官员"杂治"之后,才最终判定了王嘉的罪名。

2. 结果的上报和公布

参与"廷议"和"杂治"的官员在详细讨论过案件之后,应以奏疏的形式将集体商议后的审判结果上报给皇帝,请求皇帝作出批示。这类奏疏主要包括以下几方面内容:第一,犯罪者的犯罪事实。第二,依照犯罪事实拟定的罪名。第三,根据罪名拟定的惩罚方式。最后,是诸如"请下狱""请下廷尉"之类表明上奏目的的语言。有时,为表示商议的公正性,提高集议结论的说服力,同时也为君主做出最终裁定提供参考,在拟定罪名时,也会将审判时所依据的法律条文一并附在奏疏之中。如薛宣子薛况在宫门外砍伤博士申咸一案,御史中丞众等认为:"况首为恶,(杨)明手伤,功意俱恶,皆大不敬。明当以重论,及况皆弃市。"廷尉直不同意御史中丞等人拟定的罪名。他首先引用汉律"斗以刃伤人,完为城旦,其贼加罪一等,与谋者同罪"的律文,同时为增强自己奏议的说服力,他又先后引用孔子"名不正,则至于刑罚不中,刑罚不中,而民无所错手足"的言论以及《春秋》决狱原心定罪的判刑原则,来阐明自己的观点:"明当以贼伤人不直,况与谋者皆爵减完为城旦。"②

为增强奏疏的说服力,大臣在奏疏中又常常引用儒家经义中的语句或典故,作为提出动议、阐明观点的依据。这种现象在汉武帝之前大臣的奏疏中是不常见的。但是随着汉武帝采纳董仲舒罢黜百家、独尊儒术的主张,特别是董仲舒依据儒家经义创立引经决狱制度之后,大臣在文书中借用儒家经义阐明所欲上奏之事逐渐成为一种常态。如上文所举的薛宣子薛况在宫门外砍伤

① [汉]班固:《汉书》卷四四《淮南王长传》,北京:中华书局,1962 年,第 2141—2142 页。

② [汉]班固:《汉书》卷八三《薛宣传》,北京:中华书局,1962 年,第 3395—3396 页。

博士申咸一案,御史中丞众为了阐明自己的观点,在奏疏中就先后引用了孔子的言论以及《春秋》决狱原心定罪的判刑原则。

廷议、杂治奏疏的草拟者一般是所有参与讨论官员中职位最高或是最德高望重者。根据讨论结果的不同,奏疏的书写又分为两种情况:第一种情况是所有参与讨论的官员意见基本一致,则由草拟奏章者择讨论的要点,用简单明了的语句概括讨论的结果,草拟成奏疏上奏给皇帝。第二种情况是参与讨论的官员意见不统一,或者彼此之间的分歧很大,难以达成一致意见。在这种情况下,草拟奏疏者应将所有不同的意见都用简洁的语言,以何人提出何种意见的格式一一罗列在奏疏中,由皇帝根据各种意见做出裁决。仍旧以哀帝时丞相王嘉案件的审理为例。王嘉因驳回哀帝欲增加宠臣董贤封邑的诏书而触怒哀帝,哀帝一怒之下,下令将军和中朝官讨论此事。经过讨论,光禄大夫孔光、左将军公孙禄、右将军王安、光禄勋马宫等人意见基本一致,认为:"嘉迷国罔上不道,请与廷尉杂治。"唯有龚胜一人对孔光等人拟定的罪名不是很赞同,他认为:"嘉备宰相,诸事并废,咎由嘉生;嘉坐荐相等,微薄,以应迷国罔上不道,恐不可以示天下。"① 由于双方分歧较大,意见不能统一,因此,在上报的奏疏中,两方的意见都被罗列出来,上呈给皇帝御览。皇帝接到奏疏后,如果同意大臣拟定的处理意见,则会颁布正式的诏书,公布犯罪者的罪名及处罚办法,并责令相关部门对犯罪者执行相应的刑罚。如果皇帝不同意大臣的处理意见,也可能会驳回他们的上奏,令其重新商议讨论。

"杂治"和"廷议"制度的实施,因为集合了众人的智慧,可以在很大程度上避免冤假错案的发生。但通过"杂治"和"廷议",大臣们只能对案件的处理提出参考意见,最终的审判权仍然掌握在皇帝的手中,皇帝大可以完全抛开大臣们的意见,依照个人的好恶,拟定最终的结果。审判权过度集中于皇帝一人,会在一定程

---

① [汉]班固:《汉书》卷八六《王嘉传》,北京:中华书局,1962 年,第 3500—3501页。

度上影响到审判结果的公正性,这是中国传统法律制度无法克服的缺点。

(二)皇帝下诏定罪

不论是采取廷议、杂治还是其他方式,参与案件审讯的官员都必须将拟定的判决意见上报给皇帝,由皇帝做出最终的裁决。皇帝最终做出的处罚意见,可能会出现三种情况:第一种情况是基本同意诸位大臣经过廷议和杂治后拟定的判决意见。皇帝在审阅大臣所上奏疏后,如果感觉草拟的处理意见基本符合自己的意思,无须再作出更改,即以"制曰可"的形式批准大臣所上奏疏,这样,大臣所上奏疏就具有了法律效力。接下来只需要相关的司法部门按照拟定的处理意见遵照执行即可。或是君主在大臣所上奏疏的基础上稍作修改和润色,另以颁布诏书的形式颁行天下,则君主所颁布的诏书就具有了最终的法律效力,司法机关同样只需遵照诏书中的要求执行即可。

第二种情况是皇帝对经过廷议和杂治后拟定的处理意见不甚满意,将处理意见驳回,令相关人员再次组织讨论,重新拟定处理意见。或者君主虽然对处理意见不甚满意,但并未要求原来参与组织讨论的官员重新拟定修改意见,而是组织另外一批官员参与案件的重新审理和讨论,然后将草拟好的处理意见重新交由君主定夺。例如汉哀帝时期丞相王嘉案的审理,就经过两次集体审议才最终由哀帝通过,交付相关司法机关执行。

第三种情况是皇帝既不同意集议官员所拟定的处理意见,但又未要求发回令其重审,而是君主根据自己的意思重新拟定新的判决结果,并交由相关司法机关遵照执行。例如汉文帝时期淮南王刘长谋反案的审理,"丞相张苍、典客冯敬行御史大夫事,与宗正、廷尉杂奏:'……长所犯不轨,当弃市,臣请论如法。'"①汉文帝收到奏疏后,另组织丞相、列侯与二千石官员等四十三人进行讨

---

① [汉]班固:《汉书》卷四四《淮南王长传》,北京:中华书局,1962年,第2141—2142页。

论,讨论的结果是按照原先意见处理。但是汉文帝不同意这个处理结果,而是另外颁布诏书,免除刘长死刑,但是废除其淮南王的王位,徙居房陵。

范忠信先生在《情理法与中国人》一书中曾说过:"国法不是国君与臣民协商的产物,而是圣心、圣制、圣裁的产物,故国法就是王法。"①在古人的观念里,君主是法律制度的唯一制定者、最终解释者和裁决者。这就是儒家提出的"礼乐征伐自天子出"②的主张。朝臣经过廷议或杂治,拟定出的判决结果,在未经过君主同意的情况下,是不具有任何法律效力的。任何大臣,即便是名义上拥有最高司法审判权的廷尉,也无权在未经皇帝允许的情况下,擅自执行判决的结果。三公由于其特殊的身份地位,对他们的司法审判同其他低级别官员或是平民百姓的司法审判是完全不同的。正如瞿同祖先生所说,这些特权阶级"法司不能依法逮捕他,审问他,更不能判决他的罪名。这种人只受最高主权——皇帝——的命令,只有他才能命令他的法官审问他,也只有他才能宣判其罪名,加以执行。这种办法是极富于弹性的,过问与否,惩罚或免罪,以及减免的程度,都取决于他个人的意志,他的法司不能擅作主张"③。享受先请特权的三公犯了罪,必须要先上报给皇帝,待皇帝批准之后方可执行。如果皇帝不同意,即便此人罪大恶极,司法机关也仍然不能擅自判决。皇帝对司法审判权的垄断,集中体现了中国传统法律人治的一面。

---

① 范忠信:《情理法与中国人》,北京:北京大学出版社,2011 年,第 10 页。
② [清]刘宝楠:《论语正义》卷一九《季氏》,北京:中华书局,1990 年,第 651 页。
③ 瞿同祖:《中国法律与中国社会》,北京:商务印书馆,2010 年,第 243 页。

第三章　犯罪三公的惩罚与优待

一、犯罪三公的惩罚

（一）惩罚的方式

1. 赐死

汉代的死刑方式主要是枭首、腰斩和弃市，行刑地点多在闹市之中，行刑完毕，被行刑者的尸体通常还要在市场或路口陈放几日。这种公开执行死刑的方式被称作"显诛"或"显戮"，它是周代"刑人于市，与众弃之"[①]思想的延续。这种死刑的执行方式带有较强的侮辱性，显然不适合用来处死身份尊贵的勋臣贵戚。因此，为维护被行刑者的人格尊严，在显诛之外，汉朝政府又采取被称作"隐戮"的处死方式。隐戮与显戮的最大不同就在于行刑的地点多选择在隐蔽的、不为人知的地方，以秘密处决的方式结束被行刑者的生命。处决后，尸体一般也不再陈放于闹市供众人围观。

赐死制度是汉代君主惩罚大臣常用的方式之一，"此类死刑的显著特征是罪犯未曾被捕入狱与束缚受辱。说它含有'隐戮'的成分是由于犯人没有被当众处决，通常是在他们接受旨意的居所当场自尽"[②]。被赐死的大臣可能经过了公开的审讯与判决，但

---

① ［清］孙希旦：《礼记集解》卷一二《王制第五之一》，北京：中华书局，1989 年，第325 页。

② 宋杰：《汉代的秘密处决与政治暗杀——"隐诛"》，《史学月刊》，2013 年第 7 期。

执行死刑时既不当众执行,死后也不陈尸或枭首。由于这种惩罚方式兼有"显戮"与"隐戮"的成分,因此宋杰先生称之为"半隐之诛杀"。赐死制度具体形成于何时目前还不太清楚,但至少在春秋战国时期,君主赐死大臣的事例就已经非常常见了,如《左传·哀公十一年》:"(伍子胥)使于齐,反役,(吴)王闻之,使赐之属镂以死。"①《史记·白起王翦列传》:"武安君(白起)既行,出咸阳西门十里,至杜邮。秦昭王与应侯群臣议曰:'白起之迁,其意尚怏怏不服,有余言。'秦王乃使使者赐之剑,自裁。"②

西汉建立之初,赐死制度曾一度被取消。汉文帝时期,有感于右丞相绛侯周勃被人诬告下狱,在狱中受尽狱吏侮辱一事,贾谊上书文帝,提出恢复赐死制度的主张。他说:"鄙谚曰:'欲投鼠而忌器。'此善喻也。鼠近于器,尚惮而弗投,恐伤器也,况乎贵大臣之近于主上乎!廉耻礼节以治君子,故有赐死而无僇辱。是以系、缚、榜、笞、髡、刖、黥、劓之罪,不及士大夫,以其离主上不远也。……夫尝以在贵宠之位,天子改容而尝体貌之矣,吏民尝俯伏以敬畏之矣。今而有过,令废之可也,退之可也,赐之死可也;若夫束缚之,系绁之,输之司寇,编之徒官,司寇、牢正、徒长、小吏骂詈而榜笞之,殆非所以令众庶之见也。"③汉文帝采纳了贾谊的建议,自此以后,"大臣有罪,皆自裁,不受刑"④。

赐死按照隐蔽程度的不同可以分为不同的类型,其中隐蔽性最差的是以颁布明诏的方式令臣子自杀。通常的程序是先由君主拟定明令大臣自杀的诏书,然后派遣使者向该大臣当面宣读诏书,接到诏书的大臣随即在使者的监督下自杀。如上文所引例子中伍子胥和白起皆是被君主派去的使者赐以宝剑自裁而死。

随着君主专制制度日趋完善,利用明诏直接赐死大臣的方式

① 杨伯峻:《春秋左传注》,北京:中华书局,1990年,第1664页。
② [汉]司马迁:《史记》卷七三《白起王翦列传》,北京:中华书局,1959年,第2337页。
③ [汉]贾谊撰,阎振益、钟夏校注:《新书校注》卷二《阶级》,北京:中华书局,2000年,第80—81页。
④ [汉]班固:《汉书》卷四八《贾谊传》,北京:中华书局,1962年,第2260页。

显然不利于君主形象的维护。因此,西汉中期以后逐渐被更为隐蔽的赐死方式所代替,以谴责诏书暗示臣子自杀就是其中的一种。采用这种赐死方式,君主在诏书中并不直接给臣子下达令其自杀的命令,而是详细列举其所犯罪状,并以严厉的口吻予以谴责,让其明白自己所犯罪行是不可饶恕的,希望被谴责者主动自杀。这样一来,君主既达到了处死大臣的目的,也能够获得宽大无私的美名,可谓一举两得。如汉武帝时期曾担任御史大夫的张汤被丞相长史以受贿欺君的名义弹劾,汉武帝于是派遣使者到张汤处作进一步讯问。看到使者所持的簿责书,在领会武帝意图,深知自己必死的情况下,张汤留下一封为自己辩解的奏疏后随即选择了自杀。又如汉成帝时,黄河出现决堤,"御史大夫尹忠对方略疏阔,上切责之"①。尹忠受到成帝的责骂,即日便选择了自杀。由于诏书中只有切责性的话语,而没有明确令大臣自杀的旨意,接到诏书的大臣需要根据诏书的语气和措辞去揣测圣意,这样又往往会出现领会错圣意的情况。例如汉武帝元封四年(公元前107年),因关东大灾,二百多万人无家可归。时任丞相的石庆"愿归丞相侯印,乞骸骨归,避贤者路",不料却遭到武帝的谴责。石庆以为武帝同意了自己的请求,欲归还印绶,但他的掾吏则认为"见责甚深,而终以反室者,丑恶之辞也",劝石庆自杀。正因为汉武帝在诏书中的态度不明,所以出现了"庆甚惧,不知所出"②的结果。如果接到谴责诏书的大臣没有立即自杀,君主还会连续颁布谴责的诏书,直至大臣自杀为止。如上文提到的张汤,一开始拒不承认自己受贿欺君的罪名,汉武帝"以汤怀诈面欺,使使八辈簿责汤"。张汤仍然不服,"于是上使赵禹责汤。禹至,让汤曰:'君何不知分也。君所治夷灭者几何人矣?今人言君皆有状,天子重

---

① 〔汉〕班固:《汉书》卷二九《沟洫志》,北京:中华书局,1962 年,第 1688 页。
② 〔汉〕班固:《汉书》卷四六《石庆传》,北京:中华书局,1962 年,第 2199—2200 页。

致君狱,欲令君自为计,何多以对簿为?'"①张汤无奈之下只得自杀。

君主下诏书令三公诣廷尉狱,是汉代赐死大臣的又一隐晦做法。前文已经说过,自贾谊上书文帝,请求对犯罪的大臣"废之可也,退之可也,赐之死可也",但不要让其在狱中忍受狱吏的辱骂和拷打,以免受到更多的人格侮辱,自此以后,"大臣有罪,皆自裁,不受刑"②逐渐成为一项不成文的规定。君主如果在诏书中令将相大臣诣廷尉狱,接到诏书的大臣当即须自杀以谢罪。如果将相大臣置这项不成文规定于不顾,在接到诏书后不愿立刻自杀,则有可能会招来君主更为严厉的惩罚。汉成帝时期的丞相王嘉,被孔光等人以迷国罔上不道罪弹劾,汉成帝下诏,令王嘉诣廷尉诏狱。"使者既到府,掾史涕泣,共和药进嘉,嘉不肯服。主簿曰:'将相不对理陈冤,相踵以为故事,君侯宜引决。'"王嘉不仅坚持不肯服毒自杀,反而随使者到了廷尉狱。成帝听说此事后大怒,"使将军以下与五二千石杂治"。③ 在成帝的逼迫之下,王嘉最终还是选择了自杀。

比下诏暗示大臣自杀更为隐蔽的赐死方式是赐官员牛酒。赐官员牛酒,本为官员生病或告老致仕时,君主为表彰该官员曾为国家作出的贡献,特赐予牛酒以示优宠:"丞相有疾,御史大夫三日一问起居,百官亦如之。朝廷遣中使太医高手,膳羞络绎。及瘳视事,尚书令若光禄大夫,赐以养牛、上尊酒。"④后来,赐官员牛酒又逐渐成为君主暗示臣子自杀的一种信号,当臣子收到所赐的牛酒,就能明白君主对自己已经有了杀心,必须立即自杀。如成帝绥和二年(公元前7年)春,发生荧惑守心天象,有擅长观测

① [汉]司马迁:《史记》卷一二二《酷吏列传》,北京:中华书局,1959年,第3143页。
② [汉]班固:《汉书》卷四八《贾谊传》,北京:中华书局,1962年,第2260页。
③ [汉]班固:《汉书》卷八六《王嘉传》,北京:中华书局,1962年,第3501—3502页。
④ [清]孙星衍等辑,周天游点校:《汉官六种》,北京:中华书局,1990年,第123页。

星象的大臣告诉成帝,丞相应该担负天象异常的责任,于是成帝派尚书令赐翟方进"酒十石,养牛一"①。翟方进看到所赐之物,知道成帝对自己的不满,即日便自杀了。以赐官员牛酒的方式令臣子自杀,表现了君主既希望臣子能遵从自己的旨意自杀,但同时又害怕背负无故滥杀大臣的罪名,试图以一种更为隐蔽的方式达到自己目的的复杂心理。

　　犯罪三公在君主的逼迫下自杀,除犯罪情节特别严重者,君主一般都不会再进一步深究,反而会采取一些安抚措施,诸如赐给死者棺椁和随葬的密器,或是赐给死者谥号等方式,表示对死者的优待。如果死者生前所犯罪行牵连到他的家人,死者自杀后,君主一般也会减轻甚至免除对其家人的处罚。例如丞相翟方进自杀后,成帝就没有再进一步追究翟方进的责任,反而"遣九卿册赠以丞相高陵侯印绶,赐乘舆秘器,少府供张,柱槛皆衣素。天子亲临吊者数至,礼赐异于它相故事"②。这是成帝通过恢复死者免官之前的官职,赐予葬礼所需的各种器物,下葬当日,天子亲自凭吊等方式,表示对翟方进的优待。

　　但是,并非所有犯死罪的三公均可享受赐死特权。对于某些罪大恶极、犯罪情节特别恶劣者,仍然采用常规的显戮方式。如汉武帝时期的丞相窦婴,被劾"矫先帝诏害,罪当弃市"。最初汉武帝并未立即采纳此意见,但在有人恶意中伤之下,窦婴最终还是"以十二月晦,论弃市渭城"。③ 又如征和二年(公元前 91 年),丞相刘屈氂被内者令郭穰告发:"使巫祠社,祝诅主上,有恶言,及与贰师(指李广利)共祷祠,欲令昌邑王为帝。"武帝令有司案验,有司劾刘屈氂以大逆无道罪,最后,"屈氂厨车以徇,要斩东市,妻子枭首华阳街"。④ 擅矫诏命和祝诅君主,在当时人看来是不可轻恕的大罪,尽管窦婴与刘屈氂二人,一为外戚,一为宗室成员,且

① [汉]班固:《汉书》卷八四《翟方进传》,北京:中华书局,1962 年,第 3423 页。
② [汉]班固:《汉书》卷八四《翟方进传》,北京:中华书局,1962 年,第 3424 页。
③ [汉]班固:《汉书》卷五二《窦婴传》,北京:中华书局,1962 年,第 2392 页。
④ [汉]班固:《汉书》卷六六《刘屈氂传》,北京:中华书局,1962 年,第 2883 页。

都位列三公,地位非常尊崇,却仍然被行刑于闹市,并没有享受到"隐戮"的特权。

两汉时期,赐死制度一直都很盛行。其根本原因就在于,赐死制度满足了君主专制的需要。对于专制君主来说,赐死制度是其震慑臣下的一个重要手段。正如《多维视角下的皇权政治》一书中所说:"贾谊把赐死制度同巩固专制皇权联系起来的理论,帮助封建帝王认识赐死制度的实质,从而把赐死制度纳入为君主家天下服务的渠道,赐死也从体现君臣一体、礼遇大臣性质的一种古礼逐渐异化为专制帝王巩固皇权的统治工具。"①赐死制度最早是作为优待贵族大臣的一种手段而出现的,但随着专制皇权的逐步发展,赐死制度中礼遇大臣的性质逐步消失,相反却成为君主专制制度下君主随意处死大臣的一种手段。大臣的举动一旦不合皇帝心意,随时都可能面临被赐死的局面。这一制度的出现完全违背了法律中罪罚相当的原则,赐死大臣,既不需要经过朝臣的同意,也不需经过任何司法程序的审判,全凭皇帝一人决断。所以从这个意义上说,赐死制度又不同于一般的刑罚手段,更像是一种皇家的私刑。

2.免官就国与免官归故郡

大庭脩在《秦汉法制史研究》一书中指出,"归故郡"这一刑罚"并不针对没有官职的一般庶民"②。就目前的资料看来,"归故郡"是汉代政府用来处罚犯罪官员的一类独特的方式,处罚的方法是罢免犯罪官员原有官职,将其发配回原籍。如《汉书·哀帝纪》:"曲阳侯王根、成都侯王况皆有罪,根就国,况免为庶人,归故郡。"③"就国"是汉代政府用来处罚犯罪官员的另一类常用方式,处罚的方式与"归故郡"类似,但处罚的严重程度要比"归故郡"的处罚轻。就国这种处罚方式一般只是剥夺犯罪官员的现有官职,

---

① 朱子彦:《多维视角下的皇权政治》,上海:上海人民出版社,2007年,第172页。
② [日]大庭脩:《秦汉法制史研究》,上海:上海人民出版社,1991年,第159页。
③ [汉]班固:《汉书》卷一一《哀帝纪》,北京:中华书局,1962年,第337页。

但却保留其原有的爵位和封邑,被遣回封国后,仍然能够食用封邑的租税。"归故郡"与"就国"不同,犯罪官员被施以"归故郡"惩罚的同时,往往又伴随着免官夺爵或免为庶人的惩罚。这意味着犯罪的官员不仅被剥夺了做官的资格,并且本人原来拥有的爵位和封邑也一并被剥夺,彻底沦为平民,失去了享受封邑租税的资格。如上文所引《汉书·哀帝纪》,汉哀帝对曲阳侯王根的处罚仅是免去其现任官职,但并未被剥夺授予他的爵位,王根回归封邑之后,仍然能够靠收取封邑租税维持日常生活。成都侯王况的处罚方式就要比王根严重得多,不仅本人现有官职被剥夺,原先授予他的爵位和封邑也一并收回,其身份从列侯一下子沦为庶人,被遣归原籍后,他不能再享有收取封邑租税的权力。

官员被处以免官归故郡惩罚的同时,有时还伴随财产的剥夺。如《后汉书·邓骘传》:"及太后崩,宫人先有受罚者,怀怨恚,因诬告(邓)悝、(邓)弘、(邓)阊先从尚书邓访取废帝故事,谋立平原王得。帝闻追怒,令有司奏悝等大逆无道,……(邓)骘以不与谋,但免特进,遣就国,宗族皆免官归故郡。没入骘等赀财田宅,徙邓访及家属于远郡。"[1]邓氏一族因被安帝乳母王圣与中黄门李阊等诬告阴谋逼迫安帝退位,另立平原王刘得为帝,安帝一怒之下,下令免除邓氏所有人官职,并令他们归故郡。同时还将邓家的田地、宅院等一并没收。说明免官归故郡的惩罚有可能还伴有财产的剥夺。

官员因犯罪而免官归故郡后,一般都应"闭门自守",不与外人交通。并且还要接受当地官员的监督。如成帝时曾任丞相的孔光被免官后"退闾里,杜门自守"[2]。和帝时太尉张酺被策免归家后也"谢遣诸生,闭门不通宾客"[3]。安帝时曾任太尉的杨震被

① [刘宋]范晔:《后汉书》卷一六《邓骘传》,北京:中华书局,1965 年,第 616—617 页。

② [汉]班固:《汉书》卷八一《孔光传》,北京:中华书局,1962 年,第 3359 页。

③ [刘宋]范晔:《后汉书》卷四五《张酺传》,北京:中华书局,1965 年,第 1533 页。

收回太尉印绶后同样"柴门绝宾客"①。相反,官员被罢官赋闲在家,却仍不知收敛,甚至不时发点牢骚,这种行为是君主所不能容忍的,被免职的官员可能会因此招来杀身之祸。例如宣帝时曾任光禄勋的杨恽因在观看西阁上的画人时说了不该说的话,被有司以"不竭忠爱,尽臣子义,而妄怨望,称引妖恶言,大逆不道"为由弹劾,宣帝即日罢黜了杨恽的官职和爵位,令其归家自守。杨恽归家后不仅不知杜门自守,反而在家中"治产业,起宅室,以财自娱"。其友人孙会宗告诫他:"大臣废退,当阖门惶惧,为可怜之意,不当治产业,通宾客,有称(举)[誉]。"②杨恽也没有听,杨恽此举很快便为自己招来了杀身之祸,宣帝听闻此事后立即下令将杨恽腰斩。

杜门自守,不与宾客交通,除了担心招来君主的猜忌外,感觉丢官归家有失自己的"面子",不好意思与邻里交往也是很重要的原因。中国人好面子,这是历来的一个传统,汉人在这一点上尤为看重。正如鲁迅先生所说:"'面子'究竟是怎么一回事呢?不想还好,一想可就觉得胡涂。它像是很有好几种的,每一种身份,就有一种'面子',也就是所谓'脸'。这'脸'有一条界线,如果落到这线的下面去了,即失了面子,也叫作'丢脸'。……但倘使做了超出这线以上的事,就'有面子',或曰'露脸'。"③虽然"面子"无法被看见,也无法被准确衡量,但它却又是实实在在存在的,并深刻影响着人与人之间的交往。"面子"并不是自己给自己加上去的,它只有在与人交往的过程中才能够显现出来,它是别人对自己的评价达到或超过自我价值预期而产生的内心的一种满足感。它包含积极和消极两个方面的因素。从积极方面来说,个人应该努力拼搏,为自己赢得"面子";从消极方面来说,个人应该谨言慎行,不做折损自己"面子"的事。对于汉代人来说,官员因犯罪被撤职回家,很少有大张旗鼓者,一旦回到家里,即杜门不出,也不

---

① [刘宋]范晔:《后汉书》卷五四《杨震传》,北京:中华书局,1965年,第1766页。

② [汉]班固:《汉书》卷六六《杨恽传》,北京:中华书局,1962年,第2894页。

③ 鲁迅:《且介亭杂文》,北京:人民文学出版社,1959年,第94页。

与亲戚宾客交往，就是害怕自己因犯罪被免除官职这件事情在家乡父老、邻里亲戚那里失了面子，这是汉人无论如何都无法接受的。

3.免官禁锢

禁锢是汉代政府经常使用的惩罚官员的又一种手段，它是以取消官员的做官资格作为惩罚。禁锢被用来作为惩罚犯罪官员的手段，至少在春秋战国时期就已经非常普遍了。《左传·成公二年》记载："晋人使（巫臣）为邢大夫，子反请以重币锢之。"疏注曰："禁锢勿令仕。"正义曰："《说文》云：'锢，铸塞也。'铁器穿穴者，铸铁以塞之，使不漏。禁人使不得仕宦者，其事亦似之，故谓之禁锢。"[1]楚国叛臣巫臣逃亡到晋国，晋国欲封其为邢大夫，楚国使者子反携带重金，请求将巫臣"锢之"，就是希望晋国能够剥夺巫臣的为官资格，不再让他担任任何官职。

从出土的秦代简牍来看，秦代更多的时候把禁锢称为"废"。如睡虎地秦墓竹简《秦律杂抄》中就有"不当禀军中而禀者，皆赀二甲，废""漆园三岁比殿，赀啬夫二甲而废，令、丞各一甲"等法律条文。睡虎地秦简整理小组将"废"翻译为终身剥夺此人的做官资格，即春秋战国时期的"禁锢"。

到了汉代，禁锢作为惩罚犯罪官员的一种处罚方式仍然继续被使用。汉代的禁锢按照禁锢年限的不同，可以分为几年、十几年这样期限较短的禁锢，也有几十年甚至终身这样的长期禁锢。秦代的禁锢对象一般仅限于犯罪官员本身，而不牵扯其他人。如上文所举秦律的相关法律条文，禁锢的对象都严格限制在犯罪官员本身。汉代的禁锢则有所不同，禁锢的对象已不限于犯罪官员本身，还包括了犯罪官员的血缘亲属。如汉代在对犯有贪污罪官员的惩罚中，经常有禁锢二世、禁锢三世这样的处罚。即不仅禁锢犯有贪污罪的官员本人，连其上下两代、三代的直系亲属也一

---

① 杨伯峻：《春秋左传注》，北京：中华书局，1990 年，第 805 页。

并被剥夺做官资格,特别是东汉桓灵时期爆发的两次党锢之祸,禁锢的对象更是扩大到与犯罪官员非血缘关系的门生故吏,一次禁锢的人数竟达到数万。

　　被免官禁锢者若想免去禁锢的处罚,主要通过两种途径:第一种途径是皇帝下诏特赦。如果君主在赦免诏书中有对禁锢者解禁的规定,那么被免官禁锢者就可能在未到解禁期限之前解除禁锢的禁令。例如汉武帝元朔六年(公元前123年)六月,武帝颁布的一则诏书中称:"日者大将军巡朔方,征匈奴,斩首虏万八千级,诸禁锢及有过者,咸蒙厚赏,得免减罪。"①这份赦免诏书,所惠及的对象主要有:被禁锢不得做官者和赦免令颁布之前犯有过错者。在赦免令颁布之后,上述两类人可以享受减少甚至免除罪过的优待,这样被免官禁锢者就有可能重新获得做官的资格。又如《后汉书·章帝纪》记载,元和元年(公元84年)十二月壬子,汉章帝颁布的一则赦免诏书中也提及对免官禁锢者的优待措施:"往者妖言大狱,所及广远,一人犯罪,禁至三属,莫得垂缨仕宦王朝。如有贤才而没齿无用,朕甚怜之,非所谓与之更始也。诸以前妖恶禁锢者,一皆蠲除之,以明弃咎之路,但不得在宿卫而已。"②章帝在免除因妖言罪被免官禁锢者处罚的同时,又规定他们不得再担任宿卫的官职。再如,延平元年(公元106年)五月辛卯,皇太后以殇帝新即位为由,颁布赦免诏书,规定:"自建武以来诸犯禁锢……其皆复为平民。"③同样以赦免诏书的形式免除被禁锢者的处罚。除借助皇帝颁布赦免诏书的机会获得特赦外,被免官禁锢的官员还可以用钱财来赎免禁锢的处罚。汉武帝时期,因连年对匈奴战争,国库几近空虚。于是汉武帝创制了武功爵制度,令民得买爵及赎禁锢免减罪。买爵的标准是每一级十七万钱。但不久之后,随着武功爵制的废除,用钱财来赎免禁锢惩罚的办法也

---

① [汉]班固:《汉书》卷六《武帝纪》,北京:中华书局,1962年,第173页。
② [刘宋]范晔:《后汉书》卷三《章帝纪》,北京:中华书局,1965年,第147—148页。
③ [刘宋]范晔:《后汉书》卷四《殇帝纪》,北京:中华书局,1965年,第197页。

基本不再使用了。

4. 贬官

在汉代,贬官又被称为谪、左迁、贬谪,它是中国古代社会惩罚官员常用的手段。贬官制度虽然到唐代才基本趋于完善,但其源头,还要追溯到秦汉时期。

丁之方先生认为:"贬官的独特之处在于,除了降职之外,还不许迁任外地官职,京官贬为地方官,地方官则贬至更边远的地区。"①丁先生的认识是不错的,但贬官的形式又不仅限于此。两汉时期,贬官除了任职地点的变动之外,还可能包括职权的变动,即虽未遭流放,但由职事官迁转为闲散官,职权受到一定削弱,同样也属于贬官。

贬官的方式之一是任职地点的变动。由于三公属于京官,如果三公由京内官被调至京外其他地区担任地方官,就属于贬官。如《汉书·周昌传》中,周昌由御史大夫任上被派往诸侯王国中的赵国担任王国相,虽然御史大夫与王国相相比,两者的秩禄相差不大,但因为其任职地点由中央变更为赵地,所以周昌的这次职位变动应该属于贬官的情况,而周昌本人也知道自己实际上是被贬了官,所以非常不愿意到赵国赴任,在刘邦的反复劝说之下,才勉强同意赴任。

贬官的方式之二是职权的变动。这又包括两种情况:一是从掌握紧要职权的部门调往闲散职权的部门;二是由职事官转为闲散官。两汉三公是皇帝处理政务的主要帮手,他们手中所掌握的权力是非常大的。因此,将三公调往其他部分,他们的权力就会受到削弱,就属于贬官的情况。将三公由职事官转为闲散官或将三公由紧要部门调整至闲散部门,意味着三公手中的职权基本上被剥夺干净,因为闲散官员大多远离国家政治活动中心,他们除了按月领取相应的俸禄之外,既无须每日到政府机构报到,除了

---

① 丁之方:《唐代的贬官制度》,《史林》,1990 年第 2 期。

一些特殊的情况,也基本不需要参加朝会,虽然较职事官自由,却没有任何职权。例如《汉书·卜式传》记载,卜式"在位言郡国不便盐铁,而船有算可罢。上由是不说式"①。因为卜式的做法引起汉武帝的不满,所以汉武帝将卜式由御史大夫改任闲散职位的太子太傅,卜式在实际上是被贬了官的。据《后汉书·百官志四》记载:"太子太傅一人,中二千石。本注曰:职掌辅导太子。礼如师,不领官属。"②两汉时期,太子太傅为秩禄中二千石的官员,其级别与中央九卿相同,地位较九卿还要尊崇,但太子太傅这个职位却属于闲职,西汉时期,太子太傅尚且同少傅一起统领太子官属,东汉以后,太子太傅统领太子官属的职责完全转交给太子少傅,太子太傅除了负责教导太子之外,基本没有其他职权,手中的权力不仅无法与三公的权力同日而语,甚至连与同级别的九卿相比也远远不如。卜式先是反对汉武帝盐铁官营与对车船征收算赋的举措,令汉武帝非常不高兴。后汉武帝欲封禅,卜式又不习文章,因此被汉武帝由御史大夫任上贬为太子太傅,就属于从职事官被贬为闲散官的情况。与卜式境遇相同,萧望之因为对丞相傲慢无礼,被皇帝由御史大夫调任太子太傅,同样属于贬官的情况。

由职事官被贬为闲散官,其中又包含一种特殊的贬官形式:明升暗降,即单从品秩等级上来看,现任官职要比原官职品秩高,看似得到升迁,但由于从职事官变为闲散官,所掌握的权力反而减少了,实际上仍然是一种变相的贬官。通过明升暗降的调动方式,既可以达到削弱对方的目的,又可以有效地避免落人口实的可能,因此这种贬官方式经常被用于政治斗争中。如惠帝时任右丞相的王陵,在惠帝去世后,吕后想封诸吕为王,向王陵询问意见,王陵以高祖订立的"非刘氏而王者,天下共击之"的盟誓反对立诸吕为王,由此触怒吕后,于是吕后"阳迁陵为太傅,实夺之相

---

① [汉]班固:《汉书》卷五八《卜式传》,北京:中华书局,1962年,第2628页。
② [刘宋]范晔:《后汉书》卷一一七《百官志四》,北京:中华书局,1965年,第3608页。

权"①。《汉书·百官公卿表上》:"太傅,古官,高后元年初置,金印紫绶。……位在三公上。"②单从身份地位上看,太傅位在三公之上,身份显然要尊贵一些。但从两者的权力来看,太傅的职责主要是"掌以善导"③。除此之外,并没有任何实际的权力。将王陵从丞相之位转迁为太傅,虽然地位更加尊崇了,但太傅所掌握的权力显然不能与丞相相比,这实际上是一种变相的贬官。

(二)惩罚的特点

1. 惩罚手段多样化

这主要表现在两个方面:第一,汉代法律在处理三公犯罪问题时,能够综合运用各种惩罚手段,既有司法手段,在司法手段之外,又辅以若干行政性处罚手段,如罚金、下旨申斥等,这些行政性处罚手段是司法惩罚手段的重要补充,犯罪行为严重程度够不上司法处罚的,可以利用行政性处罚手段予以惩处。汉代法律的刑罚体系,大致与先秦时期相同,但在惩罚手段的丰富程度上,比先秦时期有了相当大的进步。从上文列举的汉代法律对犯罪三公的惩罚方式可以看到,从惩罚程度最重的死刑开始,到免官就国、归故郡、免官禁锢,再到贬官等,各种惩罚方式按照由重至轻的顺序排列成整齐的序列,大臣不论犯有什么类型的罪名,总会有一种适合的惩罚方式与之对应,体现了汉代法律惩罚手段的多样性。

汉代法律惩罚手段多样性的第二个表现是,法律中某一种惩罚方式,又包含有一系列惩罚轻重程度各不相同的惩罚手段,这些不同种类的惩罚手段,按照犯罪者所犯罪名的不同,以及犯罪

---

① [汉]班固:《汉书》卷四〇《王陵传》,北京:中华书局,1962年,第2047页。
② [汉]班固:《汉书》卷一九上《百官公卿表上》,北京:中华书局,1962年,第726页。
③ [刘宋]范晔:《后汉书》卷一一四《百官志一》,北京:中华书局,1965年,第3556页。

者身份的不同,可以灵活地替换使用。以死刑为例。沈家本在《历代刑法考》中,指出汉代死刑的执行方式有三种:腰斩、弃市和斩。其中处罚最重者为腰斩,最轻者为斩。但腰斩和弃市带有比较浓厚的侮辱性质,因此一般不用于勋臣贵戚等身份尊贵者。在三种死刑方式之外,又有枭首和磔刑,前者是将死者的头颅悬挂在高竿上示众,后者是将死者的肢体分解,这两种死刑方式要较前三种方式更重,一般用以处罚罪大恶极者。这几种行刑方式虽然都归入死刑,但在使用时会根据处罚对象所犯罪行的严重程度以及犯罪者身份的不同灵活选择。以汉景帝时期晁错案的处置为例。《汉书·晁错传》记载,汉景帝因采纳了晁错削藩的建议引发吴楚七国之乱,有司遂以晁错"亡臣子礼,大逆无道"[1]为由提起诉讼。结果,晁错本人被景帝处以腰斩之刑,晁错的父母妻子以及同产,不分长幼,被处以弃市之刑。同样是大逆无道罪,汉景帝在处置时却使用了两种不同的刑罚方式:由于晁错本人是犯罪行为的直接参与者,因此被施以死刑中惩罚程度最重的腰斩之刑。而其家族成员因为没有直接参与到案件中,仅仅是受到晁错的牵连,所以他们遭受的惩罚就比晁错低一等级,由腰斩改为惩罚力度稍轻一等的弃市。

2. 惩罚的轻重程度与犯罪行为所造成的危害程度相对应

汉代法律在刑罚手段的运用上,始终遵循一条重要原则,即刑罚的使用应与犯罪情节的轻重相对应。这一原则在先秦时期的法律中,就已经有所体现。例如:《国语·鲁语上》:"大刑用甲兵,其次用斧钺;中刑用刀锯,其次用钻笮;薄刑用鞭扑,以威民也。故大者陈之原野,小者致之市朝,五刑三次,是无隐也。"[2]根据《国语》的记载,何种犯罪行为对应何种惩罚方式,主要是以犯罪者犯罪情节的轻重程度作为判定标准,犯罪情节最为严重者,

---

① [汉]班固:《汉书》卷四九《晁错传》,北京:中华书局,1962年,第2302页。

② [清]徐元诰撰,王树民、沈长云点校:《国语集解》,北京:中华书局,2002年,第152页。

施以甲兵；犯罪情节较轻者，则施以鞭扑。汉代法律秉承了先秦法律的这一原则，在惩罚手段的运用上，同样以犯罪情节的轻重程度作为主要依据，根据犯罪者犯罪情节轻重程度以及犯罪者犯罪动机的不同，分别施以不同的惩罚。

以汉代法律对矫诏罪的处罚为例。《汉书·景武昭宣元成功臣表》记载，浩侯王恢"坐使酒泉矫诏害，当死，赎罪，免"。如淳注："律，矫诏大害，要斩。有矫诏害，矫诏不害。"[①]矫诏罪依照矫诏行为可能引起的后果的轻重程度不同，又分为矫诏大害、矫诏害与矫诏不害三种。矫诏大害的犯罪情节最为严重，对社会的危害程度也最大。因为矫诏大害直接威胁到君主对国家的统治，所以汉代法律对矫诏大害行为的处罚一向极为严厉。汉武帝时期，博士徐偃伪造诏书，私自准许胶东、鲁国可以私营盐铁，他的这一行为使国家的财政税收蒙受了巨大的损失，在社会上造成的影响非常大，因此被张汤劾为矫诏大害，徐偃虽言辞狡辩，但最终仍然被武帝处以死刑。矫诏害对社会的危害程度不如矫诏大害严重，因此，汉代法律对矫诏害的处罚相对要轻一些。陈汤在平定西域叛乱的战役中，在未经皇帝授权的情况下，伪造诏书擅自调动西域军队进攻妄图发动叛乱的郅支单于，虽然消灭了郅支单于的军队，维护了汉朝在西域的统治，但在立功封赏问题上，以匡衡为首的朝中大臣认为"（甘）延寿、（陈）汤擅兴师，矫制幸得不诛，如复加爵土，则后奉使者争欲乘危徼幸，生事于蛮夷，为国招难，渐不可开"[②]。正因为陈汤矫诏的出发点是为了维护国家的统一，所以元帝并未过多追究陈汤矫诏的责任，但矫诏毕竟是侵夺了皇权，所以经过朝臣的讨论，元帝最终宣布陈汤功过相抵，不予封赏。矫诏不害对社会的危害程度又次于矫诏害，汉代法律对矫诏不害的处罚较矫诏害又轻一等。

如果某种犯罪行为在法律中缺少对应的处罚方式，司法官员

---

① ［汉］班固：《汉书》卷一七《景武昭宣元成功臣表》，北京：中华书局，1962年，第660页。

② ［汉］班固：《汉书》卷七〇《陈汤传》，北京：中华书局，1962年，第3016页。

在量刑时也不能够随心所欲地乱施刑罚,仍然须遵循刑罚的处罚与犯罪情节轻重程度一致的原则。对于这种情况,汉代法律也提出了具体的处理办法,即采用援引比附的原则。这就是说,某种犯罪行为该做什么样的处理,法律中虽然没有明确的规定,但司法官员可以参照法律在处理与这种犯罪行为类似的,或者是犯罪行为所造成的社会危害大致相等的其他案例的处罚方式,按照援引比附的原则,对该种犯罪行为做出轻重程度相等的处罚。总之,不论何种犯罪行为,汉代法律中都会有与之轻重程度相匹配的一种惩罚方式,体现出汉代法律的严谨细致的特点。

3. 区分故意与非故意、直接犯罪与受牵连犯罪

自董仲舒开创"《春秋》决狱"之法后,司法官员在断案中逐渐开始大量援引儒家经义中的内容作为定罪量刑的依据。"《春秋》决狱"的一条重要原则就是"原心定罪"。所谓"原心定罪"就是指:"《春秋》之听狱也,必本其事而原其志。志邪者不待成,首恶者罪特重,本直者其论轻。"①按照董仲舒的解释,司法机关在对犯罪者定罪量刑时,所依照的标准不仅仅是犯罪者犯罪行为对社会所造成的危害程度,同时还应考虑犯罪者的动机和目的,甚至在某些特定情况下,衡量犯罪者的犯罪动机要更为重要。根据这一原则,犯罪者如系过失犯罪,法律须从轻处罚,相反,如系故意犯罪,则应从重处罚。明帝时人郭躬也曾明确指出:"法令有故、误,……误者其文则轻。"同样是矫制罪,窦婴为救好友灌夫,伪造先帝遗照,属于故意犯罪,窦婴最终被处以弃市之刑。因为口误而错宣诏书,虽也属于矫制,但因其为过失犯罪,所以只处以罚金了事。总之,司法官员在案件的审理中已经普遍被要求需严格遵循区分故意犯罪与非故意犯罪的原则,在国家的法典中,也对故意犯罪与非故意犯罪应该受到的刑罚作了严格的区分。这些都体现出汉代法律在刑法的制定和刑罚的使用方面变得日渐

---

① [汉]董仲舒著,[清]苏舆撰:《春秋繁露义证》卷三《精华》,北京:中华书局,1996年,第92页。

成熟。

　　汉代法律除了严格区分故意犯罪与非故意犯罪外,还对直接犯罪和受牵连犯罪有严格的区分。确系犯罪行动的主要策划者和直接参与者,受到的惩罚就相对较重。相反,并非犯罪行动的主要谋划者和直接参与者,所受到的处罚就相对轻一些。以汉代法律对谋反罪的处罚为例。《汉书·景帝纪》:"三年冬十二月,诏曰:'襄平侯嘉子恢说不孝,谋反,欲以杀嘉,大逆无道。其赦嘉为襄平侯,及妻子当坐者复故爵。论恢说及妻子如法。'"如淳注曰:"律,大逆不道,父母妻子同产皆弃市。"①谋反、大逆罪在汉代属于重罪,不仅犯罪者本人要处以极刑,其家人也要受到牵连。但因为其家人可能并未直接参与谋反,所以在最终量刑时会根据实际情况酌情予以减免。例如汉景帝时期主张削藩的晁错因劝说景帝颁布削藩令引起吴楚七国之乱,晁错因此被有司弹劾,弹劾的罪名是:"错不称陛下德信,欲疏群臣百姓,又欲以城邑予吴,亡臣子礼,大逆无道。"②不仅晁错本人在闹市被腰斩,连同晁错的父母妻子和同产,不分长幼,也都被处以弃市之刑。但因为他们并未直接参与谋反,所以他们虽然也被判死刑,但却是较腰斩低一等级的弃市之刑。又如汉昭帝时期,燕剌王刘旦联合鄂邑盖长公主、左将军上官桀和御史大夫桑弘羊谋反案,负责审理案件的霍光"尽诛桀、安、弘羊、外人宗族。燕王、盖主皆自杀"③。因为上官桀父子、桑弘羊、丁外人、燕王刘旦和鄂邑盖长公主是谋反行动的策划者和直接参与者,谋反事发后,上官桀父子、桑弘羊、丁外人连同其宗族尽数被诛杀,燕王和鄂邑盖长公主则选择了自杀。但对于其他没有直接参与谋反行动者,霍光没有再追究,全部赦免了他们的罪行,体现了汉代法律对直接犯罪与受牵连犯罪的严格区分。

---

① 〔汉〕班固:《汉书》卷五《景帝纪》,北京:中华书局,1962 年,第 142 页。

② 〔汉〕班固:《汉书》卷四九《晁错传》,北京:中华书局,1962 年,第 2302 页。

③ 〔汉〕班固:《汉书》卷六八《霍光传》,北京:中华书局,1962 年,第 2936 页。

二、汉代法律对犯罪三公的优待政策

中国传统阶级社会的法律是统治阶级意志的体现，具有鲜明的阶级性，它始终维护着统治阶级的利益，体现着统治阶级的愿望和要求。无论从法律条文的制定，还是刑罚的实施，无不是向统治阶级倾斜。秦汉时期所制定的国家法律是君主专制时代最早的特权法，作为统治阶级集团的重要组成部分，国家各级官吏可以根据各自级别的高低依法享有有罪上请、颂系以及赎罪等特权，这使得他们在犯罪后可以凭借着这些特权享受减刑、免刑的优待。虽然秦汉时期是君主专制制度初步确立的时期，官吏的特权制度也正处于草创阶段，相比于后世较为成熟的官吏特权制度，秦汉时期的官吏特权制度还显得比较粗糙，但它所具有的开创之功，却有着深远的意义，它为后世各朝代制定国家法律提供了非常好的蓝本。

（一）抓捕拘禁中的特权

1.上请制度

所谓上请制度，是指勋臣贵戚犯罪后，司法机关不得擅自对其拘捕和审讯，必须先将犯罪者的犯罪情况上奏皇帝，由皇帝亲自做出裁决，然后再交由司法机关执行。这一制度在西汉建立之初即已开始实施。汉高祖七年，刘邦颁布诏书，规定："令郎中有罪耐以上，请之。"应劭曰："轻罪不至于髡，完其耏发，故曰耏。古耐字从彡，发肤之意也。杜林以为法度之字皆从寸，后改如是。言耐罪以上，皆当先请也。"①但是，这一时期能够享有上请特权官员的范围非常小，仅限于郎官。并且，诏书对可以享受上请特权的罪行范围也作了明确规定，即只有犯耐罪以上重刑者，方可上

---

① [汉]班固：《汉书》卷一下《高帝纪下》北京：中华书局，1962年，第64页。

请,耐罪以下的轻刑,也不在上请特权的范围之内。

三公享有上请特权始于汉文帝时期。汉文帝前元七年(公元前173年)冬十月,文帝颁布诏书规定:"列侯太夫人、夫人、诸侯王子及吏二千石无得擅征捕。"①不仅将能够享受有罪上请特权者的范围扩大到列侯的配偶及子女、诸侯王子嗣以及二千石以上官员,并且,可以使用有罪先请特权的罪名范围也从高祖时期的耐罪以上扩展到所有罪行均可享受这一特权。汉宣帝时,又再次规定:"吏六百石位大夫,有罪先请。"②享受有罪先请特权者的范围扩大到六百石及以上的国家中上层官吏。东汉以后,有罪先请特权者的范围又进一步扩大,光武帝于建武三年(公元27年)七月,下诏:"吏不满六百石,下至墨绶长、相,有罪先请。"③这样,享有有罪上请特权的官吏品秩进一步降低至地方县令、长、侯国相一级别。经过高祖到光武帝几位君主的改革,有罪先请制度已经囊括了汉代官僚体系中几乎所有的正式官员,成为汉代官员普遍享有的一种法律特权。

享有上请特权的官员犯罪,司法官员必须先上报君主裁决。如果在并未向君主上报的情况下私自将犯罪官员逮捕入狱,司法官员要受到严厉的惩罚。如《后汉书·庞参传》记载,汉顺帝时期,时任洛阳令的祝良素与太尉庞参不合。"后参夫人疾前妻子,投于井而杀之。"祝良听闻此事,在未经上报的情况下,即率领吏卒闯入太尉府核查案件。庞参遂因此事被策免,而祝良因"不先闻奏,辄折辱宰相,坐系诏狱"。后因祝良为官期间深得民心,洛阳吏民每日有数千人诣阙请代他服罪,祝良才免于接受处罚。而其他一些人则没有祝良这么幸运。《后汉书·桥玄传》记载,桥玄就因为不先请"坐事为城旦"④。

------

① [汉]班固:《汉书》卷四《文帝纪》,北京:中华书局,1962年,第122页。

② [汉]班固:《汉书》卷八《宣帝纪》,北京:中华书局,1962年,第274页。

③ [刘宋]范晔:《后汉书》卷一下《光武帝纪下》,北京:中华书局,1965年,第35页。

④ [刘宋]范晔:《后汉书》卷五一《桥玄传》,北京:中华书局,1965年,第1695页。

因为汉代法律对上请制度的保护,以及对不上请官员严厉的惩罚,所以上请制度终两汉之世,基本上得到较好的贯彻实施,直到东汉末年上请制度仍然存在。根据应劭对耐罪所作的注释"言耐罪以上,皆当先请也"推测,在应劭生活的东汉末年,上请制度应该仍然是在有效地实施着的。

2. 颂系制度

"颂"即古代的"容"字。颜师古曰:"颂读曰容。容,宽容之,不桎梏。"①如淳曰:"颂系容也,言见宽容,但处曹吏舍,不入狴牢也。"②颂系就是指国家法律规定功臣勋贵、宗室成员等身份尊贵的特殊囚犯,在逮捕和羁押时可以不必佩戴狱具,甚至可以在各自住所就地看管,而不必收押在牢狱的制度。

《周礼·掌囚》记载:"凡囚者,上罪梏拲而桎,中罪桎梏,下罪梏,王之同族拲,有爵者桎,以待弊罪。"③早在西周时期,关押犯人时就已经根据各自不同的身份及罪行的轻重分别施以不同的刑具。文献中特别提到了王之同族与有爵位者,即相当于汉代的宗室成员和勋臣贵戚,他们在囚禁时只需分别佩戴拲和桎,无须再佩戴其他刑具,体现了国家法律对宗室成员和有爵位者的优待。需要注意的是,这一时期,虽然宗室成员与有爵位者在佩戴刑具方面较一般人可以享受一定的优待,但这并不代表他们在监狱羁押期间可以完全不用佩戴刑具,只不过与一般人相比,他们佩戴刑具的数量比较少而已,这与汉代实行的颂系制度稍有不同。

西汉建立之初是没有颂系制度的,勋臣贵戚、公卿将相有罪,多有佩戴刑具入狱者。如西汉第一位丞相萧何因为民请上林苑空地一事触怒高祖,高祖"乃下相国廷尉,械系之"④。说明萧何羁

---

① [汉]班固:《汉书》卷二三《刑法志》,北京:中华书局,1962年,第1108页。

② [汉]班固:《汉书》卷二《惠帝纪》,北京:中华书局,1962年,第87页。

③ [汉]郑玄注,[唐]贾公彦疏:《周礼注疏》卷四二《秋官司寇》,上海:上海古籍出版社,2010年,第1395页。

④ [汉]司马迁:《史记》卷五三《萧相国世家》,北京:中华书局,1959年,第2018页。

押在狱中是要佩戴刑具的。又如高祖七年，刘邦欲亲自率军抵御匈奴侵略，刘敬因力劝刘邦罢兵被"械系广武"①。可见刘敬也是佩戴着刑具被一路押解至广武的。汉代最早实施颂系制度是在汉惠帝时期，汉惠帝即位之初便颁布诏书，规定："爵五大夫、吏六百石以上及宦皇帝而知名者有罪当盗械者，皆颂系。"注引如淳曰："知名，谓宦人教帝书学，有可表异者也。盗者，逃也，恐其逃亡，故着械也。颂者，容也，言见宽容，但处曹吏舍，不入狴牢也。"②按惠帝诏书的规定，抓获的人犯，为防止其逃脱，在监狱羁押期间应该必须佩戴刑具。但爵位在五大夫以上的高爵以及秩六百石以上的官员，因其身份尊贵，在羁押时可以不用佩戴刑具。官吏中与皇帝关系亲密者，也同样享有这一特权。

　　颂系制度创立后，被逮捕和押送犯罪公卿大臣基本不再佩戴刑具。但这种情况也不是绝对的。如果有皇帝的诏令或特殊指示，押送者仍要给犯罪的公卿大臣佩戴上刑具。例如萧何因为民请上林苑空地种田触怒刘邦，刘邦命令："下何廷尉，械系之。"③因为有刘邦的专门指示，所以萧何在廷尉狱中是佩戴刑具的。司马迁在狱中也曾"交手足，受木索，暴肌肤，受榜箠，幽于圜墙之中。当此之时，见狱吏则头枪地，视徒隶则心惕息。何者？积威约之势也"④。可见，拘禁在狱中的国家高级官员，有时不仅要佩戴刑具，还有可能遭到狱吏的拷打。汉成帝时期的丞相王嘉"乘吏小车，去盖不冠，随使者诣廷尉。廷尉收嘉丞相新甫侯印绶，缚嘉载致都船诏狱"⑤。王嘉第一次被押往廷尉狱途中，是没有佩戴刑具的。但王嘉被收回丞相新甫侯印绶，被押送至都船诏狱时，虽然也被允许乘坐小车，但在车中，王嘉是佩戴着刑具的，这显然是负

---

① [汉]班固：《汉书》卷四三《刘敬传》，北京：中华书局，1962 年，第 2121 页。

② [汉]班固：《汉书》卷二《惠帝纪》，北京：中华书局，1962 年，第 85 页。

③ [汉]司马迁：《史记》卷五三《萧相国世家》，北京：中华书局，1959 年，第 2018 页。

④ [汉]班固：《汉书》卷六二《司马迁传》，北京：中华书局，1962 年，第 2732—2733 页。

⑤ [汉]班固：《汉书》卷八六《王嘉传》，北京：中华书局，1962 年，第 3502 页。

责押送的官员得到了成帝的特殊指示。又如《后汉书·百官志二》注引蔡质《汉仪》曰："宫中诸有劾奏罪,左都候执戟戏车缚送付诏狱,在官大小各付所属。"①所谓"戏车",《汉书·韩延寿传》"又使骑士戏车弄马盗骖"注引孟康曰："戏车,弄马之技也。"②实际上就是指驾驶马车的技巧。根据蔡质的记载看,凡是在宫中被上书弹劾的大臣,皆应由执戟的左都候用绳索捆绑,乘坐车辆押送至诏狱,同样说明在某些特殊情况下,犯罪的公卿大臣在押送和羁押期间仍然是要佩戴刑具的。汉代法律对于不经允许,私自为囚犯解脱刑具的行为有相当严厉的惩罚。《汉书·酷吏·义纵传》中孟康援引汉律说："律,诸囚徒私解脱桎梏钳赭,加罪一等;为人解脱,与同罪。"③犯人在狱中佩戴的刑具,不得私自解脱,否则便是罪加一等。因此,即便看押的是三公这类国家高级官员,负责看管囚犯的狱吏,也不得在未得到上级命令的情况下私自为犯人解脱刑具,否则狱吏将会按与囚犯同罪论处。

（二）定罪量刑中的特权

中国传统社会的法律,具有鲜明的阶级性,它将镇压的矛头指向被统治阶级,对被统治阶级的犯罪始终奉行严厉镇压的政策,相反,虽然统治阶级成员犯罪,仍然要定罪判刑,但因为法律始终对他们百般回护,因此在最终定罪量刑中,他们可以享受减刑甚至免刑的特殊优待。八议制度的制定和实施正是国家法律给予统治阶级的优待之一。成熟的八议制度完成于唐代。按照唐代法律规定,勋臣贵戚犯罪后可以按照议亲、议故、议贤、议能、议功、议贵、议勤、议宾等八项原则,享受减刑或以资赎罪的优待政策:"八者犯死罪,所司先奏请议,得以减、赎论。"注曰:"《周礼》

---

① [刘宋]范晔:《后汉书》卷一一五《百官志二》,北京:中华书局,1965年,第3580页。

② [汉]班固:《汉书》卷七六《韩延寿传》,北京:中华书局,1962年,第3215页。

③ [汉]班固:《汉书》卷九〇《酷吏·义纵传》,北京:中华书局,1962年,第3654页。

以八辟丽邦法，附刑罚，即八议也。自魏、晋、宋、齐、梁、陈、后魏、北齐、后周及隋皆载于律。"①据《唐六典》记载可知，八议制度源自《周礼》中的以八辟丽邦法，完整的八议制度正式写入法律是在曹魏时期。但至少在东汉后期，八议制度的八科就已经大致形成，并付诸实施了，只不过还未明确写入法典之中。

"议贤""议能"两科，在许慎编纂的《说文解字》中，就已有所提及。《说文解字·网部》曰："罴，遣有罪也，从网能。网，罪网也。言有贤能而入网，即贳遣之。《周礼》曰：议能之辟是也。"②由此可知，议贤、议能两科在许慎生活的东汉晚期，就已经存在了。郑玄在给《周礼》作注时，又提到八议制度中的议亲、议贵、议贤三科。《周礼·秋官·小司寇》："以八辟丽邦法，附刑罚。一曰议亲之辟。"郑玄注引郑司农云："若今时宗室有罪先请是也。"③八辟第三条议贤之辟，郑玄注引郑司农曰："若今时廉吏有罪，先请是也。玄谓贤，有德行者。"④八辟第六条议贵之辟，郑玄注引郑司农云："若今时吏墨绶有罪先请是也。"⑤《礼记·曲礼上》："礼不下庶人，刑不上大夫。"郑玄注曰："不与贤者犯法，其犯法则在八议轻重，不在刑书。"⑥郑玄的注解表明司法审判中以亲、贵、贤为原则，对符合这三类原则的人在定罪量刑时给予适当减免的做法，至少在东汉晚期已经开始被采用了。据《后汉书·应劭传》记载，应劭在解释"八议"的时候这样说道："陈忠不详制刑之本，而信一时之仁，遂广引八议求生之端。夫亲故贤能功贵勤宾，岂有次、玉之科哉？"⑦更是明确指出汉代八议的八科分别为

　　① ［唐］李林甫：《唐六典》卷六《尚书刑部》，北京：中华书局，1992年，第187页。

　　② ［汉］许慎撰，［清］段玉裁注：《说文解字注》卷七《网部》，杭州：浙江古籍出版社，2006年，第356页。

　　③ ［汉］郑玄：《周礼郑氏注》卷九，北京：中华书局，1985年，第237页。

　　④ ［汉］郑玄：《周礼郑氏注》卷九，北京：中华书局，1985年，第237页。

　　⑤ ［汉］郑玄：《周礼郑氏注》卷九，北京：中华书局，1985年，第238页。

　　⑥ ［清］孙希旦：《礼记集解》卷四《曲礼上第一之四》，北京：中华书局，1989年，第81—82页。

　　⑦ ［刘宋］范晔：《后汉书》卷四八《应劭传》，北京：中华书局，1965年，第1611页。

"亲、故、贤、能、功、贵、勤、宾"。这与唐代八议制度中的八科基本吻合，这是东汉晚期八议制度已初步形成并广泛运用于司法审判的又一证据。

正如《唐律疏议》所说，八议制度的源头应追溯到《周礼》中的"以八辟丽邦法"。《周礼·秋官·小司寇》曰："以八辟丽邦法，附刑罚。一曰议亲之辟，二曰议故之辟，三曰议贤之辟，四曰议能之辟，五曰议功之辟，六曰议贵之辟，七曰议勤之辟，八曰议宾之辟。"①孙诒让注曰："盖凡入八议限者，轻罪则宥，重罪则改附轻比，仍有刑也。"②凡满足八辟条件之一者，在定罪量刑时可以依照规定，酌情予以减免刑罚，罪行轻者免除刑罚，罪行重者可以将刑罚减轻。在司法审判中给予勋臣贵戚一定优待的办法，被此后出现的八议制度所继承，成为勋臣贵戚享有的法定特权之一。汉代法律对犯罪三公的优免，主要依据的是八议制度中的"议贵"原则。"议贵"的基本精神，就是高阶官员或高爵位官员，在定罪量刑时，可以依照各自的官阶和爵位获得适当减轻刑罚的特权，并且，官阶和爵位越高，能够获得减轻刑罚的幅度可能就越大。依据不同的身份等级，施以不同刑罚的做法，却恰恰是秦律所反对的。秦律的基本指导思想是法家思想。而法家思想反复强调："自卿相将军以至大夫庶人，有不从王令，犯国禁乱上制者，罪死不赦。有功于前，有败于后，不为损刑；有善于前，有过于后，不为亏法，虽忠臣孝子有过，必以其数断。"③这就是法家一贯主张的刑无等级，一断于法。但从出土的秦律简牍来看，实际情况却并非完全如此。例如睡虎地秦墓竹简《秦律杂抄》中有这样的规定："不当稟军中而稟者，皆赀二甲，法（废）；非吏殴（也），戍二岁。"④意思是在军中冒领军粮者，如果是官吏，应处以罚二甲、撤职永不

---

① ［汉］郑玄：《周礼郑氏注》卷九，北京：中华书局，1985 年，第 237—238 页。

② ［清］孙诒让：《周礼正义》，北京：中华书局，1987 年，第 2771 页。

③ 蒋礼鸿：《商君书锥指》卷四《赏刑》，北京：中华书局，1986 年，第 100 页。

④ 睡虎地秦墓竹简整理小组：《睡虎地秦墓竹简》，北京：文物出版社，1990 年，第 133 页。

叙用的惩罚,如果其身份不是官吏,则处以戍边两年的处罚。因为两者的社会地位不同,所以同样的罪行,处罚的结果却有很大差异。诸如这样的例子在秦律中还有很多。可见,在秦律中,虽然始终以刑无等级、一断于法作为指导思想,但在实际司法实践中,官职的有无,官职的大小,以及爵位的高低,对定罪量刑的轻重有非常大的影响。官吏的官职和爵位越高,在法律中获得的特权也就越多;官职越小,爵位越低,在法律中获得的特权也就越少。这反映出秦律同其他朝代的法律一样,同样是以维护统治阶级的特权和利益为目的,体现出鲜明的等级性。

汉代情况则又有不同。自汉武帝独尊儒术后,在儒家思想的影响之下,国家法律逐渐开启了儒家化进程。儒家思想的核心内容之一就是要严格区分每一个人的社会等级,使贵贱各安其位。为此,儒家主张在刑罚上应该给予高官显贵一定优待,使其与庶人百姓相区别。在这一原则的指导下,汉律放弃了秦律不别亲疏贵贱、一断于法的司法原则,在司法审判中给予了他们诸多特权,真正将"议贵"等措施落到实处。

但八议制度在汉代的实施也并非一帆风顺。西汉建立之初,法律制度基本沿袭秦代,三公享有的法律特权并不明显,相国萧何被刘邦械系至廷尉狱,太尉周勃在狱中受到狱吏的刁难侮辱,证明在汉初的法律中似乎并没有关于三公的优待政策。直到汉文帝时期,贾谊向汉文帝上疏,指出三公"尝已在贵宠之位,天子改容而体貌之矣,吏民尝俯伏以敬畏之矣,今而有过,帝令废之可也,退之可也,赐之死可也,灭之可也;若夫束缚之,系绁之,输之司寇,编制徒官,司寇小吏詈骂而榜笞之,殆非所以令众庶见也。"[①]因为在贾谊看来,三公身份尊贵,如果他们犯罪,或免官夺爵,或赐死皆可,总之不应该让他们狼狈地囚禁在狱中,遭受狱吏的辱骂拷打,这样不仅有辱三公的尊严,也有损皇帝的颜面。贾谊主张在刑罚上应该给予勋臣贵戚一定的优待,成为汉代司法审

---

① [汉]班固:《汉书》卷四八《贾谊传》,北京:中华书局,1962 年,第 2256 页。

判的重要指导思想，直到东汉晚期，它仍然在司法审判中有着重要的影响。时人李固就曾说过："夫三公尊重，承天象极，未有诣理诉冤之义。织微感概，辄引分决，是以旧典不有大罪，不至重问。"①这番话，正是贾谊言论精神的体现。

但就像日本学者仁井田陞所说："刑不上大夫，是国家对高官显宦的劝勉和鞭策，而不是可以高枕无忧的承诺。一旦违反了国家的法律，或是冒犯了皇帝的威严，不管名列三公还是备位列卿，都将受到法律的惩办。"②两汉时期三公虽然拥有法律上的种种特权，但三公的犯罪行为，一旦触及君主的统治以及国家的稳定，必将遭到君主无情的镇压，那时纵然有再多的特权，也将变得毫无作用。而这也正是君主专制制度下君主权威的集中体现。

---

① ［刘宋］范晔：《后汉书》卷五六《王龚传》，北京：中华书局，1965 年，第 1820 页。
② ［日］仁井田陞：《中国法制史》，上海：上海古籍出版社，2011 年，第 565 页。

第四章　犯罪三公免官复叙制度

两汉时期,国家对官员的管理是比较严格的,官员稍有不慎就会触犯法律,轻则免官丢爵,重则性命不保。因此,史书中关于汉代官员因犯罪被免官的记载是相当多的。王应麟在《困学纪闻》中描述了一个非常有趣的现象:"汉丞相再入二人,周勃、孔光。御史大夫再入三人,孔光、何武、王崇。后汉太尉再入二人,刘炬、马日磾;三入一人,胡广。……"①从王应麟的记叙中可以看到,两汉时期官员的再仕是十分频繁的,上至三公九卿,下至地方官吏,莫不如此。因犯罪被免除官职的官员虽不在少数,但这些被免官者少则数日,多则数年,往往又能通过各种途径再次获得入仕的机会,重新成为官僚队伍中的一员,这是一个非常值得关注的现象。为了更直观地反映两汉时期犯罪三公的再仕情况,作者根据两汉书相关资料的记载,绘制了《两汉犯罪三公免官与复叙表》(表 4-1)。

表 4-1　两汉犯罪三公免官与复叙表

姓名	免官前职位	免官时间	复起后职位	复起时间
田蚡	太尉	武帝建元二年十月	丞相	武帝建元六年六月
庄青翟	御史大夫	武帝建元六年	太子太傅	
何武	大司空 (御史大夫)	成帝绥和二年	御史大夫	哀帝元寿元年五月 (五年后)
王商	大司马	成帝永始四年十一月	大司马卫将军	成帝元延元年正月

---

① ［宋］王应麟:《困学纪闻》卷一二《考史》,上海:上海古籍出版社,2008,第 1439 页。

续表

姓名	免官前职位	免官时间	复起后职位	复起时间
孔光	丞相	哀帝建平二年四月	光禄大夫	哀帝元寿元年正月
王梁	大司空	光武帝建武二年二月	中郎将	旋即
邓禹	大司徒	光武帝建武三年闰月	右将军	数月后
窦融	大司空	光武帝建武二十年四月	特进,行卫尉事,兼领将作大匠	建武二十三年
赵憙	太尉	明帝永平三年二月	卫尉	其年冬
冯鲂	司空	明帝永平四年十月	卫尉	永平六年
张酺	太尉	和帝永元十二年九月	光禄勋	永元十六年
李郃	司空	安帝永宁元年十月	司徒	安帝延光四年四月
庞参	太尉	顺帝阳嘉二年七月	太尉	阳嘉四年四月
王龚	司空	顺帝永建四年八月	太尉	顺帝永和元年十二月
胡广	太尉	桓帝永兴二年九月	太常	
胡广	太尉	桓帝延熹二年八月	太中大夫	
赵戒	太尉	桓帝建和三年十月	司空	元嘉二年十二月
黄琼	司空	桓帝元嘉二年十一月	太仆	
黄琼	太尉	桓帝延熹元年七月	大司农	
黄琼	太尉	桓帝延熹四年三月	司空	延熹四年六月
周景	司空	桓帝延熹八年十月	光禄勋	
刘矩	太尉	桓帝延熹五年十一月	太中大夫	
刘宠	司空	桓帝延熹六年十一月	将作大匠	顷之
陈蕃	太尉	桓帝延熹九年七月	太傅	永康元年
许栩	司徒	桓帝延熹九年四月	大鸿胪	
许栩	司空	灵帝建宁二年五月	司徒	建宁四年七月
闻人袭	太尉	灵帝建宁二年五月	太中大夫	
陈耽	太尉	灵帝熹平五年五月	太常	
陈耽	司空	灵帝光和元年四月	太常	
来艳	司空	灵帝建宁四年七月	太常	
杨赐	司空	灵帝熹平二年七月	光禄大夫	

续表

姓名	免官前职位	免官时间	复起后职位	复起时间
杨赐	司徒	灵帝熹平六年十二月	光禄大夫	
杨赐	太尉	灵帝中平元年四月	司空	中平二年九月
陈球	司空	灵帝熹平六年十一月	光禄大夫	
陈球	太尉	灵帝光和元年十月	光禄大夫	
许训	司徒	灵帝建宁四年三月	永乐少府	
桥玄	司徒	灵帝建宁四年七月	尚书令	岁余
袁隗	司徒	灵帝熹平五年十月	太常	
刘宽	太尉	灵帝熹平六年十月	卫尉	
刘宽	太尉	灵帝光和四年九月	永乐少府	
马日磾	太尉	灵帝中平六年四月	太常	
杨彪	司徒	献帝初平元年二月	光禄大夫	旋即
黄琬	太尉	献帝初平元年二月	光禄大夫	旋即
种拂	司空	献帝初平二年七月	太常	
皇甫嵩	太尉	献帝初平三年十二月	光禄大夫	
杨彪	司空	献帝初平四年十月	太常	
赵温	司空	献帝初平四年十二月	卫尉	
朱儁	太尉	献帝兴平元年秋七月	骠骑将军	

资料来源:《史记》《汉书》《后汉书》《后汉书三国志补表三十种》。

一、犯罪三公免官复叙的途径

(一)皇帝直接征召

因犯罪被免除官职的三公得以重新入仕,皇帝的直接征召是其中一条重要途径。根据《两汉犯罪三公免官与复叙表》的总结,汉代犯罪三公能够再仕者,基本上可以分为两类:其中一类是拥有比较丰富的治国经验和突出的才干,曾经在任职期间,取得过较为突出的政绩者。每当朝廷遇到较为棘手的突发状况,需要既有经验又有能力的官员去处理这些状况时，皇帝往往会启用这些能力优秀、治国经验丰富，却因犯罪被免除官职的故三公们。

另外一些被策免的三公，因同君主的关系比较亲密，凭借着君主的宠信，被免除官职后很快又能得到君主的重用。以汉武帝时期的外戚田蚡为例。田蚡本为武帝生母王太后的同母异父兄弟，建元元年（公元前 140 年）被任命为太尉。后因与窦婴、赵绾等人推崇儒术，贬低道家学说，触怒了喜好黄老之学的窦太后，而被免除太尉职务。田蚡虽被免职，但"以王太后故亲幸，数言事，多效"①。凭借着与武帝的甥舅关系，田蚡依然获得武帝的宠信，窦太后刚一去世，田蚡旋即被武帝任命为丞相。与田蚡情况类似，窦融因在东汉建立过程中曾立下卓越战功，被光武帝任命为大司空。窦融虽位列三公，地位尊崇，但其内心"自以非旧臣，一旦入朝，在功臣之右，每召会进见，容貌辞气卑恭已甚，帝以此愈亲厚之"②。窦融这种谨言慎行、不骄不躁的作风得到光武帝的赞赏。建武二十年（公元 44 年），大司徒戴涉因所荐举之人盗金而被牵连下狱，窦融也因此事受到牵连被免除官职。但仅数月之后，窦融就被光武帝加位特进，所受恩宠如故。窦融之所以在非常短的时间内重新得到光武帝的启用，与两人长年培养起来的深厚感情是分不开的。

东汉中期以后，由于皇帝即位大多年幼，无法独立处理政务，遂出现了太后长期代为秉政的情况。由于太后长期把持着朝政，人才的选拔和任命权也逐渐从皇帝转移到太后手中。结果，这一时期，太后通过直接征召的方式重新启用曾因犯罪被策免的三公的情况大量出现。如《后汉书·陈蕃传》记载，桓帝延熹九年（公元 166 年）九月，李膺等因为党事被下狱拷问，时为太尉的陈蕃向桓帝上疏，为李膺等求情，因此触怒桓帝。"（桓）帝讳其言切，托以（陈）蕃辟召非其人，遂策免之。"桓帝去世后，窦太后临朝，认为

---

① ［汉］司马迁：《史记》卷一〇七《魏其武安侯列传》，北京：中华书局，1959 年，第 2843 页。

② ［刘宋］范晔：《后汉书》卷二三《窦融传》，北京：中华书局，1965 年，第 807 页。

陈蕃"忠清直亮"①,遂复任命陈蕃为太傅,并录尚书事。这是临朝的太后代替皇帝下诏直接征召被策免的故三公的例子。但归根结底,太后所拥有的权力仍然属于皇权的衍生物,一旦即位的皇帝成年,重新掌控朝政之后,选拔人才的权力就会重新由太后转移到皇帝手中,随着用人权力的收回,太后通过直接征召的方式重新启用犯罪三公的情况也就不复存在了。

(二)各级官员的荐举

荐举制度是两汉时期政府选拔人才的主要途径之一。早在楚汉战争期间,这一制度就已经开始发挥作用了。陈平最早就是通过魏无知的举荐,被刘邦任命为都尉,令其为参乘,典护军。陈平在楚汉战争中屡出奇计,用自己的计谋,帮助刘邦赢得了楚汉战争的胜利。像陈平这样通过举荐被刘邦录用的人才还有很多,他们为刘邦赢得楚汉战争的胜利,作出了重要贡献。通过楚汉战争的胜利,刘邦深刻认识到举荐人才的好处,他在建国伊始即发布了一份求贤诏书,称:"贤士大夫有肯从我游者,吾能尊显之。布告天下,使明知朕意。御史大夫昌下相国,相国酇侯下诸侯王,御史中执法下郡守,其有意称明德者,必身劝,为之驾,遣诣相国府,署行、义、年。有而弗言,觉,免。"②刘邦在诏书中要求地方各郡县、诸侯王国积极向中央推举贤能有治国之才的士大夫,并要求他们将所推举人才的品行、仪容以及年龄等信息详细准确地记录下来,交由丞相府审核。汉文帝即位之后,更是数次要求各郡国"举贤良方正能直言极谏者"。此后,公卿大臣、地方郡守定期向中央举荐人才,成为汉代国家选拔人才的重要途径。

向中央荐举人才可以是某位官员单独荐举,也可能是许多官员集体推荐。例如《汉书·何武传》记载,汉成帝绥和二年(公元前7年),何武因"举措烦苛,不合众心,孝声不闻,恶名流行,无以

---

　①　[刘宋]范晔:《后汉书》卷六六《陈蕃传》,北京:中华书局,1965年,第2167—2168页。

　②　[汉]班固:《汉书》卷一下《高帝纪下》,北京:中华书局,1962年,第71页。

率示四方",被哀帝策免。"后五岁,谏大夫鲍宣数称冤之,天子感丞相王嘉之对,而高安侯董贤亦荐武。"①何武重新被哀帝任命为御史大夫,就是得益于谏大夫鲍宣、丞相王嘉与高安侯董贤的合力推荐。又如《后汉书·张酺传》记载,和帝永元十二年(公元100年)九月,张酺因被司隶校尉晏称弹劾其有怨言,和帝因其为先帝师,只免除其太尉之职,没有再做其他处罚。后"左中郎将何敞及言事者多讼酺公忠,帝亦雅重之"②。遂于永元十六年(公元104年)重新任命张酺为光禄勋。张酺能够得到和帝的任命,也是依靠了左中郎将何敞以及论议事务的人的推荐。虽然参与论议事务官员的具体职位没有明确交代,但应该不止一人,所以张酺的情况也应该归入官员的集体举荐。

从举主与被推举者的关系来看,其中有相当一部分的举荐者原是被策免三公的门生、故吏。这些门生、故吏出于报恩的目的,在举主获罪被免除官职后,往往能够主动给君主上书向君主推荐他们。如《汉书·薛宣传》记载,薛宣任丞相时,曾与时任丞相司直的翟方进交往密切,翟方进能够得到提拔,薛宣在其中起到了很大作用。后薛宣坐法免官,时已位居丞相之位的翟方进"思宣旧恩,宣免后二岁,荐宣明习文法,练国制度,前所坐过薄,可复进用"③。在翟方进的上书推荐下,薛宣不仅恢复高阳侯的爵位,还被加官给事中,兼管尚书事务,重新得到皇帝的信任。

总之,荐举作为汉代人才选拔的一条重要途径,其方式和手段比察举制显得更为灵活。公卿将相、地方郡守只要遇到优秀的人才即可随时向君主推荐,待君主考察合格,即刻便可委以官职。所荐举的对象也要较举孝廉更为宽泛。被荐举者既可以是初次入仕者,如扶风平陵人鲁恭,年少时"与母及(鲁)丕俱居太学,习《鲁诗》,闭门讲诵,绝人间事,兄弟俱为诸儒所称"。后被太傅赵

---

① [汉]班固:《汉书》卷八六《何武传》,北京:中华书局,1962年,第3486页。
② [刘宋]范晔:《后汉书》卷四五《张酺传》,北京:中华书局,1965年,第1533页。
③ [汉]班固:《汉书》卷八三《薛宣传》,北京:中华书局,1962年,第3394页。

意"闻而辟之"。① 也可以是在任上有突出政绩者,如薛宣本为宛句令,"大将军王凤闻其能,荐宣为长安令,治果有名"②。还可以是因犯罪被免职在家者,如何武在谏大夫鲍宣、丞相王嘉、高安侯董贤等人的荐举下,重新被哀帝任命为御史大夫。荐举制度不注重个人身份,只看重个人能力,这就为曾因犯罪被免职的三公重新步入仕途,提供了机会。两汉时期,通过这一途径复起的三公,数量是相当多的。

二、犯罪三公免官复叙的特点

(一)重新担任官职的品级相对有序

国家官员的复叙制度直到唐宋以后才逐渐趋于成熟和完备。汉代因为处于官员复叙制度的草创时期,各项制度都还不完善,因缺乏一个统一的参照标准,所以官员复叙的随意性较强。表现之一就是官员重新入仕后所担任官职的品级不固定。汉代是一个较典型的职位分等官僚体系,官员的个人福利是同他的职位挂钩的。职位越高,个人福利就越丰厚;相反,职位越低,能够享受到的福利就越少,而官员一旦被免除官职,他的官资也就随之中止。如若再度出仕,则需重新计算他的官资。正如阎步克先生指出的那样:"离职的官吏再仕的时候,其禄秩低于原官的情况屡见不鲜,诸如原官六百石者再仕为三百石官,原官为二千石者再仕为六百石官。"③由于官资被重新计算,被免官者重新入仕后担任的官职普遍要比原官职低。要想恢复到原先的官职,他们必须和其他官员一样,积累资历,逐次转迁,因犯罪被免官的三公重新入

---

① [刘宋]范晔:《后汉书》卷二五《鲁恭传》,北京:中华书局,1965年,第873—874页。

② [汉]班固:《汉书》卷八三《薛宣传》,北京:中华书局,1962年,第3385页。

③ 阎步克:《品位与职位——秦汉魏晋南北朝官阶制度研究》,北京:中华书局,2002年,第160页。

仕也不例外。由《两汉犯罪三公免官复叙表》中三公免官前的职位与复叙后的职位的对比来看,故三公复起后担任的官职大部分要比原官职低。如汉明帝时期任太尉的赵憙,因"考中山相薛修事不实"①,于永平三年(公元 60 年)二月被策免。其年冬天,赵憙重新出仕,担任卫尉一职。卫尉是九卿之一,秩中二千石,与秩禄万石的太尉相比,赵憙复起后担任的官职显然要比原官职低。

虽然因犯罪被策免的三公,复叙后大多被降职录用,但也有复起后所任官职与原官职平级的情况。如武帝建元二年(公元前 139 年)十月,时任太尉的田蚡,同丞相窦婴、御史大夫赵绾、郎中令王臧,因向武帝建议今后政事不必再向太后启奏,被窦太后免去太尉之职。武帝建元六年(公元前 135 年),窦太后去世,汉武帝再度任命田蚡为丞相,协助自己处理政事。田蚡在太尉任上免官,复起后担任丞相一职,复起后所任官职的秩禄与原官职是平级的。其他如李郃,免官前任职司空,复起后转任司徒;黄琼,免官前任职太尉,复起后转任司空,都属于复起后职位与原职位平级的情况。

还有复起后官复原职的情况,如庞参。顺帝阳嘉二年(公元 133 年),时任太尉的庞参因为人忠直遭人陷害,被顺帝免除太尉之职。后顺帝有感于段恭的上书,于阳嘉四年(公元 135 年)重新启用庞参,所担任的职务与原职位相同,依旧是太尉。

三公免官复职后所担任的官职虽然表面上看起来较为凌乱,但仍有一些规律可循。首先,从所任官职的地点看,故三公复起后所任官职全部是京官,没有任职于地方者。其次,从所任官职的品级看,虽然普遍比原官职低,但仍然列于朝廷高级官员的行列。三公因犯罪被策免,重新担任的官职与原官职比较,官复原职和重新被任命为三公的情况较少,更多的人是被降级任用。复起的 48 人中,属于前一种情况的有 11 人,属于后一种情况的则有 37 人。但除个别情况外,他们复起后所任官职基本为二千石

---

① [刘宋]范晔:《后汉书》卷二六《赵憙传》,北京:中华书局,1965 年,第 915 页。

以上高官。通过《两汉犯罪三公免官复叙表》"复起后所任职位"一栏的统计可以看到，被策免三公复起后担任的官职中，太子太傅、太常、卫尉、光禄勋、太仆、大司农、大鸿胪皆秩中二千石，将作大匠秩二千石，光禄大夫、中郎将秩比二千石。永乐少府秩禄不明，但《后汉书·杨彪传》有"复拜侍中，三迁永乐少府、太仆、卫尉"①的记载，侍中秩禄为比二千石，太仆为中二千石，从杨彪由侍中升任永乐少府、太仆、卫尉的经历来看，永乐少府的秩禄至少也是比二千石级别的。两汉时期，复起的三公中，除桥玄复起后担任的尚书令秩禄低于二千石外，其余所有人复起后均被任命为二千石以上的官职，这其中又以被任命为九卿的情况居多：复起的48人中，有19人被重新任命为九卿，占复起总人数的2/5左右。居第二位的职位是诸大夫，这其中又以被任命为光禄大夫和太中大夫居多：复起的48人中，11人被任命为大夫，光禄大夫和太中大夫分别为8人和3人。

（二）复起时间的不确定性

汉代犯罪三公免官复叙制度随意性较强的表现之二是官员复起时间的不确定性。唐律对于免职官员的再仕时间有明确规定："免官者，三载之后，降先品二等叙。免所居官及官当者，期年之后，降先品一等叙。"同唐代较为成熟的官员复叙制度相比，汉代法律缺乏对官员再仕的时间的明确规定。从《两汉三公免官复起统计表》的统计可以看到，三公因犯罪被免除官职到重新被朝廷征用所间隔的时间是不固定的，彼此之间的差距相当大。因为缺乏必要的法律规定，皇帝可以凭借自己的好恶，随意任命、罢免任何一位官员。与皇帝关系亲近，且自身又有一定能力的官员，虽然可能一时因犯罪被免去官职，但很快就能够凭借皇帝的信任重新步入朝堂。相反，与皇帝关系不是那么亲密，甚至令皇帝感到厌恶的官员，有可能需要等待相当长一段时间才能重新入仕，

---

① ［刘宋］范晔：《后汉书》卷五四《杨彪传》，北京：中华书局，1965年，第1786页。

甚而至于有些官员被免官以后，终身都没有获得再入仕途的机会。

前一种情况以光武帝时期曾任大司徒的邓禹为例。《后汉书·邓禹传》记载，建武三年（公元 27 年），邓禹同车骑将军邓弘率军进击赤眉农民军，却不幸为其所败，"独与二十四骑还诣宜阳"①。光武帝以邓禹战败为由，免除其大司徒之职，仅保留梁侯的爵位。然数月之后，邓禹重新被光武帝任命为右将军，率领军队讨伐延岑所部。邓禹从被免去大司徒之职到被光武帝重新任命为右将军，仅过了数月时间，这固然与当时国家战事未平，需要大量统军将领的客观情况有关，但另一方面，邓禹与光武皇帝之间亲密的关系同样在其中发挥了重要作用。早在刘秀年幼游学长安期间，邓禹就与他结成了亲密的关系。《后汉书·邓禹传》记载邓禹"见光武知非常人，遂相亲附"。后刘秀进讨河北之时，邓禹又"杖策北渡，追及于邺"。在长年的南征北战生活中，邓禹"常宿止于中，与定计议。"②深得光武帝信赖，彼此之间建立了深厚的感情。正因为两人的关系甚笃，邓禹被光武帝免官后很短时间之内又得以重新入仕，也就不足为奇了。相反，同君主关系不那么亲密，甚至是令君主感到厌恶之人，被策免后要想重新得到任用是非常困难的。如汉明帝时期，窦固"坐从兄穆有罪，废于家十余年。时天下又安，帝欲遵武帝故事，击匈奴，通西域，以固明习边事，十五年冬，拜为奉车都尉"③。窦家因"交通轻薄，属托郡县，干乱政事"，势力之强大，隐隐威胁到皇权的稳固，这令明帝内心感到非常不舒服，因为过于忌惮窦家的势力，窦固被策免后，明帝十余年间都没有再启用窦固，直至汉明帝欲效仿武帝讨伐匈奴，窦固才重新获得任用的机会。

另外，犯罪三公免官复叙的人数在时间的分布上也是不平衡

---

① ［刘宋］范晔：《后汉书》卷一六《邓禹传》，北京：中华书局，1965 年，第 604 页。

② ［刘宋］范晔：《后汉书》卷一六《邓禹传》，北京：中华书局，1965 年，第 599—600 页。

③ ［刘宋］范晔：《后汉书》卷二三《窦固传》，北京：中华书局，1965 年，第 809 页。

的。西汉时期，被策免的三公能够重新被朝廷任用者非常少，特别是西汉中期以前，基本上没有。东汉以后，再度出仕的三公人数开始逐渐增多，特别是到了东汉晚期，复叙者的人数到达了顶峰。

（三）复起后可享受某些优待政策

汉代的官僚体系是依照职位分等原则建立起来的，在这一原则下，百官的秩禄是附丽于职位的，职位发生变动，秩禄也就随之改变。官员的职位越高，所获得的秩禄就越多；职位越低，则获得的秩禄也就越少，官员一旦去职，其秩禄也就随即归零了。当其再次出仕时，原有的秩禄将不再保留，而是按新任官职的标准重新制定。即便贵为三公，享受万石俸禄，在他们因犯罪、灾异、疾病或其他原因离职后，若要重新出仕，同样也须遵循这一原则。虽然如此，但三公毕竟不同于一般官员，因为他们地位尊崇，所以朝廷对曾经担任三公职位的再仕官员是有一定优待政策的，表现之一是当他们重新出仕，担任秩禄低于原官职的职位时，按照规定他们有时会得到增秩任命的优待。例如《后汉书·百官志三》："尚书令一人，千石。"注引蔡质《汉仪》曰："故公为之者，朝会下陛奏事，增秩二千石，故自佩铜印墨绶。"①尚书令品秩仅千石，三公的品秩则是万石，两者的秩禄相差非常大。当曾经任职三公者担任千石的尚书令时，经由皇帝批准，朝廷会将其秩禄增加为二千石，以体现对故三公的尊重。但另一方面，这种优待仅限于俸禄的增加，其佩戴印绶的规格仍需遵照尚书令本来的秩级，即只能佩戴铜印墨绶，而非二千石级别的银印青绶。应劭在《汉官仪》中也说："尚书令，主赞奏，总典纲纪，无所不统。秩千石。故公为之，朝会不（下）陛奏事，增秩二千石。"②故三公在担任其他职位

①　[刘宋]范晔：《后汉书》卷一一六《百官志三》，北京：中华书局，1965 年，第 3596 页。

②　[清]孙星衍等辑，周天游点校：《汉官六种》，北京：中华书局，1990 年，第 140 页。

时,有时也能享受增秩任用的优待政策。如《后汉书·杨赐传》记载,灵帝熹平二年(公元 173 年)正月,杨赐代唐珍为司空,七月,因灾异被策免。但不久之后,杨赐被灵帝任命为光禄大夫,秩中二千石。据《后汉书·百官志》记载,光禄大夫的秩禄本为比二千石,但因杨赐曾任职司空,所以当他复起担任光禄大夫,朝廷为表示对他的尊重,将比二千石的秩禄提升至中二千石,相当于提升了两个级别。杨赐的例子同样体现了故三公再仕可以享受一定的优待政策。

虽然并不是所有故三公再仕时都能享受增秩任用的待遇,但它毕竟是朝廷优礼三公的一种手段,并且这种优待还是三公级别官员所独享的。同样作为国家高级官吏的九卿以及二千石级别的郡守,被策免后重新出仕就基本享受不到三公那样的待遇。如《汉书·昭帝纪》:"丞相征事任宫手捕斩桀,丞相少史王寿诱将安入府门,皆已伏诛,吏民得以安。"注引张晏曰:"《汉仪注》:征事,比六百石,皆故吏二千石不以臧罪免者为征事。"①张晏引《汉仪注》的材料,指出丞相征事的人选可以从故二千石官吏中选拔,但也仅强调不能从因贪污罪被罢免的故二千石官吏中选拔,却并没有提及二千石官员任职丞相征事可以享受增秩待遇的规定。又如《后汉书·百官志三》:"御史中丞一人,千石。"注引蔡质《汉仪》曰:"丞,故二千石为之,或选侍御史高第,执宪中司,朝会独坐,内掌兰台,督诸州刺史,纠察百僚,出为二千石。"②蔡质的《汉仪》,也仅提到御史中丞可以从故二千石官员和优秀的侍御史中选拔,也不见有二千石官员担任御史中丞时享受增秩的规定。

(四)家庭背景对犯罪三公复起的影响逐渐增大

自西汉中期以来,官员的家庭背景对官员入仕和升迁的影响正在逐步增加,特别是东汉以后,这一趋势表现得越发明显。《后

---

① [汉]班固:《汉书》卷七《昭帝纪》,北京:中华书局,1962 年,第 227 页。
② [刘宋]范晔:《后汉书》卷一一六《百官志三》,北京:中华书局,1965 年,第 3599—3600 页。

汉书·黄琬传》："旧制,光禄举三署郎,以高功久次才德尤异者为茂材四行。时权富子弟多以人事得举,而贫约守志者以穷退见遗,京师为之谣曰:'欲得不能,光禄茂材。'"①就是这一情况的生动反映。

为了更为直观地反映家庭背景对官员选举的影响,作者将两汉时期历任三公,按其家庭背景的不同,分为四种类型:第一类为父祖曾为二千石以上高级官吏。第二类是父祖曾为中央或地方中低级别官吏。第三类是地方豪族或名人之后,包括地方上有财有势的权贵之家,以儒学、律学等家学传家的名门望族,以及战国时期六国贵族的后裔。第四种类型为孤贫之家。其中又包括两种情况:一种情况是该官员本人的家族自父祖以来即为寒门。另一种情况是该官员的家族本为地方大姓或权贵之家,但到父祖时期因家道中落,沦落为寒门。例如东汉时曾任司空的韩棱。据《后汉书·韩棱传》记载,韩棱为颍川舞阳人,其家族本是弓高侯颓当之后,"世为乡里著姓"②。其父在建武中还曾担任陇西太守,但因去世早,韩棱四岁时便与母亲、弟弟相依为命,韩家到韩棱这代显然已经衰落了。父祖时期的显赫家庭背景,对韩棱仕途的影响十分有限,韩棱与真正的寒门子弟基本上已经没有多大差别了。因此,作者在统计时,将与韩棱家庭情况类似的这群人归入寒门子弟一类。另需说明的一点是,两汉被任命为三公者中,有相当大一部分人的家庭背景比较复杂,可能兼有上述两种或两种以上类型。以桥玄为例。《后汉书·桥玄传》记载,桥玄"七世祖仁,从同郡戴德学,著《礼记章句》四十九篇,号曰'桥君学'。祖父基,广陵太守。父肃,东莱太守"③。从《桥玄传》所记载的其家庭背景来看,桥玄家族既属于经学世家,同时又属于父祖为二千石官吏的家庭。为便于统计,作者将兼有两种或以上类型的家庭,按具体情况分别统计为一次,制成如下表格(表4-2)。

---

①　[刘宋]范晔:《后汉书》卷六一《黄琬传》,北京:中华书局,1965年,第2040页。

②　[刘宋]范晔:《后汉书》卷四五《韩棱传》,北京:中华书局,1965年,第1534页。

③　[刘宋]范晔:《后汉书》卷五一《桥玄传》,北京:中华书局,1965年,第1695页。

表4-2　东汉历任三公家庭背景情况分析表（单位：人）

	任命三公人数	父祖为三公、二千石、中央官员	父祖为地方中下级官员	豪族、儒学、律学世家，先秦名人后代	宗室子弟	孤贫家庭	家庭背景不明
光武帝	23	5	0	9	1	2	5
明帝	9	1	0	1	0	0	3
章帝	6	2	0	2	0	0	2
和帝	12	3	2	2	1	1	3
殇帝	2	0	0	0	0	1	1
安帝	15	1	0	4	2	1	7
顺帝	18	2	0	4	2	1	8
质帝、冲帝	1	0	0	1	0	0	0
桓帝	20	7	1	2	2	4	5
灵帝	40	16	0	7	2	1	15
献帝	12	8	0	2	0	1	1
总计	158	45	3	34	10	12	50

资料来源：《后汉书》《后汉书三国志补表三十种》。

从《东汉历任三公家庭背景情况分析表》的统计可以看到，祖辈、父辈有人在朝中为官者，入仕的机会较寒门子弟大得多，并且升迁速度也要较寒门子弟快一些。即便他们因犯罪等原因被免除官职，重新被朝廷征召的机会仍然要比没有显赫家庭背景者高。西汉时期，世家大族与寒门子弟在入仕的机会上差别还不算太大，官员队伍中不乏由布衣而升任公卿将相者。但东汉以后，这种情况却发生了巨大的改变。随着世家大族势力膨胀，他们逐渐把持了官员入仕升迁的通道，官员的选举由注重个人才干转变为注重家世门第，出现了"贡荐则必阀阅为前"[①]的状况，出身寒门

---

① ［汉］王符著，［清］汪继培笺，彭铎校正：《潜夫论笺校正》卷八《交际》，北京：中华书局，1985年，第355页。

的贫苦人家子弟受到的不公正待遇也越发严重。即便他们有幸成功步入官场,有了为官从政的经历,但当他们因各种原因被免除官职,不得不重新入仕时,所受到的不公正待遇依旧存在。

与西汉时期国家刻意打压豪强势力不同,东汉政权本身就是在豪强地主的支持下建立起来的,因此国家从建立伊始就在政治和经济上给予豪强诸多优待。特别是东汉中后期的国家政治,基本上被外戚与豪强把持,他们事实上已经形成了一个相对封闭的社会系统。① 由于世家大族垄断了官员的选举,家世一般的儒生,尤其是出身寒门者,很难再像西汉时期那样凭借出众的才能获得入仕的机会,更不要说能够在中央担任要职了。通过表格相关数据的对比可以很明显地看到,随着时间的推移,寒门子弟的入仕之路变得越来越艰难。东汉时期曾担任三公者共有 158 人,其中家庭背景可考者有 108 人。父祖曾任三公、二千石官员者,共有 45 人,占总人数的 28.5%。父祖曾为中下级官吏者有 3 人,占总人数的 1.9%。其家庭属于儒学、律学世家,地方豪族或是先秦名人之后者共 34 人,占总人数的 21.5%。刘姓宗室成员有 10 人,占总人数的 6.3%。属于以上四类家庭背景者在东汉基本上属于身份地位比较尊贵的群体,这四类人数的总和占东汉三公总人数的 58.2%,而与之形成鲜明对比的是出身于孤贫之家者总共才有 12 人,只占三公总人数的 7.6%。两项数字的对比表明东汉时期,三公的人选基本上已经被名门望族与官宦家庭所把持,相反,贫寒人家的子弟能够通过自己的努力升任三公者则寥寥无几。免官后能够复起者,也基本上来自官宦和名门望族家庭,贫寒人家的子弟,在三公中所占的比例本就很小,被策免后有幸重新被朝廷启用者更是少之又少。尽管如此,毕竟还是有一些寒门出身的子弟通过自己的努力荣登三公之位,这反映出东汉时期,官员的选举虽然逐渐走向贵族化和门第化,社会各阶层的垂直流动变得比较缓慢,但却并未完全停止,这与两晋南北朝时期"上品无寒

---

① 何兹全:《中国古代及中世纪史》,福州:鹭江出版社,2003 年,第 89—91 页。

门，下品无士族"的社会状况是不相同的。

（五）良好的儒学修养对犯罪三公复起的影响逐渐增大

皮锡瑞在《经学历史》一书中，论及元成以后儒学的极盛时代时说："经学自汉元、成至后汉，为极盛时代。其所以极盛者，汉初不任儒者，武帝始以公孙弘为丞相，封侯，天下学士靡然乡风。元帝尤好儒生，韦、匡、贡、薛，并致辅相。自后公卿之位，未有不从经术进者。青紫拾芥之语，车服稽古之荣。黄金满籝，不如教子一经。以累世之通显，动一时之羡慕。后汉桓氏代为师傅，杨氏世作三公。宰相须用读书人，由汉武开其端，元、成及光武、明、章继其轨。经学所以极盛者，此其一。"①汉朝建立之初，公卿将相皆为开国军功利益集团把持，不甚重用儒生。但随着汉武帝时期儒学独尊地位的确立，特别是汉元帝纯任德教国策确立后，国家官员开始大量以儒生充任。精通经学，成为为官从政最为便捷的路径。当时的大儒夏侯胜便指出，只要精通经学，获取青紫就如同俯拾草芥一般容易。甚至连当时的谚语中也有"遗子黄金满籝，不如一经"之说。班固在《汉书》中更是直截了当地指出，五经乃"禄利之路"。

东汉以后，情形依然如此，桓荣的经历便是一证。《后汉书·桓荣传》记载，桓荣"少学长安，习《欧阳尚书》"。但其家境却十分贫寒，"常客佣以自给"。即便如此，他仍未放弃自己的学业，"精力不倦，十五年不窥家园"。②桓荣族人桓元卿曾讥讽其："但自苦气力，何时复施用乎？"建武三十年（公元54年），桓荣以通经义，明章句，被光武帝任命为太常，位列九卿。面对如此巨大的变化，曾经耻笑过桓荣的族人也不禁发出"我农家子，岂意学之为利乃若是哉"③的感叹。是否精通经学，在东汉已经成为衡量个人文化与道德水平的重要标志，那些"经明行修"的儒生，不仅能够从中

---

① ［清］皮锡瑞著，周予同注释：《经学历史》，北京：中华书局，2011年，第65页。
② ［刘宋］范晔：《后汉书》卷三七《桓荣传》，北京：中华书局，1965年，第1249页。
③ ［刘宋］范晔：《后汉书》卷三七《桓荣传》，北京：中华书局，1965年，第1252页。

获得巨大的财富和光明的政治前途,提升个人的社会地位,而且也更容易成为朝廷辟举的对象。是以当时的许多世家大族纷纷挑选族中的优秀子弟,令其从小接受经学教育。以至于当时社会上逐渐形成了一种不精通儒学就不能担任卿相的社会意识。即便如董卓一般残暴弑杀者,至少在表面上也都表现出一副礼遇儒生的态度。《后汉书·董卓传》就说:"卓素闻天下同疾阉官诛杀忠良,及其在事,虽行无道,而犹忍性矫情,擢用群士。"朝野上下一派崇儒风气,使得由通经而入仕变得越来越容易,特别是在社会上有巨大影响力的通儒、硕儒,更易得朝廷的青睐。从两汉三公复叙者的学术背景的统计来看,精通儒学,或者兼通儒、法学说,有一定儒学背景者,在两汉三公总人数中占据了绝大部分。特别是东汉以后,这种情况越发明显。体现出儒学背景对于官员复起的影响力正在逐步增大。

西汉中期以后,三公再仕越来越看重被选举者的儒学背景,引起这一变化的原因除了儒学自身有了长足发展,在社会上形成了巨大的影响力外,与家庭背景对官员入仕的影响日益显著也有一定关系。上文已经分析过,随着世家大族势力的崛起,他们逐渐把持了官员的选举,再仕三公中,出身于世家大族及其他家庭背景良好者占了绝大多数,出身于寒门者则寥寥无几。汉代的世家大族,特别是以儒家经学传家者,本身就拥有深厚的学术底蕴,家族成员在很小的年龄就能够接受系统的、优秀的教育。此外,世家大族又拥有雄厚的经济实力,家庭成员不必为生计四处奔波,可以一心一意投身于经学的学习之中,他们也就更有机会获取更加丰硕的成果。以东汉著名的世家大族弘农杨氏为例。杨震年少时即师从太常桓郁学习《欧阳尚书》,因通明经义,被诸儒生称为"关西孔子杨伯起"。杨震中子杨秉"少传父业,兼明《京氏易》,博通书传"①。杨秉之子杨赐、孙杨彪亦皆年少时便通明家学。杨氏四代人,皆以《欧阳尚书》传家,又通过明习经义荣登三

---

① [刘宋]范晔:《后汉书》卷五四《杨秉传》,北京:中华书局,1965 年,第 1769 页。

公之位。杨氏一族的经历,代表着东汉许多世家大族共同的发展模式,即家族成员皆以经学传家,并通过明习家学,获得入仕进身之途。相反,出身于寒门者,绝大多数人都没有像世家大族那样拥有良好的学习条件,生计的困苦,求学的艰难,使寒门子弟能够接受系统教育的机会非常少,他们想要在经学之路上取得成果,就要比世家大族成员付出更多的努力,在更加注重官员学术背景的时代,他们若想步入仕途,其难度要远远大于出身于世家大族者。

三、犯罪三公免官复叙的原因

(一)君主的宠信

在专制主义中央集权社会里,国家官吏的任免权始终归君主一人所有。理论上讲,上至公卿将相,下至斗食佐吏,君主都可以依照自己的意愿随意任免调换。在这种情况下,因犯罪被免官的三公若想重新获取出仕的机会,必须要得到君主的同意才行。因此,君主对入仕者态度的好坏,对他们能否获得被朝廷启用的机会是至关重要的。

同君主关系越密切,越能够得到君主信任的官员,获得再仕的机会也就越大。他们虽然可能因为各种原因暂时被免去职务,但往往过不了多久就会重新获得朝廷的任用。以孔光两次出任丞相的经历为例。汉哀帝即位之初,哀帝祖母傅太后想要与成帝母王太后俱称尊号,满朝大臣多顺其意,唯师丹与孔光二人持反对意见,孔光也因此被哀帝免除丞相职位。但继孔光之后被任命为丞相的朱博、平当和王嘉三人,平当在担任丞相不久便去世,朱博与王嘉则因言行不当被哀帝策免,致使"旬岁间阅三相"①。元寿元年(公元前 2 年)正月十五发生日食,哀帝向孔光询问有关日

---

① [汉]班固:《汉书》卷八一《孔光传》,北京:中华书局,1962 年,第 3359 页。

食之事，孔光因奏对得当获得哀帝赞赏，旋即被任命为光禄大夫，秩中二千石，不久以后，孔光又再度被任命为丞相，哀帝对孔光的信任程度也并未因孔光曾被免职而有所减少。孔光之所以在很短的时间内重登相位，除孔光自身能力出众外，哀帝对孔光的赏识和喜爱在其中也发挥了重要的作用。与孔光经历相似的还有东汉时期在相位三十多年的胡广。《后汉书·胡广传》记载，胡广"自在公台三十余年，历事六帝，礼任甚优，每逊位辞病，及免退田里，未尝满岁，辄复升进。凡一履司空，再作司徒，三登太尉，又为太傅"[①]。胡广本人担任三公之职三十多年，先后侍奉过六位帝王，其间虽屡次被罢相，但很快又能再度出仕。胡广之所以能够始终赢得君主的青睐，成为官场上的"常青树"，依靠的也是皇帝对他的信任和喜爱。

相反，在任职期间就与君主关系不和，甚至令君主感到反感之人，免官后若想得到朝廷的重新启用，可能就需要等待相当长一段时间。以田蚡和窦婴为例，二人因推崇儒学、贬低黄老学说而触怒喜好黄老学说的窦太后，两人遂被武帝免除官职。尽管两人俱被免除官职，但两人此后的境遇却截然不同。田蚡因王太后之故，始终维持着与武帝的亲密关系。《汉书·田蚡传》说其"虽不任职，以王太后故亲幸，数言事，多效"。窦婴却因为武帝欲打压外戚窦氏的实力而遭到武帝的冷遇。窦婴失宠后，"士吏趋势利者皆去（窦）婴而归（田）蚡"。窦太后一死，窦婴彻底失去了可以倚仗的靠山，不久之后，窦婴就因矫诏罪被武帝处死。而田蚡却在窦太后死后，立即被武帝任命为丞相。通过窦婴和田蚡两人不同境遇的对比，可以看到，能否获得君主的宠信，对于官员仕途的影响即便不是决定性的，也一定是非常巨大的，这不能不说是君主专制政治体制下的一大特色。

（二）汉代法律对启用有犯罪经历的官员没有严格限制

汉代法律明确规定，被免官禁锢者，在禁锢期间不得在朝廷

---

① ［刘宋］范晔：《后汉书》卷四四《胡广传》，北京：中华书局，1965 年，第 1510 页。

担任任何官职,如有人举荐被禁锢者为官,举荐者也要受到相应的惩罚。免官禁锢者不得为官的限制,在秦律中就已经出现了。在秦律中,免官禁锢又被称为"废",即取消该官员为官的资格。睡虎地秦墓竹简《秦律杂抄》中就有"任废官者为吏,赀二甲"①的规定,意思是不得辟除已经被取消做官资格的人为官,否则举荐者应处以赀二甲的处罚。秦律对禁锢者不得为官的这种限制性规定,被汉律继承下来。杨震曾针对中常侍樊丰、侍中周广、谢恽等人结为朋党,把持朝政,致使"宰司辟召,承望旨意,招来海内贪污之人,受其货赂,至有臧锢弃世之徒复得显用"②进行了严肃的批评。证明在汉代,免官禁锢者是不应该再被辟除为官的,樊丰等人启用被禁锢之人为官,显然是违背了法律的规定,所以遭到杨震上书弹劾。

两汉时期,除规定被禁锢者不得为官之外,汉代法律并没有对启用有犯罪经历的官员进行过多的限制。因此,曾因犯罪被免除官职的三公同样有机会重新获得君主的任用。以东汉时期的胡广为例。胡广初次为官,在济阴太守任上因选举不实被罢官。复起为汝南太守,历任大司农、司徒和太尉,在太尉任上以病被策免。病愈后起为司空。五年后,以年老致仕。但旋即以特进征拜太常,迁太尉,又因日食被策免。后复为太常,拜太尉。延熹二年(公元 159 年),以不卫宫减死一等,免为庶人。但不久之后又被桓帝征召,历任太中大夫、太常之职。延熹九年(公元 166 年),胡广再次被桓帝任命为司徒。陈蕃被诛后,又代陈蕃为太尉,直至去世。胡广在几十年的时间里先后侍奉过六位君主,仕途也曾几起几落,一生中共一任司空,两任司徒,三任太尉。范晔在《后汉书·胡广传》中评价其"自在公台三十余年,历事六帝,礼任甚优,每逊位辞病,及免退田里,未尝满岁,辄复升进"③。曾经两次因犯

---

① 睡虎地秦简整理小组:《睡虎地秦墓竹简》,北京:文物出版社,1990 年,第 133 页。
② [刘宋]范晔:《后汉书》卷五四《杨震传》,北京:中华书局,1965 年,第 1764 页。
③ [刘宋]范晔:《后汉书》卷四四《胡广传》,北京:中华书局,1965 年,第 1510 页。

罪被免除官职的经历并未对胡广的仕途产生不利影响，被免官后没过多长时间，又能够重新被朝廷启用，在几十年的官宦生涯中，胡广与每位君主始终保持着良好的关系。而像胡广这样因犯罪被免除官职后又能再度出仕者，东汉以后颇为多见，这反映出汉代法律对曾有犯罪免官经历的官员再度出仕为官没有过多的限制，否则就不会出现如此之多的复叙者了。

汉代法律不仅没有对启用曾有过犯罪经历的官员作过多限制，相反，国家在选拔官员时，对曾有为官经历的"故官""故吏"们更是青睐有加。所谓故官、故吏，《汉书·昭帝纪》记载，始元二年（公元前85年）冬，"发习战射士诣朔方，调故吏将屯田张掖郡"。颜师古注曰："调谓发选也。故吏，前为官职者。令其部率习战射士于张掖为屯田也。"①故官、故吏在某种意义上可以说是国家的后备官员，一旦国家有需要，他们随时都可以补充到官员队伍中。因为他们有比较丰富的为官经验，精通官场上的规则，处理各种政务更是不在话下，启用这些故官、故吏们为官，有时可能要比任命初次进入仕途的新手可靠得多。国家在选拔官员时的这种偏好，给因犯罪被免除官职的三公重新步入仕途提供了契机，这是两汉时期复叙三公非常多的一个重要原因。

（三）汉代社会普遍存在着渴望建功立业的思想

"三不朽"思想在中国传统社会中的影响非常大。所谓"三不朽"思想，最早见于《左传》的记载。《左传·襄公二十四年》记载，鲁国叔孙豹出使晋国，晋大夫范宣子至郊外迎接，在交谈中，范宣子向叔孙豹询问："古人有言曰：'死且不朽。'何谓也？"叔孙豹回答："豹闻之：'太上有立德，其次有立功，其次有立言。'虽久不废，此之谓不朽。"②这就是著名的"三不朽"思想。它强调人的生命虽然有限，却可以通过著书立说、建立功业、垂德于后世三种途径，超越有限的生命，获得无限的人生价值。这一思想自诞生之日

---

① ［汉］班固：《汉书》卷七《昭帝纪》，北京：中华书局，1962年，第221页。
② 杨伯峻：《春秋左传注》，北京：中华书局，1990年，第1088页。

起,便深刻影响着士人们的人生态度与价值追求,成为他们行动的指南。

两汉上距春秋战国未远,"三不朽"思想对汉代士人价值观念的影响仍然很大。汉代正处于君主专制社会的上升时期,社会的发展呈现出一派勃勃的生机。生活在这个时期的人们,内心中渴望建功立业的愿望比以往任何朝代都要强烈,这在汉人的论著中有充分的反映。董仲舒在其人性论理论中就不止一次地肯定了人们追求功利、有所作为的合理性和正当性。他说:"事在强勉而已矣。强勉学问,则闻见博而知益明,强勉行道则德日起而大有功,此皆使还至而立有效者也。"①在《春秋繁露·身之养重于义》中,董仲舒又进一步指出:"天之生人也,使之生义与利。利以养其体,义以养其心。"②在他看来,人之追求义和利,是上天所赋予的权力。义与利对于每个人都很重要,义以养心,利以养身。而人追求义,其根本目的仍然是为更好地追求利。董仲舒在其思想言论中,态度鲜明地提出人追求利益的正当性,体现了新兴地主阶级奋发图强、渴望建立功业的迫切心情。司马迁在《报任少卿书》中对自己遭受腐刑,有志难酬地感慨:"上之,不能纳忠效信,有奇策材力之誉,自结明主;次之,又不能拾遗补阙,招贤进能,显严穴之士;外之,不能备行伍,攻城野战,有斩将搴旗之功;下之,不能累日积劳,取尊官厚禄,以为宗族交游光宠。四者无一遂,苟合取容,无所短长之效,可见于此矣。"③东汉班超年少时曾有"大丈夫无它志略,犹当效傅介子、张骞立功异域,以取封侯,安能久事笔研间乎"④的志向,陈蕃年少时也曾许下"大丈夫处世,当扫除天下,安事一室乎"⑤的宏愿,他们的言行举止,无一不体现出时人积极进取、奋力向前的昂扬斗志。

---

① [汉]班固:《汉书》卷五六《董仲舒传》,北京:中华书局,1962年,第2498页。
② [汉]董仲舒著,[清]苏舆注:《春秋繁露义证》卷九《身之养重于义》,北京:中华书局,1996年,第263页。
③ [汉]班固:《汉书》卷六二《司马迁传》,北京:中华书局,1962年,第2727页。
④ [刘宋]范晔:《后汉书》卷四七《班超传》,北京:中华书局,1965年,第1571页。
⑤ [刘宋]范晔:《后汉书》卷六六《陈蕃传》,北京:中华书局,1965年,第2159页。

也正是在这种积极开拓思想的影响下,才有了两汉时流传甚广的"富贵不归故乡,如锦衣夜行"的说法,也才有了宁成"仕不至二千石,贾不至千万,安可比人乎"①和光武帝"仕宦当作执金吾,娶妻当得阴丽华"②的豪言壮语。在两汉人的普遍观念中,都把出任二千石高官作为其仕宦的终极目标,因为在他们看来,这样才能真正体现出一个人的人生价值。与此相反,两汉时人把丢官失爵作为人生的一大耻辱,是无论如何都无法忍受的。因此,才有《汉书·周昌传》中,高祖欲任命御史大夫周昌为赵相,周昌坚决上表不愿出仕的态度,因为在汉代官僚体系中,由中央三公调任王国相,意味着被贬官,这是周昌无论如何都不能够接受的,直到高祖推心置腹地解释了其中的原委,周昌才极不情愿地走马上任。又如《汉书·韦玄成传》中,韦玄成因"以列侯侍祀孝惠庙,当晨入庙,天雨淖,不驾驷马车而骑至庙下"③被有司弹劾而削爵为关内侯。韦玄成深深地为因自己犯错致使父亲爵位被削去而感到自责和不安,也才有了韦玄成作诗以自劾的举动。

彰显自我价值,积极博取功名,成为当时非常普遍的社会心态。受这一风气的影响,向皇帝上书自荐以谋求高官厚禄者非常之多。这些人"攻人主之长短,谏诤之徒也;讦群臣之得失,诉讼之类也;陈国家之利害,对策之伍也;带私情之予夺,游说之俦也"④。而皇帝对这些上书者也表现得较为宽容,一旦他们的言论符合皇帝的心意,就会立刻得到皇帝的任用,而这就为那些渴望复起者提供了机会。

(四)国家对人才的重视以及选官途径的多样化

汉朝是一个幅员辽阔的大一统帝国,国家机构之复杂,是以

---

① [汉]司马迁:《史记》卷一二二《酷吏列传》,北京:中华书局,1959 年,第 3135 页。

② [刘宋]范晔:《后汉书》卷一〇上《皇后纪上》,北京:中华书局,1965 年,第 405 页。

③ [汉]班固:《汉书》卷七三《韦玄成传》,北京:中华书局,1962 年,第 3110 页。

④ 王利器:《颜氏家训集解》卷四《省事》,北京:中华书局,1993 年,第 330 页。

往任何朝代都不能比拟的。庞大的国家机构,需要大量的人才作为补充,因此,自汉朝建立以来,历任君主对人才的选拔问题都给予了高度的重视。汉高祖刘邦在建国伊始便一再鼓励中央和各郡县官员积极向国家举荐人才,并下令如有隐瞒人才不上报者,应立即免除其官职。例如高祖十一年(公元前196年)颁布的一份诏书就说:"其有意称明德者,必身劝,为之驾,遣诣相国府,署行、义、年。有而弗言,觉,免。"①在诏书中,刘邦命令各级官员,如果发现优秀的人才,必须亲自前往劝说,以示对人才的尊重。各地推举出的人才统一到相国府报到,并由相国府统计每个人的品行、道德以及年龄。如有官员隐瞒人才不报,被查出后即免除其官职。虽然汉初几位君主曾多次命令各级官员要积极向国家推举人才,但是,各级官员不积极举荐人才、隐瞒人才不报的现象仍然十分严重。针对这一状况,汉武帝于元朔元年(公元前128年)冬十一月又专门颁布诏书,规定:"不举孝,不奉召,当以不敬论。不察廉,不胜任也,当免。"②有了皇帝的重视,再加上法律的约束,政府各级官员对人才选拔的重视程度必定会有所提升,隐瞒人才不报的现象也必将有所减少,这对于那些曾因犯罪被免除官职者重新顺利步入仕途无疑是有好处的。

汉代政府重视人才的另一个表现是上至公卿将相,下至平民百姓,甚至是狱中的囚徒,在逃的罪犯,都可以给君主上书言事,只要他们的上书得到君主的肯定,就有可能被君主委以官职。特别是每当灾异发生之时,君主往往会颁布诏书,鼓励公卿大臣、普通百姓上书言事。以此为契机向君主上书言事,并重新获得君主重用的故官、故吏不在少数。例如汉哀帝元寿元年(公元前2年)正月朔日发生日食,哀帝征之前因忤逆傅太后旨意而被罢免丞相的孔光到公车官署,向他询问有关日食的事情。孔光借此机会上书奏对,得到哀帝赞赏,哀帝旋即"拜为光禄大夫,秩中二千石,给

① 〔汉〕班固:《汉书》卷一下《高帝纪下》,北京:中华书局,1962年,第71页。
② 〔汉〕班固:《汉书》卷六《武帝纪》,北京:中华书局,1962年,第166—167页。

事中,位次丞相"①。

两汉时期,官员选举方式的多样化,也促成了故官、故吏复叙现象的盛行。汉代人才的选拔,除察举制和征辟制这两种主要方式外,其他诸如凭借诣阙上书、出使绝域,或者依靠父祖恩荫等途径选拔出来的官员在汉代官员队伍中同样占据了相当大的比例。选拔人才方式的多样化,使得入朝为官变得相对容易许多,即便一种途径不行,也还可以尝试其他途径。西汉建立之初,国家各级官吏的来源较为单一,其中很大一部分出自汉初的军功集团。这一时期,由于入仕途径较窄,免官后能够再次入仕者的人数也相对很少。随着选官制度逐渐成熟,官员的选拔方式日趋多样化,官员入仕的机会也大大增加,免官后重新入仕的机会也自然随之增多。即便一时不慎丢了官职,通过各种各样的入仕途径,很快又能重新获得做官的资格。这是东汉以后三公复叙现象比西汉时期更为普遍的原因之一。

---

① 〔汉〕班固:《汉书》卷八一《孔光传》,北京:中华书局,1962年,第3361页。

第五章　三公犯罪的预防机制

在中国古代专制主义社会中,君主的权力是至高无上的,国家各级官员的权力都是君主所赋予的,他们在处理政务时必须严格遵照君主的意志执行,忠心地为君主的江山社稷服务。但是,在权力的运作中,身处名利场中的国家官员,很容易因为受到各种各样的诱惑,而陷入追求个人私欲的歧途中。如何提高官员队伍抵御各种诱惑的能力,预防和减少官员的犯罪,成为摆在中国历代君主面前的一道难题。如何解决这一难题,历代君主可谓绞尽了脑汁。

两汉时期官员犯罪的预防机制,不像秦代那样一味采用高压恐怖的方式,试图通过严刑峻法给官员以震慑,以便达到预防官员犯罪的目的。相反,汉代君主更多地采用较为温和的手段,以儒家三纲五常等伦理道德观念为基础,以突出强调礼的积极预防作用为主,适当辅助以必要的刑罚,综合运用教化、预防、惩治等多种手段,形成一套多层次、全方位的预防官员犯罪体系,从而达到预防和减少官员犯罪的目的。

一、思想教育机制

(一)实施思想教育的必要性和可能性

司马迁在《史记·货殖列传》中指出趋利避害是人之本性,任何人都不例外:

> 贤人深谋于廊庙,论议朝廷,守信死节隐居岩穴之
> 士设为名高者安归乎?归于富厚也。是以廉吏久,久更

富，廉贾归富。富者，人之惰性，所不学而俱欲者也。故壮士在军，攻城先登，陷阵却敌，斩将搴旗，前蒙矢石，不避汤火之难者，为重赏使也。其在闾巷少年，攻剽椎埋，劫人作奸，掘冢铸币，任侠并兼，借交报仇，篡逐幽隐，不避法禁，走死地如鹜者，其实皆为财用耳。①

在司马迁看来，"天下熙熙，皆为利来；天下攘攘，皆为利往"②。追求富贵是人的天性使然，但是，不计后果，不择手段地追逐财富，为了财富不惜铤而走险，却又极易引发犯罪。司马迁就曾专门对许多官吏以"舞文弄法，刻章伪书"的方式聚敛财富的行为提出批评。与普通人为追逐财富不惜采用不光彩的手段相比，官吏本身由于掌握着国家权力，他们通过不法手段来获取财富所造成的社会危害更大。由司马迁对人性的分析可以看到，加强国家官员的思想教育是非常必要的。

董仲舒在其著作《春秋繁露》中同样对人的本性作出了精辟分析，并提出著名的"性三品"说。董仲舒认为："身之有性情也，若天之有阴阳也。言人之质而无其情，犹言天之阳而无其阴也。"③"人之诚，有贪有仁。仁贪之气，两在于身。身之名，取诸天。天两有阴阳之施，身亦两有贪仁之性。天有阴阳禁，身有情欲栣，与天道一也。"④正如天有阴阳两气一样，人的内心也同时兼有善与恶、性与情的潜在因素，"性"对应着阳，表现在外就是"仁"，"情"对应着阴，表现在外则为"贪"。

根据这一理论，董仲舒进而又将人性分成了三类：斗筲之性、

---

① ［汉］司马迁：《史记》卷一二九《货殖列传》，北京：中华书局，1959 年，第 3271 页。

② ［汉］司马迁：《史记》卷一二九《货殖列传》，北京：中华书局，1959 年，第 3256 页。

③ ［汉］董仲舒著，［清］苏舆撰：《春秋繁露义证》卷一〇《深察名号》，北京：中华书局，1996 年，第 299 页。

④ ［汉］董仲舒著，［清］苏舆撰：《春秋繁露义证》卷一〇《深察名号》，北京：中华书局，1996 年，第 294—296 页。

中民之性和圣人之性。他说："圣人之性,不可以名性。斗筲之性,又不可以名性。名性者,中民之性。中民之性如茧如卵。卵待覆二十日而后能为雏,茧待缫以涫汤而后能为丝,性待渐于教训而后能为善。善,教训之所然也,非质朴之所能至也。"①在董仲舒看来,斗筲之性天生性恶,即便通过教育也不能改变其本质;圣人之性天生性善,无须教育就可为善。然而,属于这两种人性的人非常少,绝大多数人都属于中民之性。中民之性可善可恶,至于到底会演变成什么样子,关键要看后天的教育。要想人人向善,就必须通过教育去引导。董仲舒"性三品"说的提出,证明了人经过教育是有向善的可能性的。

正因为人民在道德上都是愚昧的,不经过教化就无法达到理想的境界,所以统治者的教化就成为关键。"凡以教化不立而万民不正也。夫万民之从利也,如水之走下,不以教化堤防之,不能止也。是故教化立而奸邪皆止者,其堤防完也;教化废而奸邪并出,刑罚不能胜者,其堤防坏也。古之王者明于此,是故南面而治天下,莫不以教化为大务。"②人的本性中都有趋利避害的本能,就如同水总是向低处流一样是很正常的。但是过度追逐名利,就会引发社会的混乱。要想防止这一情况的发生,就必须发挥教育的"堤防"功能。如何才能发挥教育的"堤防"作用? 董仲舒认为应该以古代圣王的教育方式为榜样,"立大学以教于国,设庠序以化于邑,渐民以仁,摩民以谊,节民以礼,故其刑罚甚轻而禁不犯者,教化行而习俗美也"③。古代的圣王们,设立学校,教民以仁义,收到了刑措不用、习俗美善的效果,国家也因此大治。秦代如此强大,却在很短的时间之内就灭亡了,原因就在于秦一味实行严刑峻法,而忽视对人民的教育。在董仲舒看来,大力推行教育,是关系到国家生死存亡的大事,为避免重蹈秦亡的覆辙,统治者就应

---

① [汉]董仲舒著,[清]苏舆撰:《春秋繁露义证》卷一〇《实性》,北京:中华书局,1996年,第312页。

② [汉]班固:《汉书》卷五六《董仲舒传》,北京:中华书局,1962年,第2503页。

③ [汉]班固:《汉书》卷五六《董仲舒传》,北京:中华书局,1962年,第2504页。

该改变秦专任刑法的错误路线，对教育应给予足够的重视。

王符在其著作《潜夫论》中，同样对于君主实施教育的必要性作出理论阐释，他指出：

> 故民有心也，犹为种之有园也。遭和气则秀茂而成实，遇水旱则枯槁而生孽。民蒙善化，则人有士君子之心；被恶政，则人有怀奸乱之虑。故善者之养天民也，犹良工之为曲蘖也。起居以其时，寒温得其适，则一荫之曲蘖尽美而多量。其遇拙工，则一荫之曲蘖皆臭败而弃捐。今六合亦由一荫也，黔首之属犹豆麦也，变化云为，在将者耳。遭良吏则皆怀忠信而履仁厚，遇恶吏则皆怀奸邪而行浅薄。忠厚积则致太平，奸薄积则致危亡。是以圣帝明王，皆敦德化而薄威刑。德者所以修己也，威者所以治人也。上治与下愚之民少，而中庸之民多。中民之生世也，犹铄金之在炉也，从笃变化，方圆薄厚，随镕制耳。①

王符巧妙地运用了比喻的方法，将君主对人性的培养比喻为农夫对种子的培育。他指出，土质肥美，气候适宜，种子就能长成强壮的植物，相反，土质贫瘠，气候恶劣，种子长出来的植物就形容枯槁。人心的善恶变化同种子与土地、气候的关系一样，人民如果能够接受良好的教育，则人人都会生出一颗君子之心；如果国家不重视教育，始终推行恶政，人民的道德品质就会败坏。"中民之生世也，犹铄金之在炉也"，人的心向善还是向恶，关键要看统治者的教化。

（二）先礼后刑的教育手段

在中国传统社会中，人们习惯于将社会规范划分为两类：一

---

① ［汉］王符著，［清］汪继培笺，彭铎校正：《潜夫论笺校正》卷八《德化》，北京：中华书局，1985 年，第 377—378 页。

类被称作"礼",另一类则被称作"法"或"刑"。前者属于引导性规范,后者则属于禁止性规范。但正如汉人陈宠所说:"礼之所去,刑之所取,失礼则入刑,相为表里者也。"①"礼"与"法"这两种社会规范,虽然各自采取的方式不同:礼"禁于将然之前",是积极的引导手段;法"禁于已然之后",属于消极的惩罚手段。但两者的根本目的都在于通过各自的手段引导人民向善。

对礼与法关系问题的讨论,中国古人很早就已经展开了。早在西周初年,周公制礼之时,就已经对礼与法的关系问题作出了正确的解答,并形成"明德慎罚"的思想,它主张以礼教为主,以刑罚为辅,突出礼的教化的作用,刑罚手段只有在迫不得已的情况下才可以谨慎地使用。这一思想将礼的教化作用与刑罚的强制作用巧妙地结合起来,在预防和减少犯罪方面起到很好的效果,遂成为后世处理礼法关系的典范。

汉人在"明德慎罚"思想的基础上,将礼法关系同阴阳五行思想结合起来,创造性地提出了"德主刑辅"思想,在如何处理礼与法的关系上,比前人有了更大的进步。

西汉大儒董仲舒在给汉武帝的天人三策中最早旗帜鲜明鲜明地提出"德主刑辅"的思想。他说:

> 王者欲有所为,宜求其端于天。天道大者,在于阴阳。阳为德,阴为刑。天使阳常居大夏而以生育长养为事,阴常居大冬而积于空虚不用之处,以此见天之任德不任刑也。阳出布施于上而主岁功,阴入伏藏于下而时出佐阳。阳不得阴之助,亦不能独成岁功。王者承天意以从事,故务德教而省刑罚。刑罚不可任以治世,犹阴之不可任以成岁也。今废先王之德教,独用执法之吏治民,而欲德化被四海,故难成也。②

---

① [刘宋]范晔:《后汉书》卷四六《陈宠传》,北京:中华书局,1965年,第1554页。
② [汉]班固:《汉书》卷二二《礼乐志》,北京:中华书局,1962年,第1031—1032页。

董仲舒指出，天道同时兼有阴阳两面，阳为德，阴为刑，阳尊而阴卑。与天道相对应，人道也应该有阴阳两面，德尊而刑卑。王者法天道而行事，必须调和阴阳的关系，使"德之厚于刑也，如阳之多于阴也"。

与董仲舒的主张类似，西汉晚期的思想家刘向也曾指出："治国有二机，刑德是也。王者尚其德而希其刑，霸者刑德并凑，强国先其刑而后德。夫刑德者，化之所由兴也。德者，养善而进阙者也；刑者，惩恶而禁后者也。故德化之崇者至于赏，刑法之甚者至于诛。"①刘向认为，道德教化的功能是"养善而进阙"，刑罚的作用则是"惩恶而禁后"，道德教化与刑罚同样是治理国家不可或缺的两种手段。但在如何看待两者的地位上，刘向指出："夫教化之比于刑法，刑法轻，是舍所重而急所轻也。且教化，所恃以为治也，刑法所以助治也。今废所恃而独立其所助，非所以致太平也。"②在礼与法之间，作为一名儒生的刘向显然更倾向于道德教化，他认为如果抛开道德教化，单纯使用刑罚，这并非国家太平之道。以道德教化为主，以刑罚为辅，两者配合使用，才是国家长治久安之根本办法。

总之，国家根据德主刑辅的指导思想，通过对国家官员的道德教育，在他们的思想中树立起一座道德堤坝，以达到防患于未然的目的。同时，结合适当的刑罚给官员内心造成一定的震慑，使之不敢轻易触犯法律，这样就可以达到预防和减少官员犯罪的目的。

（三）培养和灌输"忠君"意识

对"忠君"意识的强调在汉代之前就已经非常普遍了。《荀子·致士》篇中就说道："君者，国之隆也；富者，家之隆也。隆一

---

① ［汉］刘向撰，程翔译注：《说苑译注》卷七《政理》，北京：北京大学出版社，2009年，第159页。

② ［汉］班固：《汉书》卷二二《礼乐志》，北京：中华书局，1962年，第1034页。

而治,二而乱。自古及今,未有二隆争重而能长久者。"①在荀子看来,君主应该保持独尊地位,臣子应该忠心侍奉君主,这样国家才能长治久安。如果人人都去挑战君主的独尊地位,天下就会大乱。

汉代的思想家继承了先秦思想家对忠君意识的重视。早在文帝时期贾谊就曾指出:"为人臣者主耳忘身,国耳忘家,公耳忘私,利不苟就,害不苟去,唯义所在……故父兄之臣诚死宗庙,法度之臣诚死社稷,辅翼之臣诚死君上,守圉扞敌之臣诚死城郭封疆……顾行而忘利,守节而仗义,故可以托不御之权,可以寄六尺之孤。"②作为臣子,唯有不计私利,一心忠于君主,才能成为真正的股肱之臣。继贾谊之后,董仲舒进一步对"忠君"意识进行了改造。他不仅继承了先秦儒家尊君理论,并且还将之与阴阳五行思想联系起来,使"忠君"理论变得神圣化。他说:"是故木受水,而火受木,土受火,金受土,水受金也。诸授之者,皆其父也;受之者,皆其子也。常因其父以使其子,天之道也。是故木已生而火养之,金已死而水藏之,火乐木而养以阳,水克金而丧以阴,土之事火竭其忠。故五行者,乃孝子忠臣之行也。"③董仲舒通过将忠君意识同五行联系在一起,使其上升为天地间的自然法则。"天之常道,相反之物也,不得两起,故谓之一。一而不二者,天之行也。"④既然天道是唯一的,那么法天道而成的"忠"也必然是唯一的。因此董仲舒认为:"心止于一中者,谓之忠;持二中者,谓之患。患,人之中不一者也。不一者,故患之所由生也。是故君子

① 〔清〕王先谦撰,沈啸寰、王星贤点校:《荀子集解》卷九《致士》,北京:中华书局,1988年,第263页。

② 〔汉〕班固:《汉书》卷四八《贾谊传》,北京:中华书局,1962年,第2257—2258页。

③ 〔汉〕董仲舒著,〔清〕苏舆撰:《春秋繁露义证》卷一一《五行之义》,北京:中华书局,1996年,第321页。

④ 〔汉〕董仲舒著,〔清〕苏舆撰:《春秋繁露义证》卷一二《天道无二》,北京:中华书局,1996年,第345页。

贱二而贵一。"①在思想家们的大力提倡之下,汉代忠君理论体系的建设取得了非常大的进步。

在积极构建忠君理论体系的同时,汉代君主还兼采物质性和荣誉性的激励手段,进一步强化百官的忠君意识。物质性的激励手段主要包括对忠心侍奉君主者,给予一定数量的钱帛、田宅,或者晋升其官职等实质性的奖励。荣誉性的激励手段则主要包括对忠心侍奉君主者下诏予以书面嘉奖或者在死后赐予美谥等精神性的奖励。如光武帝时期的大司马吴汉,其一生功勋卓著,为东汉王朝的建立立下了汗马功劳,在其死后,光武帝下诏,赐予"忠"的谥号。《后汉书·吴汉传》注引《东观记》曰:"有司奏议,以武为谥,诏特赐谥曰忠侯。"②有司起初为吴汉拟定的谥号为"武",但光武帝却不满意这一谥号,并专门下诏,特赐吴汉谥号以"忠",以表达对吴汉一生忠于君主行为的肯定。

综合采用物质性和精神性的奖励,汉代君主正是试图以这种方式作为政治宣传的一种手段,为天下臣民树立起以忠廉自律、以节义为高的忠臣廉吏的典范,并引导他们形成忠诚于君主、廉洁奉公的良好作风,从而达到"三公竞思其职,而百僚争竭其忠"③的效果。

在树立"忠君"意识的同时,汉代政府对臣子的"不忠"行为又制定了非常严厉的惩罚措施,以期起到以儆效尤的效果。汉律中"不忠不道"等罪名的设立,就是为惩罚臣子不忠行为而专门准备的。两汉时期,因"不忠"罪下狱的三公为数不少。如《汉书·王商传》记载左将军师丹弹劾王商的罪名是"不遵法度以翼国家,而回辟下媚以进其私,执左道以乱政,为臣不忠,罔上不道"④,其中一条就是为臣"不忠"。《汉书·傅喜传》记载,傅喜被免除大司马

---

① [汉]董仲舒著,[清]苏舆撰:《春秋繁露义证》卷一二《天道无二》,北京:中华书局,1996年,第346—347页。

② [刘宋]范晔:《后汉书》卷一八《吴汉传》,北京:中华书局,1965年,第684页。

③ [汉]王符著,[清]汪继培笺,彭铎校正:《潜夫论笺校正》卷四《三式》,北京:中华书局,1985年,第200页。

④ [汉]班固:《汉书》卷八二《王商传》,北京:中华书局,1962年,第3374页。

职位的罪名也同样是为臣"不忠"。策文说:"高武侯喜无功而封,内怀不忠,附下罔上,与故大司空丹同心背畔,放命圮族,污损德化,罪恶虽在赦前,不宜奉朝请,其遣就国。"①

正如王子今先生所说:"忠的政治意识的深入人心,是以执政集团的积极倡导为基本条件的。历代帝王'莫不欲求忠以自为',逐渐促成了社会上下以忠为标范的政治空气。"②由于汉政府反复不断给臣子灌输"忠君"思想,"忠君"意识在士人的心目中已经是根深蒂固了。尽管东汉中期以后,国家一直处于风雨飘摇的状态,却并未出现国家官员趁机犯上作乱的情况。相反,朝野内外的士大夫以舍生忘死、前仆后继的精神,同外戚、宦官集团进行了惨烈的斗争,从而力保东汉政权不倒,这一局面的出现与士人深受忠君思想的影响是分不开的。范晔在《后汉书·陈蕃传》的论评就颇能够反映问题的实质:"桓、灵之世,若陈蕃之徒,咸能树立风声,抗论昏俗。而驱驰险阨之中,与刑人腐夫同朝争衡,终取灭亡之祸者,彼非不能洁情志,远埃雾也。愍夫世士以离俗为高,而人伦莫相恤也。以遁世为非义,故屡退而不去;以仁心为己任,虽道远而弥厉。及遭际会,协策窦武,自谓万世一遇也。懔懔乎伊、望之业矣!功虽不终,然其信义足以携持民心。汉世乱而不亡,百余年间,数公之力也。"③

二、司法监察机制

(一)汉代中央司法监察体系概况

汉代中央司法监察体系是由两套平行的监察系统组成的:其一是以丞相司直为首的行政机构内部监察系统,另一个是独立于行政系统之外的以御史中丞为首的专门司法监察系统。这两个

---

① 〔汉〕班固:《汉书》卷八二《傅喜传》,北京:中华书局,1962年,第3381页。
② 王子今:《秦汉社会政治意识研究》,北京:商务印书馆,2012年,第75页。
③ 〔刘宋〕范晔:《后汉书》卷六六《陈蕃传》,北京:中华书局,1965年,第2171页。

系统既相互独立，互不统属，却又相互监督和制约，最大限度地保证了监督的公平和公正。

1. 以丞相司直为首的行政机构内部监察系统

《汉书·百官公卿表上》："武帝元狩五年，初置司直，秩比二千石，掌佐丞相举不法。"①丞相司直一职，始设于汉武帝时期，秩比二千石，其职责主要是协助丞相纠举不法。汉哀帝改革三公制度，将丞相更名为司徒，但同时又保留了丞相司直一职，仍然令其协助司徒纠察不法。东汉建立后，情况又发生了变化。据《后汉书·百官志一》记载："世祖即位，以武帝故事，置司直，居丞相府，助督录诸州，建武十八年省也。"②丞相司直在东汉初年仍然存在，直至建武十八年（公元42年），光武帝始裁撤司直，另置长史一人，司直协助丞相纠察不法的职责也转而由长史负责。此后由丞相长史代替司直协助丞相纠察不法的状况一直持续到东汉末年。

丞相总领百官，"掌承天子，助理万机"③。在丞相助理的"万机"中，一项重要的职责便是对百官的日常行政工作进行监督。但由于丞相的日常工作非常繁重，不可能事事亲力亲为，司直、长史作为丞相的主要助手，在很多情况下，是由他们来代表丞相履行监察百官的职责。据《后汉书·百官志一》记载，司直的职责是"助督录诸州事"④。其监督的对象主要是地方各级官员。但卫宏《汉旧仪》又说："丞相府司直一人，秩二千石，职无不监。"⑤作为丞相的下属，除有权监察地方官员外，对三公（包括司直的顶头上司

---

① ［汉］班固：《汉书》卷一九上《百官公卿表上》，北京：中华书局，1962年，第725页。

② ［刘宋］范晔：《后汉书》卷一一四《百官志一》，北京：中华书局，1965年，第3561页。

③ ［汉］班固：《汉书》卷一九上《百官公卿表上》，北京：中华书局，1962年，第725页。

④ ［刘宋］范晔：《后汉书》卷一一四《百官志一》，北京：中华书局，1965年，第3561页。

⑤ ［清］孙星衍等辑，周天游点校：《汉官六种》，北京：中华书局，1990年，第67页。

丞相)的不法行为,司直也是有权力进行监督的。例如《汉书·鲍宣附郭钦传》记载,郭钦在汉哀帝时期曾担任丞相司直一职,后因上疏弹劾董贤,左迁卢奴令。董贤在哀帝时期被任命为大司马,位列三公,郭钦能够上疏弹劾大司马,证明司直是有监督三公的权力的。

2. 以御史中丞为首的专门司法监察系统

为防止行政机构官员互相勾结,隐瞒罪行不报,汉代君主又在行政机构内部监察系统之外单独设立了一套监督系统,使之独立地行事司法监督权力。这套司法监察系统在西汉以御史大夫为首,东汉以后则以御史中丞为首,负责监督、弹劾中央和地方的不法官员。

西汉时期,御史大夫是御史监察系统的最高长官,"位上卿,银印青绶,掌副丞相"①。御史大夫一身二任,它既是司法监察系统的官员,但同时又是国家行政系统的官员。御史大夫虽然在名义上独立行使监察权,但由于御史大夫"掌副丞相",地位较丞相低,并且还要受其领导,这或多或少都会影响到御史大夫监督权的正常行使。随着中央单一丞相制改为三公制,御史大夫的职能也发生了重大变化。《后汉书·百官志一》说:"司空,公一人。本注曰:掌水土事。凡营城起邑,浚沟洫,修坟坊之事,则议其利,建其功。凡四方水土功课,岁尽则奏其殿最而行赏罚。"②改制之后的御史大夫更名为司空,其职责主要是掌管土木工程,不复有监督百官的权力。监察百官的权力遂转移到御史大夫属官御史中丞的手中。

《汉书·百官公卿表上》记载,御史大夫属官有两丞,秩千石。"一曰中丞,在殿中兰台,掌图籍秘书,外督部刺史,内领侍御史员

---

① [汉]班固:《汉书》卷一九上《百官公卿表上》,北京:中华书局,1962年,第725页。

② [刘宋]范晔:《后汉书》卷一一四《百官志一》,北京:中华书局,1965年,第3561—3562页。

十五人,受公卿奏事,举劾按章。"①御史中丞作为御史大夫的副手,拥有监督和弹劾百官的职能。如《汉书·陈咸传》:"元帝擢(陈)咸为御史中丞,总领州郡奏事,课第诸刺史,内执法殿中,公卿以下皆敬惮之。"②御史中丞监督和弹劾百官,不仅包括中央和地方各级行政机构官员,同样也包括司法监察系统中的其他官员及其顶头上司御史大夫。

御史中丞下又设有若干侍御史为其属员。《汉旧仪》曰:"御史,员四十五人,皆六百石。其十五人衣绛,给事殿中,为侍御史,宿庐在石渠门外。二人尚玺,[四人]持书给事,二人侍前,中丞一人领。余三十人留寺,理百官事也,皆冠法冠。"③侍御史是御史中丞的属员,受御史中丞领导,同样有监督百官的权力。《后汉书·百官志三》:"侍御史十五人,六百石。"本注曰:"掌察举非法,受公卿群吏奏事,有违失举劾之。凡郊庙之祠及大朝会、大封拜,则一人监威仪,有违失则劾奏。"④侍御史的监察对象十分广泛,上至公卿将相,下至地方官吏,都是侍御史的监察对象。但侍御史的职责又不仅限于此,除有察举非法,弹劾大臣的权力外,侍御史又经常参与案件的审理工作。如《后汉书·窦宪传》:"使侍御史与青州刺史杂考(侯)刚等。"⑤

两汉中央司法监督系统,除以丞相司直为首的行政组织内部监察系统和以御史中丞为首的独立司法监察系统外,司隶校尉也拥有监察百官的权力。

《汉书·百官公卿表上》:"司隶校尉,周官,武帝征和四年初置。持节,从中都官徒千二百人,捕巫蛊,督大奸猾。后罢其兵。

---

① [汉]班固:《汉书》卷一九上《百官公卿表上》,北京:中华书局,1962年,第725页。

② [汉]班固:《汉书》卷六六《陈咸传》,北京:中华书局,1962年,第2900页。

③ [清]孙星衍等辑,周天游点校:《汉官六种》,北京:中华书局,1990年,第63页。

④ [刘宋]范晔:《后汉书》卷一一六《百官志三》,北京:中华书局,1965年,第3599页。

⑤ [刘宋]范晔:《后汉书》卷二三《窦宪传》,北京:中华书局,1965年,第813页。

察三辅、三河、弘农。"①司隶校尉的设置，最初是为了处理巫蛊之祸，尚属临时性的差遣。巫蛊之祸平息后，司隶校尉监察百官的职能由临时性转为平常。《后汉书·百官志四》本注曰："持节，掌察举百官以下，及京师近郡犯法者。"注引蔡质《汉仪》曰：司隶校尉"职在典京师，外部诸郡，无所不纠。封侯、外戚、三公以下，无尊卑"。② 司隶校尉监督的对象十分广泛，包括列侯、外戚及三公以下各级官员。司隶校尉监督三公的例子，如汉元帝时，中书令石显大权在握，丞相匡衡、御史大夫张谭"皆阿附畏事显，不敢言"。成帝即位后，石显的权力受到削弱，匡衡、张谭趁机请求成帝罢免石显。时任司隶校尉的王尊当即向成帝上书，弹劾匡、张二人"阿谀曲从，附下罔上，怀邪迷国，无大臣辅政之义，皆不道"，请求将二人免官下狱。成帝以刚即位不忍重伤大臣为由，驳回王尊的请求，并令御史责问王尊。王尊最终因"妄诋欺非谤赦前事，猥历奏大臣，无正法，饰成小过，以涂污宰相，摧辱公卿，轻薄国家，奉使不敬"③被左迁为高陵令。虽然这次弹劾以失败告终，并且王尊本人还被贬了官，但从这件事例中可以看到，司隶校尉是有权监督和弹劾三公的。

（二）汉代司法监督机构监督权力的保障

为了保障司法监察机构正常、有效地履行监督百官的权力，汉代君主特意将司法监察机构从国家行政机构内独立出来，令其独立地行使监察权。但司法机构在依法行使监察权时，仍然不可避免地受到外界各种因素的干扰，这将严重影响司法监督的实际效果。如何才能尽可能地降低外界因素的干扰，保证司法监督权力切实有效地落实，关键在于君主对司法监督权力的保障。

---

① ［汉］班固：《汉书》卷一九上《百官公卿表上》，北京：中华书局，1962 年，第 737 页。

② ［刘宋］范晔：《后汉书》卷一一七《百官志四》，北京：中华书局，1965 年，第 3613—3614 页。

③ ［汉］班固：《汉书》卷七六《王尊传》，北京：中华书局，1962 年，第 3231—3232 页。

　　首先,君主要带头遵守国家法律制度,不要过多干涉司法监督机构正常行使监督权。在君主专制社会中,君主的意志总是凌驾于法律之上的。君主依照自己情感的好恶对司法机关正常的司法监督、审判横加干涉的现象层出不穷。在君主的无端干涉下,本应受到弹劾的贪官污吏,在君主的庇护下逍遥法外;品行正直的官员却因触怒君主被投入牢狱,遭受囹圄之苦。国家正常的司法监督程序如果遭到破坏,通过司法监督达到预防和减少官员违法犯罪的目的将无从实现。开明的君主,能够尽量做到不随意把自己的意志强加在司法监督之上,不随意破坏司法监察机构正常行使自己的司法监督权力;昏庸的君主,不仅不能维护司法监察权的正常行使,反而总是按照自己的意愿肆意干扰正常司法监督工作的展开,这样一来,监察机关所谓监督百官的权力也只能是流于形式。纵观两汉时期,但凡政治开明、国家强盛的时期,都是司法监督机制能够有效运行的时期,这其中君主对司法监督权力的保障无疑起到了关键性的作用。以光武帝统治时期为例。由于光武帝本人带头遵守法律,支持和鼓励不畏强权、刚正不阿的监察官员,维护了司法监督权的权威,因此,在光武帝统治期间,司法监督权基本上能够有效地施行,取得了"朝廷肃然,莫不戒慎"的良好效果。相反,政治黑暗、国家力量衰弱的时期,大多是君主带头践踏司法监督权的权威,致使司法监督机制不能正常运作的时期。正常的司法监督权力无法行使,预防和减少官员犯罪的目的必定也不可能实现。汉元帝时期,司隶校尉诸葛丰正常行使自己的监督权,却因触犯了外戚的利益,被元帝剥夺了持节的权力。哀帝时期的司隶校尉王尊上书弹劾丞相匡衡、御史大夫张谭,弹劾的内容有理有据,但哀帝以自己新即位不愿处罚公卿大臣为由,不仅没有支持王尊的请求,反而将其贬官左迁。元帝、哀帝的做法,不仅严重削弱了司法监督的权威,还严重挫伤了司法监督官员行使监督权的积极性。正常的司法监督制度无法运行,贪官污吏们便可肆无忌惮地随意践踏法律的尊严。西汉后期之所以会出现国家政治混乱不堪、贪官污吏肆意横行的局面,与司法监督的缺失不无关系。因此,要想保证司法监督机关的监督职能能够正常发挥,君主就必须尽量做到控制个人的权力欲望,不要过多地干预司法监督权力的正常行使。

为保障司法监督行动有效展开,除不要过多干涉司法机关正常行使司法监督权外,君主还应尽量提高司法监察官员在国家政治中的地位。首先,在安排朝堂座次上,为了突出司法监督官员的特殊地位,东汉时期,君主特别允许御史中丞、司隶校尉与尚书令在朝会时候独据专席,使其地位冠绝群臣,这就是所谓的京师"三独坐。"其次,在出行仪式上,君主往往给予他们超高的规格,以达到震慑百官的目的:"凡三公、列卿、将、大夫、五营校尉行复道中,遇尚书仆射、左右丞郎、御史中丞、侍御史,皆避车豫相回避。"①按照汉代的礼仪规范,在复道上行使的两车交错,职位低的官员应主动停车为职位高的官员让车,以示对其尊重。而御史中丞、侍御史等司法监督机构官员在复道中行车则可不必遵守这一规定。不仅御史中丞、侍御史不必给三公列卿让车,反而三公列卿需要给御史中丞、侍御史让车。这一违背常规制度的规定,显然是君主专门为提高司法监察官员地位所制定的特殊措施。为保证监督检查权力得到有效落实,君主还往往临时授予司法监督官员生杀予夺之权。例如《汉书·元后传》记载:"文景间,(王)安生贺,字翁孺,为武帝绣衣御史,逐捕魏郡群盗坚卢等党与,及畏懦逗留当坐者,翁孺皆纵不诛。它部御史暴胜之等奏杀二千石,诛千石以下及通行饮食,坐连及者大部,至斩万余人。"颜师古注曰:"二千石者奏而杀之,其千石以下则得专诛。"汉宣帝时,曾有"吏六百石位大夫,有罪先请"②的规定。根据这一规定,凡秩禄六百石以上的国家官员犯罪,司法机关必须先向皇帝请示,由皇帝决定是否对其进行抓捕,司法官员如果在未经上报的情况下私自抓人,是要受到严厉处罚的。然而引文中的绣衣御史在抓捕罪犯

---

① [清]孙星衍等辑,周天游点校:《汉官六种》,北京:中华书局,1990 年,第 204 页。

② [汉]班固:《汉书》卷八《宣帝纪》,北京:中华书局,1962 年,第 274 页。

时,却并不受这一制度的影响。千石以下官员在被查明犯罪事实的情况下,可以在不经上报皇帝的情况下由绣衣御史自行抓捕和诛杀。两千石级别的官员,在向皇帝请示过后,绣衣御史也可就地将其诛杀。绣衣御史本身的秩禄很低,却有权专诛两千石级别官吏,他们手中所掌握的这种生杀予夺的权力,对其他官员显然是一种极强的威慑,而这种威慑力的存在,无疑能够有效地保证司法监督机构在较少受外界阻碍的情况下正常行使其司法监督的权力。这对于预防和减少官员犯罪是极为有利的。

(三)汉代监察制度的反制约机制

为保障监察机关有效行使监督权力,两汉君主给予司法监察机关相当大的权力。但是,权力过度下放,又很容易造成新的问题,即如果司法监督官员利用手中的权力实施犯罪,所造成的社会危害要比普通官员更大。为防止监察官员滥用职权现象的出现,统治者一方面着力维护司法监督机构监督权的正常行使;另一方面,又采取适当措施使监察权力能够在正常的范围内行使,这就是监察权力的反制约机制。

汉代监察制度的反制约机制主要包括以下几项内容:

首先,允许监察机构之间或者监察官员之间互相监督和纠举。具体来看,汉代中央拥有司法监督权的机构主要是御史台、丞相府和司隶校尉府,其中以御史中丞为首的御史台,是中央专司监督的机关,负责监督京畿和地方各级官员,监督的范围自然也涵盖丞相府和司隶校尉府官员。例如宣帝五凤二年(前56年)五月,丞相司直繁延寿劾奏御史大夫萧望之"通经术,居九卿之右,本朝所仰,至不奉法自修,踞慢不逊攘,受所监臧二百五十以上,请逮捕系治"[①]。结果,萧望之被左迁为太子太傅。这是丞相司直有权监督御史大夫的例子。御史台和司隶校尉府两个司法监察机关,特别是以御史中丞为首的监察官员仍然一身兼有行政

---

① 　[汉]班固:《汉书》卷七八《萧望之传》,北京:中华书局,1962年,第3281页。

官员和司法监督官员双重身份，从属于这两个系统的官员，自然要接受总领百官的丞相府的监督。司隶校尉作为皇帝特别设立的独立监察官员，负责监督京畿地区所有官员的日常行政工作，不管是御史台，还是丞相府，因其办公地点都设在京畿地区，所以这两个系统的官员同样也要接受司隶校尉的监督。例如汉成帝时，王尊为司隶校尉，曾弹劾丞相匡衡、御史大夫张谭"知中书谒者令（石）显等专权擅势，大作威福，纵恣不制，无所畏忌，为海内患害，不以时（皆）[白]奏行罚，而阿谀曲从，附下罔上，怀邪迷国，无大臣辅政之义，皆不道"①，并奏请成帝罢免二人官职。再如汉和帝时，时任太尉的张酺也因司隶校尉晏称的弹劾而被和帝策免。这又是司隶校尉有权监督和弹劾三公的例子。这样一来，国家官僚体系中的所有官员都被纳入这个复杂的监督体系之中，任何一名官员，不论担任何种官职，在哪个部门任职，都要接受至少一个监督部门的监督，即便身居高位的三公也不例外。既相对独立，又相互制约的司法监督体系，可以有效地发挥监察机构的监督作用，最大限度地预防和减少官员相互勾结、利用职务的便利逃避司法监察情况的发生。

其次，实行监察官位卑权重制。为有效避免监察官员利用君主赋予的监察权力作威作福，汉代君主在赋予他们监察权力的同时，又刻意让他们以较低的品级监督较高品级的官员，以便起到以卑制尊、小大相维的效果。在三公改制之前，御史大夫作为中央司法监督机构的长官，虽同丞相一起位列三公，但其秩禄却仅有中二千石，在日常行政事务中，御史大夫还要受丞相的统领和节制。然而御史大夫却手握司法监督之权，尽管丞相的秩禄要高于御史大夫，却仍然要接受御史大夫的监督，这就是所谓的位卑权重制度。御史大夫因秩禄低于丞相，根据汉代官员升迁的惯例，丞相位置一旦出现空缺，很有可能会以御史大夫递补。汉代君主正是巧妙地利用御史大夫渴望获得升迁的急迫心态，在无形

---

① ［汉］班固：《汉书》卷七六《王尊传》，北京：中华书局，1962 年，第 3231 页。

之中提高了御史大夫监督丞相的积极性。而这也就解释了为何汉代会屡屡出现御史大夫弹劾丞相的情况。对于监察系统的官员来说,位卑,则便于君主控制,不易出现恃宠而骄、利用权力肆意妄为的情况。权重,则不仅能够保证监察官员正常监察活动的展开,同时还能激发他们为官的积极性,使其竭力为君主效命。顾炎武在《日知录》中曾指出:"夫秩卑而命之尊,官小而权之重,此小大相制,内外相维之意也。"①正是对汉代君主通过实施这一制度所期望达到的目的的高度概括。

三、舆论监督和引导机制

所谓舆论,美国著名新闻评论家沃尔特•李普曼在其代表作《舆论学》(又名《公众舆论》)中是这样定义的:"有些现实世界的情况涉及其他人的行为,又与我们的行为有一定关联的,它仰借于我们,是对我们感兴趣的,我们大致把他称为公众事务。这些其它人头脑里的想象,他们自己的情况、他们的需要、意图和关系等等都是他们的舆论。一些集团的人或者以一些集团为名义的个人按照上述的情况来行动就成了大写字母的'舆论'。"②国内学者刘建明在《舆论学概论》中则是这样定义"舆论"一词的:"狭义概念是指某种舆论而言,即在一定社会范围内,消除个人意见差异,反映社会知觉的多数人对社会问题形成的共同意见。广义上的概念是指社会上同时存在的多种意见,各种意见的总和或纷争称作舆论。"③舆论"总是由若干见解形成的意见,表达人们对社会问题的看法"④。

在现代社会中,舆论监督权是公民的基本权利之一,是公民

---

① [明]顾炎武著,[清]黄汝成集释:《日知录集释》卷九《部刺史》,上海:上海古籍出版社,2006年,第528—529页。

② [美]李普曼著,林珊译:《舆论学》,北京:华夏出版社,1989年,第19页。

③ 刘建明:《舆论学概论》,北京:中国传媒大学出版社,2009年,第23页。

④ 刘建明:《舆论学概论》,北京:中国传媒大学出版社,2009年,第30页。

履行社会责任和义务的具体表现方式,现代民主制度必须要保障每个公民都能够自由行使舆论监督的权利。但是在中国传统的君主专制社会中,君主的权力是至高无上的,人民既缺少民主监督的权利,也缺乏行使民主监督权利的法律保障。但是,我们并不能因此下结论说在中国传统社会里根本就没有公民的舆论监督。东汉中期以后,随着士大夫自觉性的逐渐提升,在士大夫之间产生了所谓的"清议"。清议制度兴起之初多为裁量和品评人物,后来又逐渐扩大为议论国家政治的得失。当时社会上诸多有影响力的大儒以及大批学子,或于乡间私塾,或于馆阁亭台,纷纷发表对时政的看法,以至于形成"匹夫抗愤,处士横议,遂乃激扬名声,互相题拂,品核公卿,裁量执政,婞直之风,于斯行矣"①的局面。如果以现代舆论学对舆论的定义来衡量,东汉后期的清议之风,似乎也可以算作平民百姓行使舆论监督的一种形式。清议之风的盛行,不仅对国家官员的选举产生了很大影响,同时对预防和减少官员犯罪也起到了的积极作用。

(一)社会舆论在官僚队伍建设中的积极作用

1.社会舆论的监督作用

根据现代社会预防和控制官员犯罪的经验来看,预防和减少国家公职人员犯罪,不能单纯依靠国家的力量,社会舆论监督的力量也不容忽视。这种情况在中国传统社会中同样适用。

在汉代,举孝廉是官员选举的重要途径之一,许多后来位列三公者,都曾有被推举为孝廉的经历。孝廉的考察,本身就极为依赖社会的风评,因为被选举者到底是否符合孝廉的标准,并非由他自己说了算,而是需要通过周围人对其评价来衡量。随着察举制度的逐步完善,察举的科目又陆续增加了敦朴、有道、贤能等科目。对这些科目的考察,也无一不是出自社会舆论对被推举

---

① [刘宋]范晔:《后汉书》卷六七《党锢列传》,北京:中华书局,1965年,第2185页。

者的评价。在注重乡里评议的汉代,社会舆论的好坏遂成为政府选拔官员的一项重要依据。东汉时人冯绲"家富好施,赈赴穷急,为州里所归爱"①,后被举为孝廉。赵孝因"乡党服其义,州郡辟召,进退必以礼"②被举为孝廉,都是国家在选拔官员时重视民间舆论监督的例子。现存的汉代碑刻中也有这方面的资料。例如《桂阳太守周憬功勋铭》中有"体性敦仁,天姿笃厚,行兴闺门,名口州里,举孝廉,拜尚书侍郎,迁汝南固始相,遂拜桂阳"③的记载,周憬被举为孝廉,原因就是他"名口州里",在乡里百姓之间有良好的风评。又如《槀长蔡湛颂》中,蔡湛"少眈七典口口硕材口口州郡,名宝乡党"④,后被辟为州从事,举孝廉,被任命为广川长,也是因为他在乡里的风评不错。以"为州里所爱""名宝乡党"等作为选拔官员的重要依据,体现了汉代官员选拔对社会舆论的重视。

顾炎武在《日知录》中指出:"汉自孝武表章六经之后,师儒虽盛,而大义未明,故新莽居摄,颂德献符者遍于天下。光武有鉴于此,故尊崇节义,敦厉名实,所举用者,莫非经明行修之人,而风俗为之一变。"⑤与西汉时期相比,东汉在官员选拔上显然更依赖社会舆论的评价。乡里风评良好,已经成为取得做官资格或者官员升迁的一种政治资本。因为良好的社会声誉,很容易使被品评之人获得国家的征召,而对于在任者来说,良好的社会声誉同样可以帮助自己积累到足够的名声,从而更容易获得升迁的机会。例如上文中桂阳太守周憬和槀县县长蔡湛,就是因声誉闻于乡里被举为孝廉,从此获得了光明的仕途。

相反,社会舆论评价不高,德行为乡里所不容者,要想获得入

---

① [刘宋]范晔:《后汉书》卷三八《冯绲传》,北京:中华书局,1965年,第1281页。

② [刘宋]范晔:《后汉书》卷三九《赵孝传》,北京:中华书局,1965年,第1299页。

③ [宋]洪适:《隶释》卷四《桂阳太守周憬功勋铭》,北京:中华书局,1986年,第54页。

④ [宋]洪适:《隶释》卷五《槀长蔡湛颂》,北京:中华书局,1986年,第57页。

⑤ [明]顾炎武著,[清]黄汝成集释:《日知录集释》卷一三《两汉风俗》,上海:上海古籍出版社,2006年,第752页。

仕及升迁的资格,除了采用一些非正当的不光彩手段外,依靠正常的选举和升迁途径是很困难的。例如东汉初期京兆杜陵人杜笃,年少博学,却"不修小节,不为乡人所礼",只好移居美阳。在美阳期间,杜笃"与美阳令游,数从请托,不谐"。① 杜笃来到美阳后,曾数次请托于美阳县令,希望得到美阳县令的赏识,但都因早年乡里评议不佳遭到美阳县令的拒绝。即便这些人一时利用不光彩手段获取入仕及升迁资格,也难免会遭到社会舆论的非议。东汉末期,灵帝在西园公开卖官鬻爵,各级官职,皆明码标价,但凡出得起价格之人,即可获得为官的资格,以至于"当之官者,皆先至西园谐价,然后得去"②。甚至一些当世有名的硕儒,也需先交纳足够的钱财,才能得到朝廷的任命。崔烈本为涿郡大儒,素来负有盛名。中平二年(公元 185 年)春,灵帝在西园卖官,崔烈通过其乳母入钱五百万得以被灵帝任命为司徒。《初学记》注引司马彪《九州春秋》中就记载了这件事。其文曰:"灵帝卖官,廷尉崔烈入钱五百万以买司徒。烈子均,字孔平,亦有时名。烈问曰:'吾作公,天下人谓何如?'对曰:'大人少有高名,不谓不当为公,今登其位,海内嫌其铜臭。'"③崔烈年少时便名声在外,如果凭借早年的良好风评,也未尝不能够登上三公之位,但因为崔烈通过花钱买官这种不光彩的途径得到官职,不仅为当时士人所不齿,同时也让自己的名声扫地。

正因为乡里评议对被评议者仕途的影响巨大,"自公卿以下,莫不畏其贬议,屣履到门"④,所以东汉的士人都十分注重个人的名节,以便获得一个好的社会名声。赵翼在《廿二史札记·东汉尚名节》条中就评价道:"自战国豫让、聂政、荆轲、侯嬴之徒,以意

---

① [刘宋]范晔:《后汉书》卷八〇上《文苑列传上》,北京:中华书局,1965 年,第 2595 页。

② [刘宋]范晔:《后汉书》卷七八《宦者列传》,北京:中华书局,1965 年,第 2535—2536 页。

③ [唐]徐坚:《初学记》卷一一《职官部上》,北京:中华书局,2004 年,第 256 页。

④ [刘宋]范晔:《后汉书》卷六七《党锢列传》,北京:中华书局,1965 年,第 2186 页。

气相尚，一意孤行，能为人所不敢为，世竞慕之。其后贯高、田叔、朱家、郭解辈，徇人刻己，然诺不欺，以立名节。驯至东汉，其风益盛。盖当时荐举征辟，必采名誉，故凡可以得名者，必全力赴之，好为苟难，遂成风俗。"[1]为博取舆论的好评，社会上甚至还出现了许多假装清高和沽名钓誉者。例如《后汉书·陈蕃传》记载，汉桓帝时期，民间有个叫赵宣的人，"葬亲而不闭埏隧，因居其中，行服二十余年，乡邑称孝，州郡数礼请之"[2]。后州郡将其推荐给陈蕃，在陈蕃的细心询问下，发现此人在为父母守孝期间"寝宿冢藏，而孕育其中"，不过是道貌岸然、欺世盗名之徒。对于东汉末年出现的这股歪风邪气，范晔描述道："汉初诏举贤良、方正，州郡察孝廉、秀才，斯亦贡士之方也。中兴以后，复增敦朴、有道、贤能、直言、独行、高节、质直、清白、敦厚之属。荣路既广，众望难裁，自是窃名伪服，浸以流竞。权门贵仕，请谒繁兴。"[3]当时社会上流传着诸如"举秀才，不知书；察孝廉，父别居；高第良将怯如鸡，寒素清白浊如泥"之类歌谣，更是生动地反映了东汉中后期"窃名伪服""请谒繁兴"现象的盛行，以及由此造成的选举不实的状况。

舆论监督不同于行政、法律手段的制裁，它既不依靠暴力手段为后盾，也不像法律制裁那样严酷，它通过道德的批判，直接作用于被制裁者的内心，引起被制裁者的内省，使之在内省中时时刻刻忍受着心灵的拷问和煎熬，有时可能比单纯依靠行政、法律制裁的效果更好。因此，国家往往需要借助社会舆论监督的力量，以便达到预防和减少官员犯罪的目的。

2. 社会舆论的教化作用

刘建明先生认为："人类的思想和道德如同自身的生产技艺

---

① ［清］赵翼：《廿二史札记校证》卷五《东汉尚名节》，北京：中华书局，1984 年，第102 页。

② ［刘宋］范晔：《后汉书》卷六六《陈蕃传》，北京：中华书局，1965 年，第 2160 页。

③ ［刘宋］范晔：《后汉书》卷六一《左周黄列传》，北京：中华书局，1965 年，第2042—2043 页。

一样,需要模仿、学习,不断向先进者看齐。褒扬先进人物和先进事物的舆论,把人的精神维系于健康的追求,是社会进步的重要条件。"①这种维系人健康的心理、促进社会进步的舆论在现代舆论学中被称为"褒扬性舆论"。褒扬性舆论是以宣扬美好事物和先进人物、肯定崇高精神和社会良性行为为内容的社会舆论,国家可以利用褒扬性舆论的广泛宣传,在全社会树立起道德高尚的典型形象,以劝导更多的人向这些道德楷模学习,从而达到教民向善的目的。因为"人的高尚品格不可能在保守、封闭的社会中形成,只有在社会舆论的制约环境中才能培养和造就出来"②。社会舆论正是通过道德的评价告诉人们应该做什么样的人以及怎样做人,并以潜移默化的形式影响人们的道德修养和日常行为方式,使个人的品格得到升华,这就是社会舆论的教化功能。

美国著名心理学家亚伯拉罕·马斯洛(Abraham Harold Maslow)认为,人类的价值体系内存在两种不同的需要:除了人的本能和冲动,即生理需要外,还有比生理需要更为高级的需要。以此为基础,马斯洛提出了著名的需求层次理论。在这一理论中,马斯洛将人的需要按由低到高的顺序,划分为五个层次的需要,即生理需求(Physiological Needs)、安全需求(Safety Needs)、爱与归属的需求(Love and Belonging Needs)、尊重需求(Esteem Needs)和自我实现的需求(Self-actualization Needs)。马斯洛认为,除了极少数心理变态之人,社会上绝大多数人都渴望得到尊重,这种尊重既包括外界对自我的尊重,也包括自己对自我的尊重。社会舆论的教化功能正是国家以褒扬性舆论作为宣传手段,通过满足被宣传者个人内心渴望获得尊重的需求,使其能够继续保持高尚的道德情操,从而达到教化的目的。

如果个人因道德突出,受到社会舆论的赞扬,那么他在满足自尊需要的同时,还可以从中收获一种自信,使他更加确信唯有努力向善,努力得到社会舆论的认同和人民的广泛尊重,才能够

---

① 刘建明:《社会舆论原理》,北京:华夏出版社,2002年,第188页。
② 刘建明:《舆论学概论》,北京:中国传媒大学出版社,2009年,第235页。

真正感受到自我的意义和人生价值,他内心渴望得到社会尊重的心理才能得到长久的满足。相反,一朝道德沦丧,他渴望得到社会尊重的心理不仅不再得到满足,相反,他还可能遭到全社会的唾弃。不注重道德的修养,不注重维护个人的社会声誉可能造成的不良后果,会促使每个人在工作和生活中时刻警醒自己,不去做有损声誉的事情,这样社会舆论的教化目的也就达到了。不仅如此,国家通过褒扬性舆论的宣传,可以向人民群众传递这样一种思想,即唯有道德高尚的人才能获得国家和社会的尊重,才能真正获得个人的人格尊严,以此引导更多的人摒弃人格中的陋习,努力向善。

东汉后期,随着士大夫清议的兴起,社会舆论不仅变得越发活跃,并且在正直士大夫同外戚、宦官势力的斗争中还发挥了重要作用。社会舆论对李膺、杜乔、陈蕃等无惧生死、勇于同宦官集团作斗争的士大夫给予了高度的赞扬和极大的同情。范晔在《后汉书·陈蕃传》中就说:"桓、灵之世,若陈蕃之徒,咸能树立风声,抗论昏俗。而驱驰险陀之中,与刑人腐夫同朝争衡,终取灭亡之祸者,彼非不能洁情志,远埃雾也。愍夫世士以离俗为高,而人伦莫相恤也。以遁世为非义,故屡退而不去;以仁心为己任,虽道远而弥厉。及遭际会,协策窦武,自谓万世一遇也。懔懔乎伊、望之业矣!功虽不终,然其信义足以携持民心。汉世乱而不亡,百余年间,数公之力也。"①与此相反,对于那些贪生怕死,与宦官沆瀣一气的趋炎附势之辈,社会舆论也毫不留情地给予了批评。曾"一履司空,再作司徒,三登太尉,又为太傅"的胡广,其任职三公的时间之长,在汉代三公中都是不多见的。然而就是这样一位位高权重的人物,在该立蠡吾侯刘志,还是清河王刘蒜的问题上,迫于梁冀的淫威,不敢坚持本议,最终使梁冀的阴谋得逞。对胡广有失士大夫气节的行径,李固在临终遗书中指责他:"公等受主厚禄,颠而不扶,倾覆大事,后之良史,岂有所私? 固身已矣,于义得

---

① [刘宋]范晔:《后汉书》卷六六《陈蕃传》,北京:中华书局,1965 年,第 2171 页。

矣,夫复何言?"①甚至当时京师流行的谚语也称:"万事不理问伯始,天下中庸有胡公。"看似褒扬,实则暗含对胡广明哲保身行为的批评。更为时人所不耻的是,为了保全自己的地位,胡广竟然与中常侍丁肃结为婚姻亲家,公然同宦官集团同流合污,遂"以此讥毁于时"②。与胡广类似,汉灵帝时两度担任太尉的段颎也是因不惜出卖人格,投身于宦官集团,遭到了世人的鄙视。段颎出身名门,为西域都护段会宗之从曾孙,在担任护羌校尉期间,曾多次击退羌人的入侵,保护了西域百姓的生命财产安全。因其功勋卓著,遂与皇甫规、张奂一道被京师人称为"凉州三明"。后遭凉州刺史郭闳陷害,段颎被免官下狱,输作左校。当时吏民守阙为段颎申冤者有数千人,朝廷知其冤屈,诏问其状,段颎唯称自己罪过,而不提被冤枉之事,于是"京师称为长者"③。就是这样一位在民间享有良好声誉的官员,却因"曲意宦官,故得保其富贵"④,又因宦官举荐而登三公之位,遂为世人所不耻。段颎也终因与宦官王甫交往过密,被司隶校尉阳球劾奏下狱,最终饮鸩而死。

对道德高尚者的褒扬和对道德龌龊者的批判,社会舆论在一褒一贬之间,向人们传递了这样一种信息:何种行为是符合社会主流价值观的,是为社会所提倡的;何种行为是背离社会主流价值观的,是为社会所反对的。社会舆论正是以这样一种方式,积极引导人们的行为方式和道德修养更加符合社会主流价值观的要求,远离各种不良的价值观,从而达到教化的目的。

(二)汉代政府对社会舆论的重视

任何一种权力,不论是专制权力还是民主权力,都需要得到社会舆论的支持,才能变得更加稳固。中国古代君主专制社会,统治权力仅仅掌握在极少数统治阶级的手中,权力的掌控者相对

---

① [刘宋]范晔:《后汉书》卷六三《李固传》,北京:中华书局,1965年,第2087页。
② [刘宋]范晔:《后汉书》卷四四《胡广传》,北京:中华书局,1965年,第1510页。
③ [刘宋]范晔:《后汉书》卷六五《段颎传》,北京:中华书局,1965年,第2147页。
④ [刘宋]范晔:《后汉书》卷六五《段颎传》,北京:中华书局,1965年,第2153页。

于权力的被支配对象,数量毕竟是很微小的,如果单纯依靠暴力手段,是难以使被统治者完全臣服的,专制政权必须通过获取社会舆论的支持,才能够达到巩固政权的目的。相反,统治者不注重社会舆论的评价,不能够争取社会舆论的支持,即便拥有再强大的权力,也会在声势浩大的舆论反对声浪中垮台。贾谊在《治安策》中曾有一段对秦代禁妖言行为的评价,其文曰:"及秦而不然。其俗固非贵辞让也,所上者告讦也;固非贵礼义也,所上者刑罚也。使赵高傅胡亥而教之狱,所习者非斩劓人,则夷人之三族也。故胡亥今日即位而明日射人,忠谏者谓之诽谤,深计者谓之妖言,其视杀人若艾草菅然。岂唯胡亥之性恶哉?彼其所以道之者非其理故也。"①在贾谊看来,秦代滥设诽谤、妖言之罪,不仅阻塞了言路,使民情不能够上达天听,而且很容易使佞臣借此混淆视听,颠倒黑白,秦之速亡,这是其中一个重要的原因。相似的论点又出现在宣帝时人路温舒的奏疏中:"秦之时,羞文学,好武勇,贱仁义之士,贵治狱之吏;正言者谓之诽谤,遏过者谓之妖言。故盛服先生不用于世,忠良切言皆郁于胸,誉谀之声日满于耳;虚美熏心,实祸蔽塞。此乃秦之所以亡天下也。"②秦二世而亡的例子,就活生生地摆在汉人眼前,不由得汉人不重视。为避免重蹈秦王朝短命的覆辙,汉代政府在制定国家政策时,能够比较注意听取社会舆论的态度。为了更为有效地收集社会舆论,汉代政府还采用了诸多行之有效的方法。

诣阙上书是汉代臣民表达社会舆论的主要方式之一。东汉中期以后,外戚、宦官集团轮流把持了朝政,他们根本不允许任何不利于自己的言论传到君主的耳中,臣民的上奏常常会被他们搁置不理。再加上东汉后期的几位君主不是过于年幼,不能理政外,就是过于昏庸,只懂享乐,致使臣民奏事经常会出现"书奏不省"的状况。但是臣民诣阙集体上书的情况则不一样。根据现代舆论学的定义,游行和集会,本身就是舆论高涨的一种表现。依

---

① ［汉］班固:《汉书》卷四八《贾谊传》,北京:中华书局,1962年,第2251页。

② ［汉］班固:《汉书》卷五一《路温舒传》,北京:中华书局,1962年,第2369页。

照舆论六级增减律的划分,出现大规模的聚众行为属于舆论强度六个级别中的第五级,表明当前阶段,社会舆论已经形成,并逐步走向高涨,如果不加以适当的控制和引导,很容易引发更大规模的骚乱。因此,面对诣阙上书这种激烈的社会舆论表达方式,即便是嚣张的宦官集团也不能公然无视,这样就有效地保证了民情能够直达天听。而对于君主来说,臣民诣阙上书是社会舆论高涨的结果,即便再疏于朝政的君主,如果漠视百姓的请愿,极有可能会招致更大的社会动乱,这是任何一个君主都不愿意看到的事情。基于以上原因,东汉后期的几次臣民诣阙上书,效果往往要好于臣民单独上书言事。

东汉中后期较大规模的臣民集体诣阙上书事件共有三次,均发生在汉桓帝时期。《后汉书·史弼传》记载,河东太守史弼因得罪宦官,受到宦官诬陷被打入廷尉诏狱,因为史弼曾经在平原一地做过官,当地的官吏和百姓感念其旧德,遂"奔走诣阙讼之"。①另一次是时任中郎将的皇甫规"既无他私惠,而多所举奏,又恶绝宦官,不与交通",引起内外官员的不满,他也因此"坐系廷尉,论输左校"②。但由于皇甫规平日素有名声,各级官员及太学生共三百多人诣阙争讼,请求为其开脱罪名。第三次臣民集体诣阙上书起因是冀州刺史朱穆得罪了宦官赵忠,天子大怒,"征穆诣廷尉,输作左校"③。太学生刘陶遂发动数千人集体诣阙上书,为朱穆鸣冤。这也是东汉中后期规模最大的臣民集体诣阙上书事件。

由于臣民集体诣阙上书涉及人员众多,特别是东汉后期几次太学生诣阙上书事件,更是体现出这种集体请愿方式已经开始具有严密的组织以及明确的目标,所造成的社会影响力也比

---

① [刘宋]范晔:《后汉书》卷六四《史弼传》,北京:中华书局,1965 年,第 2111 页。

② [刘宋]范晔:《后汉书》卷六五《皇甫规传》,北京:中华书局,1965 年,第 2135 页。

③ [刘宋]范晔:《后汉书》卷四三《朱穆传》,北京:中华书局,1965 年,第 1470 页。

单独的个人情愿要大得多。因此,在这几次臣民集体诣阙事件中,君主无一例外地对臣民上书所反映的情况迅速作出了批复和指示,并没有出现个别臣民上书言事经常出现的"书奏不省"的情况。

但是,不论臣民单独上书言事,还是集体诣阙上书,对于政府来说,都是被动地接受社会舆论。为了更加主动地收集社会舆论,及时、准确地掌握社会舆论的动向,汉代君主会经常性地派遣专人巡行地方。这些使者的主要任务就是帮助君主搜集各地百姓的言论,以供君主知晓。据刘太祥先生统计,"仅据《汉书》和《后汉书》本纪所载,西汉遣出巡行使 45 次,东汉一代达 44 次"①。可见,遣使巡行地方在汉代已经逐渐形成了一种制度,成为君主了解社会舆论的重要途径之一。

汉代遣使巡行制度最早出现于汉武帝时期。据《汉书·武帝纪》记载,元狩六年(公元前 117 年),汉武帝颁布诏令:"今遣博士大夫等六人分循天下,存问鳏寡废疾,无以自振业者贷与之,谕三老孝弟以为民师,举独行之君子征诣行在所,朕嘉贤者乐知其人,广宣厥道,士有特招,使者之任也,详问隐处亡位及冤失职,奸猾为害、野荒治苛者举奏,郡国有所以为便者,上丞相御史以闻。"②巡行使的任务除考察各地官员的政绩,察狱讼冤正,推行教化外,最重要的目的之一就是替君主收集民间的社会舆论,作为君主制定国家政策以及选拔和考核官员的重要依据。

君主在选择巡行使者人选时是相当慎重的。西汉时期经常担任巡行使者的有谒者、诸大夫、博士等。他们虽秩卑,但大多与皇帝关系亲密,深得皇帝信任。东汉时期同样多选择在社会上享有盛名,且有一定社会地位的官员来担任巡行使者。如《后汉书·张皓附张纲传》记载,汉安元年(公元 142 年),汉顺帝"选遣

---

① 刘太祥:《汉代巡行使的职能和作用》,《史学月刊》,1997 年第 1 期。
② [汉]班固:《汉书》卷六《武帝纪》,北京:中华书局,1962 年,第 180 页。

八使徇行风俗,皆耆儒知名,多历显位"①。巡行使者全部由皇帝钦点,表明汉代君主对于巡行制度是极为重视的。

为了更有效地发挥巡行所能起到的作用,汉代君主在派遣使者巡行之前,有时会授予他们临机专断的权力。如《后汉书·周举传》:"时诏遣八使巡行风俗,皆选素有威名者,乃拜(周)举为侍中,与侍中杜乔、守光禄大夫周栩、前青州刺史冯羡、尚书栾巴、侍御史张纲、兖州刺史郭遵、太尉长史刘班并守守光禄大夫,分行天下。其刺史、二千石有臧罪显明者,驿马上之,墨绶以下,便辄收举。其有清忠惠利,为百姓所安,宜表异者,皆以状上。"②"其刺史、二千石有臧罪显明者,驿马上之,墨绶以下,便辄收举"表明巡行使者有临机罢免官员的权力。

遣使巡行制度,在为朝廷收集民间舆论方面,确实起到了很大的作用。但是,遣使巡行制度本身却又存在着诸多问题。首先,人都有趋利避害之心,再开明的君主也都喜欢听赞美之辞,不喜欢听批评之语。许多官员为博得君主欢心,本着报喜不报忧的原则,总是将歌功颂德之辞上报给君主,对于百姓的抱怨和哭诉却不闻不问,这样,朝廷派遣使者巡行地方的实际效果就会大打折扣。其次,被派遣的巡行使者有时会利用君主赋予的权力在地方上肆意作威作福,不仅没有起到巡行使者应该起到的作用,反而给地方社会造成了更大的危害。最后,巡行使者在执行任务的过程中,又常受到各种各样的干扰和阻碍,致使君主交代的任务不能顺利完成。特别是东汉中后期,在外戚、宦官集团当政的情况下,他们经常对巡行使者考核官吏、选拔人才的事务大加干涉。巡行使者为求自保,也只能听命于他们,致使东汉中后期的官员选举越发黑暗,这是汉代政府设置巡行制度之初未曾想到过的。但是,汉代政府设立巡行制度,主动收集地方的社会舆论,并以此作为国家制定各项政策的重要依据,毕竟还是体现了汉代政府对

---

① [刘宋]范晔:《后汉书》卷五六《张皓附张纲传》,北京:中华书局,1965 年,第 1817 页。

② [刘宋]范晔:《后汉书》卷六一《周举传》,北京:中华书局,1965 年,第 2029 页。

于社会舆论的重视。以社会舆论作为官员入仕和升迁的参考标准,在预防和减少官员犯罪方面,确实也收到了一定的效果。这一点,还是值得肯定的。在官员选举和升迁时,不应只看重个人所取得的成绩,更应看重社会舆论对他的评价,汉代政府在官员选举时所坚持的这一原则,同样是当今政府应该学习和借鉴的。

第六章 汉代三公犯罪的基本状况与特征

一、汉代三公犯罪的基本情况与特征概述

(一)汉代三公犯罪的基本情况

西汉一朝共任命三公 145 位,其中因职位变动而卸任三公者 37 人,因疾病或年老被策免者共 9 人,薨于任上者 37 人,因各种罪名被策免者 48 人,策免原因不明者 14 人。这些人中,因职位变动、疾病、年老等正常原因被策免以及薨于任上者共 83 人,占西汉三公总人数的 57.24%,因触犯法律被策免者共 48 人,占西汉三公总人数的 33.10%。非正常离职者几乎占了三公总人数的三分之一,表明西汉时期的三公犯罪率是比较高的。

西汉时期三公的平均犯罪率偏高,但并不表明整个西汉时期的三公犯罪率始终都维持在一个比较高的水平。我们以西汉丞相犯罪率的变化为例。西汉一代共任命了 45 位丞相,除去平晏离职原因不明外,其余 44 位丞相中,正常离职的有 24 位,占西汉丞相总数的 53.33%。因犯罪被免官的丞相有 20 位,占西汉丞相总数的 44.44%,这一数字略高于西汉三公的平均犯罪率。若按时间顺序观察,可以发现,西汉有两个时期是丞相非正常离职的高峰期,分别是汉武帝时期和成、哀、平帝统治时期。汉武帝时期,共任命丞相 13 人,其中非正常离职的就有 9 位,占武帝一朝丞相总人数的三分之二,即每三个丞相中就有两人因犯罪被免除官职,这一数字几乎是西汉三公平均犯罪率的两倍。成、哀、平帝统治时期是西汉丞相非正常离职的又一个高峰。三位君主统治时期,共任命丞相 11 人,其中非正常离职的有 6 位,占三朝丞相

总人数的 54.54％,这一数字也大大超过西汉三公犯罪率的平均值,但与汉武帝时期相比还是略微偏低。

东汉一代共任命三公 228 人,其中薨于任上者 34 人,占总人数的 14.91％,以病免者 16 人,占总人数的 7.02％,因职位变动而卸任三公者 41 人,占总人数的 17.98％。因犯罪被策免者共110 人,占总人数的 48.25％,这一数字与西汉时期相比有明显上升,这意味着东汉几乎每两位三公中就有一位因犯罪被免除官职。假如再加上史料记载可能遗漏者,因犯罪被免官者在三公总人数中的比重也许还要上升。

但与西汉时期一样,东汉的三公犯罪率也并非始终维持在同一个水平上。东汉三公的犯罪率,光武帝时期为 39.13％,明帝为33.33％,章帝为 9.09％,和帝时为 16.67％,殇帝时期没有,安帝时 36％,顺帝时 45.83％,质帝、冲帝时 16.67％,桓帝时 50％,灵帝时 41.43％,献帝时 42.86％,除殇帝、质帝、冲帝三位君主在位时间较短,三公的犯罪率可以忽略不计外,东汉其余 9 位君主中,三公犯罪率最高者为桓帝时期,竟达到 50％。接下来依次为顺帝、献帝、灵帝、光武帝、安帝和明帝时期,三公犯罪率也都在 30％以上。三公犯罪率最低者出现在和帝和章帝统治时期,其数值皆不到 20％。由此看来,三公犯罪率最高的 4 个时间段,都位于东汉中期以后,相反,三公犯罪率最低的 4 个时间段,仅有 1 个位于东汉中期以后,其余 3 个都位于东汉中期以前。这表明,整个东汉时期,三公犯罪的严重程度并非始终处于一个较平稳的状态,大致上,东汉中期以前,法网稍显宽松,三公的犯罪率基本上能够维持在一个较低的水平。但至东汉中期以后,由于国家政治陷入黑暗,国家法律制度被严重破坏,三公的犯罪率不仅比东汉前期有较大幅度提升,甚至与西汉三公犯罪率最高时期相比,也要高出许多。

正如《剑桥中国秦汉史》一书中所说:“古代中国法律从来没有承认过个人权利神圣不可侵犯;相反,专制权力司法的垄断性和随意性倒是随处可见。结果,皇帝自然成了最高法官;他本人利用自己的权力到什么程度,取决于他的性格。实际上他不仅是法官和司法的源泉,也是最高的制法者,他的意志或主观专断可以践踏任何现存的法规或实行赦免。"①在以人治为特征的君主专制社会,君主的意志总是凌驾于法律之上的,他的态度在很多情况下甚至可以直接决定一个人的生死。西汉与东汉王朝建立初期,政治都比较清明,君主不仅非常重视国家法律制度的建设,并且在多数情况下,他们也基本上能够遵照法律制度的规定办事,因此这一时期的三公犯罪率基本维持在一个比较低的水平。但是到了王朝中后期,即位的君主不仅不注重国家法制制度的建设,反而带头破坏现有的法律规范,法外定罪、法外用刑的情况开始变得常见。再加上朝堂之上党派斗争日趋激烈,政敌之间随意罗织罪名,大肆攻讦对方,致使冤假错案频频发生,三公的犯罪率自然也就随之迅速上升了。

从政治学角度上看,权力又是一种强制支配他人行动和意志的行为,为防止他人可能采取的反抗,必须要有强制力作为后盾。"暴力必然是一切专制政体保存自己的原则。"②在专制主义社会,暴力是巩固君主专制权力的重要保障,因为它能够消除权力在行使过程中可能受到的任何阻碍。西汉初期那种法网宽疏的局面,只能是特定历史条件下的产物,法律是专制政府镇压叛乱者、维护君主专制的暴力工具,随着专制程度的逐步提高,国家法律也必然会变得更加严密,禁网疏阔的局面终将会被终结。在严酷的法律面前,人们举动若稍有不慎,就难免会经历一场牢狱之灾。这是汉代三公犯罪率随时间推移逐步升高的另一重要原因。

(二)汉代三公犯罪的基本特征

第一,因言论不当而获罪的三公在两汉犯罪三公中的比例较

---

① [英]崔瑞德、鲁惟一:《剑桥中国秦汉史》,北京:中国社会科学出版社,1992年,第503页。

② [美]卡尔·科恩著,聂崇信、朱秀贤译:《论民主》,北京:商务出版社,1988年,第186页。

高。首先,汉代法律对言论不当行为的处罚是相当严厉的,这是被判言论不当罪人数较多的直接原因。尽管汉文帝鉴于秦代因对臣民思想言论控制过于严苛招致亡国的教训,下诏废除诽谤妖言之罪。但随着君主专制制度的逐步发展和完善,出于巩固君主专制的目的,到汉武帝时期,不仅诽谤罪重新被纳入国家法典,并且在此基础上,还出现了诽谤罪的"升级版本"——腹诽罪。此后,诽谤妖言之罪,虽多次被从国家律令中删除,但旋即又重新被纳入法典。终两汉之世,君主对臣民思想言论的控制始终都未曾放松。

其次,自西汉元、成以后,儒生成为国家官吏的主要来源,儒生自身的特点也决定了他们很容易因言论不当而获罪。儒生以学习儒家经义为业,他们在解释儒家经典方面可谓是得心应手,但在出仕为官从政方面,则显得先天不足。在出仕之前,他们一门心思投身于学业,不太精通人情世故。出仕为官后,又"坚守高志,不肯下学",对官场规则又缺乏足够的了解,上疏指陈政治得失又不够灵活变通,往往因无意间触犯君主的忌讳,招致君主的严厉惩罚。遇到宽容的君主,他们尚能保全性命,如果是苛刻的君主,他们的处境就非常不妙了。王充在《论衡·程材篇》中称:"时或精暗不及,意疏不密,临事不识;对向谬误,拜起不便,进退失度;奏记言事,蒙士解过,援引古义;割切将欲,直言一指,触讳犯忌;封蒙约缚,简绳检署,事不如法;文辞卓诡,辟刺离实,曲不应义。"①就十分形象地描绘出儒生为官的困境和尴尬。不懂得为官之道,始终游离于官场规则之外,这是汉代三公常因言论不当而获罪的又一原因。

最后,专制主义制度的特性决定了在君臣关系中,臣子总是处于一种非常矛盾的境地。正如荀悦所说:"大臣之患常立于二罪之间。在职而不尽忠直之道,罪也;尽忠直之道,则必矫上拂

---

① ［汉］王充著,黄晖校释:《论衡校释》卷一二《程材篇》,北京:中华书局,1990 年,第 537 页。

下，罪也。"①作为臣子来说，他们应该努力为君主治理国家献计献策，还要对君主的不合理行为进行规劝，这是他们的职责所在。如果做不到这一点，就是臣子的罪过。但另一方面，如果臣子直言极谏，又很可能触怒君主，同样也不会有好下场。在君主专制社会，君主的尊严是至高无上的，不容许任何人加以挑衅。因此，臣子对皇帝的进谏，既要想方设法达到规劝的目的，同时又要照顾到君主的面子，能够同时兼顾以上两点是非常困难的。而从君主方面来说，由于没有任何力量能够对君主权力加以实质性的约束，君主常常凭借自己的喜好做事，他认为对的就是对的，他认为错的就是错的，既无须出示什么证据，也无须征得其他官员的同意。这是汉代三公因言论不当而获罪的人数众多的又一原因。

第二，犯罪三公中因受他人牵连而获罪的人数较多，这又可以大致划分为两种情况：三公因其宗族子弟犯罪而受到牵连，以及三公因所举荐之人犯罪而受到牵连。

首先来看第一种情况。中国古代法律的一个最明显的特征就是族刑的发达。这不仅表现在族刑作为一种刑罚，具有悠久的历史，与中国古代社会的发展相始终，并且其适用范围也相当广泛。这意味着在国家法律中，个人并非以独立的自然人的身份存在，而是与其家族成员一体共存的。家族中只要有一人犯罪，家族其他成员均要受到不同程度的牵连。特别是诸如谋反、谋逆等重罪，更是如此。在君为臣纲的中国阶级社会，谋反、谋逆被视为情节最为严重、影响最为恶劣的犯罪行为，这类犯罪历来都是族刑"重点关照"的对象。根据汉代法律的规定，犯有谋反罪者要处以刑罚中最为严酷的"夷三族"刑，其父母、妻子、同产无少长皆弃市。例如昭帝元凤元年（公元前 30 年）九月，御史大夫桑弘羊联合燕王刘旦、鄂邑盖长公主、左将军上官桀等人，妄图铲除辅政的霍光发动政变，后因事情泄露，谋反未能成功，于是霍光"尽诛桀、安、弘羊、外人宗族。燕王、盖主皆自杀"②。除燕王刘旦和盖长公

---

① ［汉］荀悦：《申鉴》，北京：中华书局，1954 年，第 20—21 页。
② ［汉］班固：《汉书》卷六八《霍光传》，北京：中华书局，1962 年，第 2936 页。

主身为皇室成员，没有株连宗族外，其余参与谋反的一干人等与其宗族成员尽数被诛杀。祝诅罪是被汉代法律认定为犯罪情节特别严重、社会影响特别恶劣的又一种犯罪行为。凡是参与祝诅者，不仅本人要被施以最严厉的刑罚，其家族成员往往也会受到牵连。如汉武帝时曾任丞相的刘屈氂就因祝诅罪被腰斩于市，其妻子受牵连被枭首华阳街。武帝时期另一位丞相公孙贺因其子敬声于驰道中埋偶人，欲诅咒君主，而受到牵连，结果父子同死于狱中。两汉时期，其他因宗族子弟犯罪而受到牵连被免除官职的三公还有和帝时任司徒的鲁恭，"坐族弟弘农都尉炳事免官"①，安帝时任司空的袁敞"坐子与尚书郎张俊交通，漏泄省中语，策免"②等。

其次来看三公因举荐之人犯罪而受牵连的情况。汉代的选官方式非常丰富，这其中又尤以察举、辟除制度最为重要。察举的科目繁多，三公作为中央政府的高级官员，负有定期或不定期向朝廷举荐人才的责任，如《后汉书·桓帝纪》记载，建和元年（公元147年）夏四月，"诏大将军、公、卿、校尉举贤良方正能直言极谏者各一人"，又"诏大将军、公卿、郡国举至孝笃行之士各一人"。③《后汉书·献帝纪》又记载，建安五年（公元200年）九月，"诏三公举至孝二人，九卿、校尉、郡国守相各一人"④。辟除，在汉代又被称作辟召或辟署，是指中央和地方各级部门的主官自行聘任属员的一种制度，上至中央三公九卿，下至地方郡守、县令长，皆有自辟属吏的权力。但是三公自行辟除府衙属员的权力，西汉与东汉略有不同。西汉三公改制之前的大部分时间里，中央基本上实行单一丞相制，丞相拥有的辟除权力非常大，以至于经常干扰到君主除吏的权力。如《汉书·田蚡传》就记载，田蚡作为丞相："荐人或起家至二千石，权移主上。上乃曰：'君除吏尽未？吾

① ［刘宋］范晔：《后汉书》卷二五《鲁恭传》，北京：中华书局，1965年，第879页。
② ［刘宋］范晔：《后汉书》卷四五《袁敞传》，北京：中华书局，1965年，第1524页。
③ ［刘宋］范晔：《后汉书》卷七《桓帝纪》，北京：中华书局，1965年，第289页。
④ ［刘宋］范晔：《后汉书》卷九《献帝纪》，北京：中华书局，1965年，第381页。

亦欲除吏。'"①武帝朝另一位丞相公孙弘更是在担任丞相期间大肆兴建客馆，招揽四方豪杰之士："时上方兴功业，屡举贤良，（公孙）弘自见为举首，起徒步，数年至宰相封侯，于是起客馆，开东阁以延贤人，与参谋议。"②东汉以后，随着三公制度的改革，丞相一人独大的局面被地位和权力基本平等的三公所代替，丞相的辟除权也被平均分成三份，三公皆拥有了自行辟除属员的权力。

《史记·范雎蔡泽列传》记载："秦之法，任人而所任不善者，各以其罪罪之。"③根据秦代法律的规定，所举荐之人不能胜任其职位，举荐者要按照反坐罪接受处罚。汉代法律继承了秦代法律的相关规定，被举荐者犯了大罪，举荐者同样要受到牵连。由于三公是汉代选举制度中主要的举荐者之一，每年通过三公举荐成为国家官员的人数非常多。但是在众多的被举荐者中，难免会有人犯罪，所以汉代三公因举荐人才不当，受牵连被免官者的人数是比较多的，例如成帝时任御史大夫的张谭，坐选举不实免。又如光武帝时任司徒的戴涉"坐所举人盗金，下狱死"④。灵帝时任司徒的杨赐，也因辟党人为官被免去司徒之职。

为保证官员选举制度的正常进行，汉代法律又规定荐举者如果不按规定选拔人才，以及所举荐之人不符荐举的标准，举荐者同样要受到惩罚。如《后汉书·顺帝纪》记载，顺帝即位之初："司空刘授免。"注引《东观记》曰："以阿附恶逆，辟召非其人，策罢。"⑤又如《汉书·陈蕃传》记载，桓帝延熹九年（公元166年），李膺等人因触犯宦官集团利益，被诬陷为结党抓捕入狱。时为太尉的陈蕃上书桓帝，为李膺等人求情，却不想"帝讳其言切，托以蕃辟召非其人，遂策免之"⑥。再如献帝建安十五年（公元210年），时为

① ［汉］班固：《汉书》卷五二《田蚡传》，北京：中华书局，1962年，第2380页。
② ［汉］班固：《汉书》卷五八《公孙弘传》，北京：中华书局，1962年，第2621页。
③ ［汉］司马迁：《史记》卷七九《范雎蔡泽列传》，北京：中华书局，1959年，第2417页。
④ ［刘宋］范晔：《后汉书》卷二三《窦融传》，北京：中华书局，1965年，第807页。
⑤ ［刘宋］范晔：《后汉书》卷六《顺帝纪》，北京：中华书局，1965年，第251页。
⑥ ［刘宋］范晔：《后汉书》卷六六《陈蕃传》，北京：中华书局，1965年，第2167页。

司徒的赵温辟曹丕为属吏,却被曹操以"温辟臣子弟,选举故不以实"①为由免除司徒之职。在人才选拔时,接受被选举人贿赂,为其大开方便之门者,按照汉代法律规定,举荐者也要受到严厉的惩罚。如顺帝时任太尉的施延,便"以选举贪污策罢"②。

再次,以灾异策免三公,西汉时期较少出现,东汉中期以后成为策免三公的主要理由。

关于以灾异策免三公的具体情况,作者将在下文作详细阐述,这里只概述一下。以灾异策免三公最早出现在汉元帝时期,《汉书·于定国传》记载,汉元帝永光元年(公元前 43 年),出现"春霜夏寒,日青亡光"的怪异景象,汉元帝认为是由丞相等人失职造成的,遂下诏书责备丞相等人。于定国因被元帝责问,感到惶恐不安,于是"上书自劾,归侯印,乞骸骨"。最终元帝同意了于定国的请求,"赐安车驷马、黄金六十斤,罢就第"。③ 于定国也成为汉代第一位因灾异被策免的丞相。继于定国之后,又有薛宣和翟方进两人相继因灾异被免除丞相之职。但总的来说,因灾异被策免的三公仅占西汉三公总人数的 6.67%,并未成为三公被策免的主要原因。

然自东汉中期以后,随着阴阳灾异思想的盛行,"以灾异策免三公"的现象变得越来越常见,遂成为三公被策免的主要原因之一。东汉以灾异策免三公始于安帝时期担任太尉的徐防。《后汉书·徐防传》注引《东观记》曰:安帝永初元年(公元 107 年),"郡国被水灾,比州湮没,死者以千数。灾异数降。西羌反畔,杀略人吏。京师淫雨,蝗贼伤稼稽"④。徐防因灾异屡见,上书自陈过失,遂被安帝免除太尉之职。范晔在《后汉书》中称:"凡三公以灾异策免,始自防也。"⑤自徐防之后,又相继有 54 位三公因灾异频发

---

① ［晋］陈寿:《三国志》卷二《文帝纪》,北京:中华书局,1959 年,第 57 页。
② ［刘宋］范晔:《后汉书》卷六《顺帝纪》,北京:中华书局,1965 年,第 265 页。
③ ［汉］班固:《汉书》卷七一《于定国传》,北京:中华书局,1962 年,第 3045 页。
④ ［刘宋］范晔:《后汉书》卷四四《徐防传》,北京:中华书局,1965 年,第 1502 页。
⑤ ［刘宋］范晔:《后汉书》卷四四《徐防传》,北京:中华书局,1965 年,第 1502 页。

为由被君主策免。因灾异被策免的三公人数已经占到东汉三公总人数的 24.12％，几乎每四个人中就有一人因灾异发生为由被策免。这一数字与西汉时期相比有了大幅度提高。相反，因其他罪名被策免的三公人数与西汉时期相比略有下降。东汉时期，因选举不实被策免的三公有 8 人，占东汉三公总人数的 3.5％；因阿附权贵被策免者有 7 人，占三公总人数的 3％；坐考核不实者有 3 位，占三公总人数的 1.3％，这些数字皆比西汉时期低。以灾异策免三公遂一跃成为东汉犯罪三公被簪免原因中的第一位。

最后，三公之间各自的犯罪率也不尽相同。大致上说，三公改制之前，丞相的犯罪率远远高于太尉和御史大夫。三公改制以后，太尉的犯罪率超过了丞相和御史大夫，开始居三者之首。

汉成帝三公改制之前，虽然汉代人常以"三公"指代当时的宰相，但太尉与御史大夫的权力和地位却与丞相之间存在着一定的差距，丞相在"三公"中地位最尊，权力最大，因此西汉在大部分时间里实际上实行的是单一丞相制度。《汉书·百官公卿表上》记载："相国、丞相，皆秦官，金印紫绶，掌丞天子助理万机。"[①]丞相一职，在汉武帝之前，基本上由汉初军功集团成员及其后代把持，丞相不仅地位尊崇，而且手握实权，令君主感到十分忌惮。汉武帝即位后逐渐建立起一套中朝官制度，以分割丞相的权力。但作为外朝官员领袖的丞相，仍需随时准备着为君主出谋划策。《汉书·公孙弘传》："时上方兴功业，屡举贤良。弘自见为举首，起徒步，数年至宰相封侯，于是起客馆，开东阁以延贤人，与参谋议。"[②]公孙弘自被任命为丞相之后，自开东阁招揽四方贤才作为其处理政务的参谋，丞相府俨然变成了一个受丞相领导的小朝廷。在三公改制之前，丞相作为百官之首，拥有最为尊崇的地位。丞相面见君主，君主须"御坐为起，在舆为下"。颜师古注引《汉旧仪》曰："皇帝见丞相起，谒者赞称曰'皇帝为丞相起'。起立乃坐。皇帝

---

① ［汉］班固：《汉书》卷一九上《百官公卿表上》，北京：中华书局，1962 年，第 724 页。

② ［汉］班固：《汉书》卷五八《公孙弘传》，北京：中华书局，1962 年，第 2621 页。

在道,丞相迎谒,谒者赞称曰'皇帝为丞相下舆'。立乃升车。"①即便贵为君主,也必须对丞相以礼相待。

三公改制之前,太尉虽与丞相同为金印紫绶,但太尉之职在汉初很长一段时间内是空缺不设的,其地位自然无法与丞相相比。汉武帝时期,又以大司马代替太尉,大司马逐渐成为中朝官员的领袖,其职责也由主管军事转变为君主处理日常政务的助手。但大司马既无印绶,又无属官,其地位仍然在丞相之下。

再来看御史大夫的情况。《汉书·百官公卿表上》:"御史大夫,秦官,位上卿,银印青绶,掌副丞相。"②明确记载御史大夫为丞相的副手,地位在丞相之下。另外从丞相与御史大夫的秩禄对比上,也能很明白地看出两者地位的高低:丞相,金印紫绶,秩禄万石;御史大夫,银印青绶,秩禄中二千石,御史大夫的地位显然是低于丞相的。依照西汉惯例,自公孙弘以布衣之身荣登相位,并被汉武帝加封为列侯开始,拜丞相之日同时加封为列侯。但是,同为三公的御史大夫,却并没有要求必须由列侯担任,拜御史大夫之日,也并没有加封列侯的程序,这也从一个侧面反映出御史大夫的地位是低于丞相的。

三公改制之前,丞相地位在太尉和御史大夫之上,作为皇帝处理国家事务的重要助手,丞相需负担的任务非常重,稍有不慎,则不免获罪下狱,因此,在西汉大部分时间里,丞相的犯罪率要远远高于太尉与御史大夫。作者的统计也恰恰证实了这一点。根据附表的统计可以看到,西汉一代共任命46位丞相,除1人离职原因不明外,其余45名丞相中,正常离职(包括任职者转任他职或者任职者自然死亡)者共有24人,占西汉丞相总人数的52.17%。而非正常离职(指因各种犯罪被免除官职或是被下狱处死)的丞相有21位,占西汉丞相总人数的45.65%。另一方面,西汉共任命72位御史大夫,除8人离职原因不明外,剩余64位

---

① [汉]班固:《汉书》卷八四《翟方进传》,北京:中华书局,1962年,第3414页。
② [汉]班固:《汉书》卷一九上《百官公卿表上》,北京:中华书局,1962年,第725页。

御史大夫,职位变动卸任者有 26 人,因疾病或年老被策免者共 6 人,薨于任上者有 9 人。因为职位变动,疾病、年老致仕等正常原因离职者总计 41 人,占西汉御史大夫总人数的 56.94％。因犯罪被策免者共 23 人,占总人数的 31.94％,这一比例要远低于非正常离职丞相占丞相总人数的比例。再来看西汉太尉的情况。西汉共任命 28 位太尉,除 1 人离职原因不明外,剩余 27 位太尉中,职位变动卸任者有 5 人,薨于任上者有 11 人。因职位变动、疾病、自然死亡等正常原因去职者共计 17 人,占西汉太尉总人数的 60.71％。而因各种犯罪被策免者共 10 人,占西汉太尉总人数的 35.71％,这一比例同样低于犯罪丞相在丞相总人数中的比例。

　　三公改制之后,情况开始发生变化。原先既无印绶,又无属官的大司马,被赐予金印紫绶,开始有权自置官属。御史大夫的银印青绶也改为金印紫绶。原先大司马、御史大夫的俸禄低于丞相,改制后,也已“增俸如丞相”。经过改制,三公的地位变得平等,职责的划分也更加明确,大司马(东汉以后改称太尉)主要掌四方兵事功课;司徒主要掌管民事;司空则主管水土之事。三者相互配合,共同承担辅佐君主治理国家的任务。因此,当时人也逐渐开始用“鼎足承君”①之类的称法来形容三公彼此协作、共同辅佐君主的状况。东汉以后,虽然名义上三公的地位是平等的,但这一时期的太尉府机构之庞大,所辟属员之多,却远超其他两府,俨然成为西汉丞相府的翻版。因此在实际的权力运作中,太尉的权力和地位又要稍高于其余二公。三公权力与地位的变化,又引起了三公犯罪率的变化。西汉时期,丞相的犯罪率远高于其他二公的犯罪率,而到了东汉时期,则变成太尉的犯罪率成为三公之中的最高者。据作者统计,东汉一朝,共任命 78 位太尉,其中因疾病、年老致仕及薨于任上等正常原因离职者共计 16 人,仅占东汉太尉总人数的 20.51％,因各种犯罪被策免者的比例则高

---

①　如《汉书·彭宣传》中就有“三公鼎足承君,一足不任,则覆乱美实”的说法。《汉书·马宫传》亦称:“三公之任,鼎足承君,不有鲜明固守,无以居位。”说明当时之人常以“鼎足承君”来形容三公在国家政治活动中所处的地位。

达 67.95％。而与此相对，东汉时期共任命司徒 70 人，司空 80 人，其中因职位变动，疾病、年老致仕及薨于任上等正常原因去职者分别为 29 人和 35 人，占东汉司徒、司空总人数的 41.43％和 43.75％，因各种犯罪被策免者则分别为 24 人和 33 人，占东汉司徒、司空总人数的比例为 34.29％和 41.25％，这两个数字显然要低于东汉时期太尉的犯罪率。

以上是两汉时期三公犯罪基本状况和时代特征的简要总结，下文将会把两汉四百年时间划分为五个时间段，并对每一个时间段内三公犯罪的具体情况及特征作更进一步的分析和论述。

二、西汉初期的三公犯罪

（一）西汉初期三公的来源及其对三公犯罪的影响

在讨论这一问题之前，作者以李开元先生的《高帝—武帝期间三公九卿出身、人数及比率统计表》为参照，重新绘制了《高帝—武帝时期三公出身类型及比例统计表》（表 6-1），借助表格，希望可以更为直观地反映出自汉朝建立到武帝即位这一百二十余年间三公的来源及变化情况。

表 6-1　《高帝—武帝时期三公出身类型及比例统计表》①

		军层	军吏	法吏	儒吏	宗亲	不明	合计
高帝	人数	5	0	0	0	0	0	5
	比例	100％	0	0	0	0	0	100％

---

① 三公出身类别中的军层与军吏，两者都是依靠战功逐步升迁，并最终登上三公之位。但军层专指汉初军功受益阶层。具体来说，这一阶层主要包括两类人：一类是"创建西汉王朝的刘邦政治军事集团的成员及其子孙后代"。另一类是"通过高帝五年诏等优待军吏卒的法令而获得利益者"。军吏则是指除去以上这两类人后，其余凭借军功获得升迁的人。三公中如果有人出身属于两种或两种以上情况，为了更为精确地反映三公的来源，笔者在统计时一律将其分开统计，即将每一种情况分别计算为一次。

续表

		军层	军吏	法吏	儒吏	宗亲	不明	合计
惠帝	人数	4	0	0	0	0	0	4
	比例	100%	0	0	0	0	0	100%
吕后	人数	5	0	0	0	0	0	5
	比例	100%	0	0%	0	0	0	100%
文帝	人数	4	0	0	0	0	1	5
	比例	80%	0	0	0	0	20%	100%
景帝	人数	2	2	1	0	0	1	6
	比例	33.33%	33.33%	16.67%	0	0	16.67%	100%
武帝	人数	5	8	4	4	7	7	35
	比例	14.29%	22.86%	11.43%	11.43%	20%	20%	100%

资料来源:《史记》《汉书》。

通过表格的统计可以看到,高帝、惠帝、吕后和文帝四朝三公的来源较为单一,几乎均出自汉初军功受益集团。自景帝即位后,随着汉初军功受益集团成员相继过世,军功受益集团逐渐丧失了中央政治的控制权。景帝时期,汉初军功阶层出身者的比例逐渐下降至三公总数的 33.33%。至武帝时期,这一数字又进一步下降到 14.29%,汉初军功集团在中央的影响力越发有限。汉初军功集团成员消失形成的权力真空,被凭借战功成长起来的新一代军功集团成员、宗室子弟以及儒吏和文法吏所取代。可以说,自汉高祖建立汉朝开始,直到汉武帝即位之前近七十年的时间,汉初军功受益集团成员始终是三公的主要来源,他们凭借着显赫的身份,牢牢把控着中央的权力,形成了"旧臣继踵居位"的权力格局。这种独特的三公人员组成结构,对汉初君主如何看待和处理三公犯罪问题产生了很大的影响。

正如李开元所说:"刘邦即皇帝位,出于各个诸侯王的推举,他之所以即皇帝位之理由,在于其功最高、德最厚。分析起来,功最高,德最厚,皆是由"最"所限定的相对性概念,乃是相对于较低的功,较薄的德而言的。"①刘邦之所以能够最终即位称帝,并非因为他在起义军中拥有绝对强大的实力,而是凭借其高超的政治手段,与同样拥有实力的各方势力经过协商,相互妥协的结果。因此,刘邦与诸侯王、功臣之间的关系是非常微妙的,一旦处理不好,就可能会招致诸侯王、功臣的不满,这将会严重动摇汉王朝的统治基础。汉朝建立之初,人心仍然浮动不安。功臣之中,对刘邦心存疑虑者大有人在。《史记·留侯世家》记载:"上在洛阳南宫,后复道望见诸将往往相与坐沙中语。上曰:'此何语?'留侯曰:'陛下不知乎?此谋反耳。'上曰:'天下属安定,何故反乎?'留侯曰:'陛下起布衣,以此属取天下,今陛下为天子,而所封皆萧、曹故人所亲爱,而所诛者皆生平所仇怨。今军吏计功,以天下不足遍封,此属畏陛下不能尽封,恐又见疑平生过失及诛,故即相聚谋反耳。'"②经过张良的剖析,刘邦明白了功臣们惶惶不安的原因,并借助分封爵位的方式,逐渐安抚了他们的不安情绪,初步巩固了自己的统治基础。然而随着韩信、彭越、黥布等功臣相继被刘邦以各种理由诛杀,刚安定下来的军功集团成员重新感到了危机,这时如果再以严刑苛法约束他们,势必会引起他们的猜忌和不满,甚至是武力的反抗,这是刘邦所不愿看到的,因此,作为对他们的安抚,刘邦对军功受益集团中的代表萧、曹、绛、灌之属极尽优待,对于他们的无礼行为也多有容忍,甚至是纵容。正因如此,高祖时期,尽管三公虽偶犯小错被刘邦惩罚,但大致上还能够与皇权保持相安无事的状态。

刘邦在位之时,他可以利用自己与功臣们的亲密关系,以及高超的政治手腕,从容地驾驭这些亡命无赖之徒。然而他始终担心一旦自己不在,后继之君能力不足以驾驭桀骜不驯的功臣列侯们。出于巩固刘氏江山的考虑,刘邦在十二年(公元前 195 年)三月,同功臣列侯以及各诸侯王订立了"白马之盟",试图采用古老

---

① 李开元:《汉帝国的建立与刘邦集团》,北京:三联书店,2002 年,第 140 页。

② [汉]司马迁:《史记》卷五五《留侯世家》,北京:中华书局,1959 年,第 2042—2043 页。

的盟誓的方式,将功臣列侯牢牢绑定在刘氏政权的马车之上。

事实的发展印证了刘邦的忧虑并非杞人忧天。《汉书·外戚传》记载,刘邦太子刘盈"为人仁弱,高祖以为不类己,常欲废之而立如意"①。幸赖群臣的劝谏和张良的计谋,刘盈才得以保全自己的太子之位。一来刘盈本人性格软弱,无法震慑众将,二来刘盈并未参加过楚汉战争,同军功受益集团成员之间的关系稍显疏远。这就造成惠帝主政期间军功集团成员飞扬跋扈,非常难于管制:"诸将故与帝(指高祖)为编户民,北面为臣,心常鞅鞅。今乃事少主(指惠帝),非尽族是,天下不安。"②但因吕后"为人刚毅,佐高祖定天下,所诛大臣多吕后力"③。凭借吕后在臣子中的威望以及同样铁血的手腕,故而还能收到"大臣尽畏之"④的效果。在这种情况下,军功集团成员尚不敢公然挑衅皇权。但作为君主的刘盈,在实力强大的军功受益集团面前,也不得不尽量采取种种安抚措施,史称"孝惠内修亲亲,外礼宰相,优宠齐悼、赵隐,恩敬笃矣"⑤。在这种政治背景之下,军功受益集团与皇帝之间尚能够维持着一种脆弱的平衡局面。

然而平衡的局面随着吕后夺权事件的发生被打破了。吕后分封诸吕为王的举动,公然违背了白马之盟的盟约,诸吕并无尺寸之功,却凭借外戚身份得以封王,这严重损害了军功受益集团成员的既得利益。吕后一去世,他们旋即对吕氏家族成员展开毁灭性的报复。诸吕夺权的失败,再一次证明了军功受益集团的强大力量。除灭诸吕后,军功受益集团成员又迎立时为代王的刘恒即位为帝。

文帝即位之初,朝廷内外的局势非常紧张。朝廷内部,军功受益集团成员不仅有拥立文帝之功,而且他们本身实力也非常庞

---

① [汉]班固:《汉书》卷九七上《外戚传上》,北京:中华书局,1962 年,第 3937 页。
② [汉]班固:《汉书》卷一下《高帝纪下》,北京:中华书局,1962 年,第 79 页。
③ [汉]司马迁:《史记》卷九《吕太后本纪》,北京:中华书局,1959 年,第 396 页。
④ [汉]司马迁:《史记》卷九五《樊哙列传》,北京:中华书局,1959 年,第 2659 页。
⑤ [汉]班固:《汉书》卷二《惠帝纪》,北京:中华书局,1962 年,第 92 页。

大，上至三公九卿，下至郡守王国相，几乎都被这一集团成员所把持。朝廷之外，经过诸吕之乱后幸存下来的刘氏诸侯王国，除刘恒本人的封国代国外，仍然有吴、楚、淮南、长沙、齐、赵、燕七国，这七个诸侯王国经过若干年发展，其实力已不容小觑，俨然形成了与中央朝廷相抗衡的一股势力。再加上齐王刘襄、燕王刘泽等诸侯王在铲除诸吕的行动中出力颇多，却被排除在帝位人选之外，他们觊觎皇位的野心并没有随着刘恒即位为帝而消除。这些诸侯王国的存在，仍然是当时中央政权的一大威胁。钱穆先生曾对文帝即位之初的朝廷内外形势有精辟的概述，他说："特文帝以代王入主中朝，诸王在外者，非其长兄，则其伯叔父。廷臣皆高祖时功臣，封侯为相，世袭相承。文帝即由廷臣所立，强弱之势，难于骤变。其时汉中朝之政令，既不能行于王国，而汉帝威权，亦不能大伸于中朝功臣之上。"①正是基于这种严峻的内外政治局势，文帝为巩固自己的统治，在时机未成熟之前，不得不延续高祖、惠帝时期对军功受益集团成员和诸侯王的优待政策。因而，这一时期三公的犯罪率依旧维持在一个较低水平。

汉初几位君主对军功受益集团成员较为宽容，但并不代表他们会无限制地纵容大臣们为所欲为，一旦其行为威胁到皇权的稳固，君主的处罚依旧毫不手软。以西汉第一任丞相萧何为例。《史记·萧相国世家》记载："相国因为民请曰：'长安地狭，上林中多空地，弃，原令民得入田，毋为禽兽食。'上大怒曰：'相国多受贾人财物，乃为请吾苑！'乃下相国廷尉，械系之。"②辅佐君主处理日常政务，将民情上达天听本是丞相分内的职责，刘邦却因萧何为民请开上林苑空地而将其下狱，刘邦如此不合情理的处理结果，正是源于其对萧何一贯的不信任感。将萧何下狱，显然是想借此事给萧何一个警告。刘邦对萧何的不信任和猜忌由来已久，在楚汉争霸期间，刘邦常年领兵在外作战，留下萧何辅佐太子。这一

①　钱穆：《秦汉史》，北京：三联书店，2004 年，第 67 页。
②　[汉]司马迁：《史记》卷五三《萧相国世家》，北京：中华书局，1959 年，第 2018 页。

时期萧何手中的权力相当大,《汉书·萧何传》称:"为令约束,立宗庙、社稷、宫室、县邑,辄奏,上可许以从事;即不及奏,辄以便宜施行,上来以闻。计户转漕给军,汉王数失军遁去,何常兴关中卒,辄补缺。上以此专属任何关中事。"①起初,这样的情况并无不妥,然而长此以往,萧何在关中的声望必定超过刘邦,这是刘邦所担心的。为打消刘邦的疑虑,萧何令其族人随刘邦征战,用自己私财以充军费,甚至不惜抢占民田以求自污。这些手段虽然起到一时之效,却不能从根本上消除刘邦对他的怀疑。萧何为民请上林苑田地这件事,终于成为刘邦对萧何不信任感爆发的导火索。萧何入狱后,在刘邦对周围亲信所说的一番话里,隐隐透露出刘邦处理此事的真实意图,他说:"吾闻李斯相秦皇帝,有善归主,有恶自予。今相国多受贾竖金,为请吾苑,以自媚于民。故系治之。"②刘邦将萧何比作李斯,正是刘邦始终对萧何充满戒备心理的体现。

但从总体上看,由于汉初军功受益集团势力庞大,在有限的皇权之下,汉初几任君主不得不对他们采取以安抚为主、以震慑为辅的处理方式。因而,西汉初期的三公犯罪率始终维持在一个非常低的水平。从西汉立国至武帝即位之前,共有 14 人先后担任丞相一职。在这 14 位丞相中,除吕产在诸吕之乱中被诛杀,申屠嘉意外死于任上之外,其余丞相基本上皆得以善终。然而,君主摄于臣子的强大实力,不得不对臣子作出妥协退让,这在君主专制制度中并非常态,这种不正常的局面必定不会维持太久。经过文景二帝的努力,时刻威胁中央政权的诸侯王国问题基本得到解决,军功受益集团盘踞要津的权力格局也发生了改变。至汉武帝即位后,已经基本没有能够制约皇权、对中央构成威胁的势力。随着君主专制地位的逐步稳固,君主对臣子的违法乱纪行为听之任之的情况已不复存在,君主处理三公犯罪问题的态度和手段,已经与西汉初期的情况截然不同了。

---

① [汉]班固:《汉书》卷三九《萧何传》,北京:中华书局,1962 年,第 2007 页。

② [汉]班固:《汉书》卷三九《萧何传》,北京:中华书局,1962 年,第 2011 页。

(二)黄老思想的发展对汉初三公犯罪的影响

在国家政治领域明确提出以黄老学说作为指导思想的是汉初政治家曹参。《史记·曹相国世家》记载，曹参在为齐国相时，就以黄老学说来治理齐国，收到了百姓安居乐业的良好效果："闻胶西有盖公，善治黄老言，使人厚币请之。既见盖公，盖公为言治道贵清静而民自定，推此类具言之。参于是避正堂，舍盖公焉。其治要用黄老术，故相齐九年，齐国安集，大称贤相。"①曹参被任命为丞相后，又将黄老学说运用到中央的政治活动中，凡"举事无所变更，一遵萧何约束"②。除曹参外，汉初中央高级官员中还有陈平、直不疑、张释之、田叔等人，也多喜好黄老学说，在他们的共同努力下，黄老学说始得以在国家政治领域发挥重大的作用。不仅中央三公九卿多精通黄老学说，汉初几位君主对黄老学说也都表现出不同程度的偏爱。如《汉书·高后纪》"赞"曰："孝惠、高后之时，海内得离战国之苦，君臣俱欲无为，故惠帝拱已，高后女主制政，不出房闼，而天下晏然，刑罚罕用，民务稼穑，衣食滋殖。"③君臣上下对黄老学说的热衷，深刻影响了西汉初期国家的政治、经济、文化等策略的制定和执行。在司法领域，受益于黄老学说的盛行，这一时期的国家法律与秦代相比是略显宽松的："当孝惠、高后时，百姓新免毒蠚，人欲长幼养老。萧、曹为相，填以无为，从民之欲，而不扰乱，是以衣食滋殖，刑罚用稀。及孝文即位，……选张释之为廷尉，罪疑者予民，是以刑罚大省，至于断狱四百，有刑错之风。"④

黄老思想最核心的内容之一是讲究"无为而治"。这一思想是老子"无为而治"的治国理念的延续。黄老学说认为，既然"道"

---

① [汉]司马迁：《史记》卷五四《曹相国世家》，北京：中华书局，1959 年，第 2029 页。

② [汉]司马迁：《史记》卷五四《曹相国世家》，北京：中华书局，1959 年，第 2029 页。

③ [汉]班固：《汉书》卷三《高后纪》，北京：中华书局，1962 年，第 104 页。

④ [汉]班固：《汉书》卷二三《刑法志》，北京：中华书局，1962 年，第 1097 页。

是万物的本源，自然界的发展、社会运作的规律都是由其衍生出来的，所以都应当是符合"道"的。因此，黄老思想主张贤明的君主能够效法天地自然之道来治理国家，使每个人的所作所为都能符合"道"的要求。社会各种制度一旦确立，任何人都不要再作过多更改，君主只需垂拱而治就好，如此天下便能够大治。这就是黄老思想中的"无为而治"。

但是黄老思想中的"无为"与老子思想中的"无为"是不同的。正如陈鼓应先生所说："关于无为与无不为（有为）的论述，黄老道家与老子道家有着明显的分歧。老子的治国次序是'无为而无不为'，'无为'是术、是手段，'无不为'是目的。……而《四经》的治国次序则是有为—无为。有为，包括法术势、刑名等等。有为是手段，无为是目的。"①老子的道家讲求顺应自然，不要强作人为的干涉。君主治理国家也是一样。政府的职能虽然是管理人民，但是还是要让百姓自由自在地发展，不要对他们横加干涉，这样国家统治才能够稳固长久。

与老子偏向于消极的"无为"不同，在黄老学说看来，社会中的每个人都有自己的私欲，为了满足个人的私欲，人们可以不择手段，相互之间的摩擦和争斗也就在所难免，这必然会破坏人类社会的自然和谐。为维护社会的自然和谐，黄老学说主张必须采取适当的手段来惩治那些破坏者："善为国者，大（太）上无刑，其次[正法]，[其]下斗果讼果，大（太）下不斗不讼有（又）不果。口大（太）上争于[化]，其次争于明，其下救患祸。"②黄老思想的最终目的是保证国家的长治久安。为了达到这一目的，黄老学说不仅不反对君主的"有为"，反而鼓励君主应积极运用权术、刑罚和赏赐等手段治理百姓，并最终达到刑措不用的理想状态。所以黄老学派所谓的"无为"并非意味着完全无所作为，而是主张在因循天道的前提下，有所为，有所不为。

---

① 陈鼓应：《先秦道家研究的新方向——从马王堆汉墓帛书〈黄帝四经〉说起》，《管子学刊》，1995 年第 1 期。

② 陈鼓应：《黄帝四经今注今译》，北京：商务印书馆，2007 年，第 388 页。

　　与"不分贵贱，一断于法"的法家学说不同，黄老学说虽然也推崇法律的作用，肯定了统治阶级使用刑罚的合理性，但是，黄老学说又不像法家那样专任刑罚，而是主张采用德刑并重的治民方法："天德皇皇，非刑不行。缪（穆）缪（穆）天刑，非德必顷（倾）。刑德相养，逆顺若成。刑晦而德明，刑阴而德阳，刑微而德章（彰）。其明者以为法，而微道是行。"①黄老学说创造性地将战国以来的阴阳家学说引入自己理论中，将德治比作阳，将刑治比作阴。既然天道兼而有阴阳，那么模仿天道而来的人道自然也须阴阳并重，这样就将德刑并重的治国理念上升为同天地自然之道等同的地位，以此证明了德刑并重的治国手段的合理性。黄老思想虽然提倡德与刑并重，但两者的地位又是不平等的。在黄老学说的德刑观中，德占主导地位，刑在其中主要起辅助作用。黄老学说并不主张不加限制地滥用刑罚，刑罚只能是在迫不得已的情况下谨慎地拿来使用。所以黄老学说显然更偏重于采用较缓和的德治手段来管理人民。

　　正如史广全先生在《春秋决狱对礼法融合的促动》一文中的总结："西汉武帝时代曾出现了意识形态与法律实践分道扬镳的奇特现象：在意识形态领域，儒家思想成为社会的统治思想；在法律领域，由于汉承秦制，汉承秦法、汉承秦吏，致使当时的法律和司法活动仍体现秦律和法家的基本精神。汉初至武帝七十年间立法上虽如是，但司法上却比秦代总要轻缓的多。这是这一时期'黄老之学'贯彻到司法领域的反映。汉室甫兴，虽然觉得秦法不足，又不能弃而不用；要改弦更张寻求新的有效的统治策略，又一时难以找到令人满意的模式。在这种情况下，汉初只好一方面用秦制，一方面又采黄老，司法上是比秦代有所减轻了。"②

　　在黄老思想的指导下，自秦帝国建立以来法网过于严密的局面在西汉初期得到一定程度的改变。但黄老思想的实质"仍然是严酷而毫不放松控制与镇压的'法治'。它纠正与改变的是秦代

---

①　陈鼓应：《黄帝四经今注今译》，北京：商务印书馆，2007年，第265页。
②　史广全：《春秋决狱对礼法融合的促动》，《哈尔滨学院学报》，2002年第7期。

对法治的滥用,而其法治的精神与立场,则是没有改变的"①。黄老学说虽然强调德治的重要性,并且在很大程度上也确实缓和了法家严刑酷法的局面,但缓和并不意味着直接放弃刑罚,对于任何敢于破坏专制统治的犯罪行为,黄老学说都主张用严厉的刑罚予以镇压。因此,尽管西汉初期的刑罚较秦代有所减轻,三公的犯罪率也较秦代有明显的下降,但黄老思想更多地表现为国家的一种政治态度,而在具体的法律制度上,基本上仍然是"汉承秦制"。《史记》《汉书》中屡屡出现"汉初因秦法""汉承秦业遂不更改"等说法,便是明证。所以,汉初黄老思想的盛行,在扭转秦代以来法律过于严苛局面中能够起到的作用,我们仍然不能作过高的估计。

三、汉武帝与昭宣时期的三公犯罪

(一)武帝时期日趋严密的法网

经过汉初七十余年的积累,至汉武帝统治时期,国家贫弱的局面已大为改善,国家的综合国力空前提高。但是,国家繁荣背后隐藏的社会问题在这一时期也开始逐渐凸显出来。在地方,经过多年积累,诸侯王国的实力大增,隐隐对中央统治构成威胁。在中央,汉初军功集团始终把持着朝政,凭借手中的强权,肆意恃强凌弱,视国家法律如无物。在边境,又有强大的匈奴时刻窥伺汉朝的疆土。被尊奉为国家政治指导思想的黄老学说已无法适应社会形势的转变。

有鉴于此,汉武帝即位之初便一改"无为而治"的政策,转而推行更强有力的"霸道"政策。为保证"霸道"政策的推行,汉武帝启用了大批酷吏,使其在朝中任职,并委以重任。不仅如此,武帝又着手对国家法典作出重大修改。在张汤、赵禹等人的主持下,许多新的罪名被陆续创造出来,汉初法网宽松的局面至此发生了

---

① 金春峰:《汉代思想史》,北京:中国社会科学出版社,2006年,第43页。

改变。司马迁在《史记·酷吏列传》中谈及这一时期的情况时写道:"今上时(指武帝时期),(赵)禹以刀笔吏积劳,稍迁为御史。上以为能,至太中大夫。与张汤论定诸律令,作见知,吏传得相监司。用法益刻,盖自此始。"①由于武帝好用刑罚,各级官员为迎合皇帝的圣意,审理案件时往往多牵连比附,极尽诬陷之能事,致使刑讯逼供的现象时有发生。《汉书·刑法志》就指出:"及至孝武即位,外事四夷之功,内盛耳目之好,征发烦数,百姓贫耗,穷民犯法,酷吏击断,奸轨不胜。于是招进张汤、赵禹之属,条定法令,作见知故纵、监临部主之法,缓深故之罪,急纵出之诛。其后奸猾巧法,转相比况,禁罔浸密。"②

汉武帝时期,由于法网日趋严密,三公犯罪率开始急剧增长。武帝一朝共任命三公36人,其中就有17人因犯罪被武帝免除官职,三公犯罪率竟然达到惊人的47.2%,这一比例不仅远高于汉初,即便在两汉所有帝王中,这一时期过高的三公犯罪率也仅仅只落后于汉成帝时期的48%和汉桓帝时期的50%。汉成帝和汉桓帝时期,国家已是江河日下之时,出现高三公犯罪率还算正常。而汉武帝时期正值汉帝国冉冉上升阶段,竟然也出现如此之高的三公犯罪率,实在是让人惊叹。以武帝时期的丞相为例。武帝一朝共有13位丞相,他们分别是卫绾、窦婴、许昌、田蚡、薛泽、公孙弘、李蔡、庄青翟、赵周、石庆、公孙贺、刘屈氂和田千秋。这13人中,有6人因各种犯罪或被汉武帝处死,或被逼自杀。西汉历任丞相中,只有8位丞相尚在相位上就被君主处死,汉武帝一朝就占了6个,可见这一时期法网已经严酷到了何种程度。"时朝廷多事,督责大臣。自公孙弘后,丞相李蔡、严青翟、赵周三人比坐事死。石庆虽以谨得终,然数被谴。"③由于丞相多不能善终,以至于出现宁愿违抗皇帝诏令,也无人愿意为相的状况。汉武帝欲任

---

① [汉]司马迁:《史记》卷一二二《酷吏列传》,北京:中华书局,1959年,第3136页。

② [汉]班固:《汉书》卷二三《刑法志》,北京:中华书局,1962年,第1101页。

③ [汉]班固:《汉书》卷六六《公孙贺传》,北京:中华书局,1962年,第2877页。

命公孙贺为相,公孙贺却死活不愿接受印绶,宣称:"臣本边鄙,以鞍马骑射为官,材诚不任宰相。""上(指汉武帝)与左右见贺悲哀,感动下泣,曰:'扶起丞相。'贺不肯起,上乃起去,贺不得已拜。"公孙贺在汉武帝软硬兼施的逼迫下,无奈地接受了任命。尽管公孙贺在相位上小心谨慎,却仍然没有逃脱下狱身死的命运。后有人告发公孙贺子敬声"与阳石公主私通,及使人巫祭祠诅上,且上甘泉当驰道埋偶人,祝诅有恶言"。公孙贺因此事受到牵连,被有司彻查出过往罪行,"遂父子死狱中,家族"。①

(二)"《春秋》决狱"的兴起及其对三公犯罪的影响

"《春秋》决狱"又称"经义决狱""引经决狱"。它是指司法官员在断案中援引儒家经义中的内容,作为定罪量刑的依据。因为所依据的经义主要来源于《春秋》,所以被称为"《春秋》决狱"。起初司法官员援引的经义主要是《公羊春秋》,但随着这一制度的不断发展,援引的经义已不限于《公羊春秋》,而是扩大到包括《尚书》《易经》《毛诗》等在内的诸多儒家经典著作。赵翼在《廿二史札记》中指出:"汉初法制未备,每有大事,朝臣得援经义以折衷是非。"②《春秋》决狱原则的提出和运用,对两汉司法制度的影响巨大,史称:"元、成以后,刑名渐废,上无异教,下无异学,皇帝诏书,群臣奏议,莫不援引经义以为据依。国有大疑,辄引《春秋》为断。一时循吏多能推明经意,移易风化,号为以经术饰吏事。"③

"《春秋》决狱"的一个重要原则是"原情定罪"。原情定罪又被称作"原心论罪"或"论心定罪"。所谓"原",就是推究的意思,"心"则是指人的动机。"原情定罪"的实质,就是强调在断案中除考虑犯罪行为所造成的后果外,还必须以犯罪者的主观动机作为定罪量刑的标准:"《春秋》之听狱也,必本其事而原其志。志邪者

---

① [汉]班固:《汉书》卷六六《公孙贺传》,北京:中华书局,1962年,第2878页。

② [清]赵翼:《廿二史札记校正》卷二《汉时以经义断事》,北京:中华书局,1984年,第43页。

③ [清]皮锡瑞著,周予同注释:《经学历史》,北京:中华书局,2011年,第67页。

不待成,首恶者罪特重,本直者其论轻。"①所谓"本其事而原其志",是指断案不仅要以犯罪事实为根据,还要判断犯罪者的动机和目的。"志邪者不待成",是指犯罪者的动机和目的如果违反儒家的道德要求,即使还未实施犯罪,也要追究其责任。相反,犯罪者的本意合乎儒家纲常礼教,虽然可能违背法律制度的规定,但因系过失犯罪,还是应该从轻处置,这就是"本直者其论轻"。《盐铁论》将这一原则进一步概括为:"故《春秋》之治狱,论心定罪,志善而违于法者免,志恶而合于法者诛。"②

"《春秋》决狱"虽看似有仁慈之名,但在仁慈的外表下却隐藏着冷酷无情。董仲舒本人并不否认刑罚的力量,相反,他认为要想维护君权,刑罚是必不可少的,只不过董仲舒将其放在了次要的位置上而已。他在《春秋繁露·保位权》中说:"务致民令有所好。有所好然后可得而劝也,故设赏以劝之。有所好必有所恶,有所恶,然后可得而畏也,故设罚以畏之。既有所劝,又有所畏,然后可得而制。"③在《春秋繁露·考功名》中,董仲舒又说:"挈名责实,不得虚言,有功则赏,有罪则罚,功盛者赏显,罪多者罚重。"④在董仲舒看来,国家实行赏赐和刑罚,都是为了巩固君主统治,两者应兼而用之,不可偏废。董仲舒理论的目的是维护君主专制的统治,为达到此目的,董仲舒又主张"大义灭亲"。"君亲无将,将而诛焉",任何人以任何目的发动叛乱,只要威胁到君主的统治,董仲舒都主张采取以严厉手段进行镇压,即便皇帝的亲近之人也不例外。这一点从汉昭帝时期燕王刘旦、鄂邑长公主与桑弘羊、上官桀谋反案的处理中,可以明显地看出。燕王刘旦等人

---

① [汉]董仲舒著,[清]苏舆撰:《春秋繁露义证》卷三《精华》,北京:中华书局,1996年,第92页。

② [汉]桓宽著,王利器校注:《盐铁论校注》卷一〇《刑德》,北京:中华书局,1992年,第567页。

③ [汉]董仲舒著,[清]苏舆撰:《春秋繁露义证》卷六《保位权》,北京:中华书局,1996年,第173页。

④ [汉]董仲舒著,[清]苏舆撰:《春秋繁露义证》卷七《考功名》,北京:中华书局,1996年,第178页。

谋反一案的涉案人员，非勋臣贵戚就是宗室子弟，但在处理谋反案时，秉政的霍光却并没有对他们网开一面，尽管这些人都依法享有勋臣贵戚应该享有的法律特权。但因为涉及谋反重罪，四人最后都被逼自杀，桑弘羊、上官桀的亲属也尽皆被处以弃市之刑。董仲舒所提倡的"《春秋》决狱"原则，在儒家温情脉脉的面纱之下，隐藏着的尽是冰冷的刑罚。皮锡瑞"汉世公羊盛行，究之其盛行者，特酷吏以济其酷"[①]的评价甚是精当。

正如金春峰在《汉代思想史》一书中所说："汉初，法治严酷，但尚有法可依，从董仲舒开始，由于强调诛意、诛心、原心论罪，引经义以断狱，在宗法关系内部，实行法治，其结果不仅使封建等级统治和君臣父子关系，渗透着严而少恩的法治的精神，法本身也被随意解释、滥用而无法可依。"[②]"《春秋》决狱"原则的提出，虽兼顾了情、理、法三者的协调，使司法制度变得更具灵活性，但由此产生的种种问题却遭到人们的批评。就像赵翼在《廿二史札记》中的评论："援引古义，固不免于附会，后世有一事即有一例，自亦无庸援古证今，第条例过多，竟成一吏胥之天下，而经义尽为虚设耳。"[③]"《春秋》决狱"是在法律制度中缺乏相关条例的情况下，援引经义中的内容来决断案件，本属临时性质，然而统治者却公然允许在国家法律之外另以儒家五经的经义作为判案的依据。儒家经义本就歧义颇多，并没有一套固定的标准，到底该如何判定又充满了太多的主观随意性，断案时应以诛心、诛意为上，又为司法官员随意出罪入罪大开方便之门，其结果必然是助长了司法官员的专横和腐败。

（三）武帝国策的延续及昭宣时期的三公犯罪

武帝时期，尊儒的政策虽然确立了，但由于对匈奴的全国性

①　[清]皮锡瑞著，周予同注释：《经学历史》，北京：中华书局，2011年，第67页。
②　金春峰：《汉代思想史》，北京：中国社会科学出版社，2006年，第176页。
③　[清]赵翼：《廿二史札记校正》卷二《汉时以经义断事》，北京：中华书局，1984年，第43页。

战争,国家实际转入战时体制,因而在政权组成成分和政策指导思想上,不仅儒术没有独尊,相反,被指名"罢黜"的申商韩非之言,倒成了政治的指导思想,儒学被扫进了"无权"的角落。① 汉武帝虽然采纳了董仲舒罢黜百家、独尊儒术的策略,但实质上,他并未完全放弃法家思想,而是将儒法思想相互融合,形成了外儒内法的"杂霸"之术。

昭帝统治时期,辅政的霍光依旧延续了汉武帝时期的治国方略。班固在《汉书·循吏·黄霸传》中即指出:"自武帝末,用法深。昭帝立,幼,大将军霍光秉政,大臣争权,上官桀等与燕王谋作乱,光既诛之,遂遵武帝法度,以刑罚痛绳群下,由是俗吏上严酷以为能。"②这一时期法治严酷的状况没有发生改变,所以在昭帝元始六年(公元前 81 年)召开的盐铁会议上,贤良文学就对执政者的执政方针提出了批评,他们指出:"方今律令百有余篇,文章繁,罪名重,郡国用之疑惑,或浅或深,自吏明习者,不知所处,而况愚民乎?律令尘蠹于栈阁,吏不能遍睹,而况于愚民乎! 此断狱所以滋众,而民犯禁滋多也。"③不仅如此,贪官污吏利用职权为非作歹,更加重了人民的苦难:"今之所谓良吏者,文察则以祸其民,强力则以厉其下,不本法之所由生,而专已之残心,文诛假法,以陷不辜,累无罪,以子及父,以弟及兄。一人有罪,州里惊骇,十家奔亡,若痈疽之相泞,色淫之相连,一节动而百枝摇。"④以上种种现象表明,霍光在秉政期间,虽然也推行了一系列旨在轻徭薄赋、与民休息的政策,但这些政策却不足以改变自汉武帝以来所形成的法网严苛的局面。

继汉昭帝之后即位的宣帝,也依然延续了武、昭时期的政策

---

① 金春峰:《汉代思想史》,北京:中国社会科学出版社,2006 年,第 19 页。

② [汉]班固:《汉书》卷八九《循吏·黄霸传》,北京:中华书局,1962 年,第 3628 页。

③ [汉]桓宽著,王利器校注:《盐铁论校注》卷一〇《刑德》,北京:中华书局,1992 年,第 566 页。

④ [汉]桓宽著,王利器校注:《盐铁论校注》卷一〇《申韩》,北京:中华书局,1992 年,第 580 页。

而不改。汉宣帝在任用儒生担任国家官吏的同时,又大量启用文法吏,试图以刑法治理国家。《汉书·萧望之传》称:"初,宣帝不甚从儒术,任用法律,而中书宦官用事。中书令弘恭、石显久典枢机,明习文法。"①《汉书·盖宽饶传》也称:"是时上方用刑法,信任中尚书宦官。"②正如时人路温舒给宣帝的奏疏中所说:"臣闻秦有十失,其一尚存,治狱之吏是也。……夫狱者,天下之大命也,死者不可复生,绝者不可复属。《书》曰:'与其杀不辜,宁失不经。'今治狱吏则不然,上下相驱,以刻为明;深者获公名,平者多后患。故治狱置吏皆欲人死,非憎人也,自安之道在人之死。是以死人之血流离于市,被刑之徒比肩而立,大辟之计岁以万数,此仁圣之所以伤也。"③汉宣帝因大量启用文法吏,致使"吏用法,巧文浸深"的情况频频出现,法律条文不仅没有减少,反而越编订越多,刑法深刻的局面依然延续着。

尽管汉宣帝同汉武帝一样,都偏好法治,同样都任用了大批文法吏,但汉武帝时期三公多因犯罪被免官下狱甚至处死的情况却并未在汉宣帝时期出现,原因主要有两点:其一,宣帝本人带头遵守法律,不像汉武帝那样法外滥施刑罚。其二,汉宣帝对所选任的三公给予了充分信任,君臣合作大多很愉快,每当臣子犯有小过,宣帝总能够尽力回护。

"酷吏的存在,不是武帝时的独特现象,事实上整个西汉后期都代不乏人。但是不同的是,宣帝虽重法术,却不像武帝那样纵滥文吏。"④宣帝认为,刑杀是君主治理国家的重要辅助手段:"狱者万民之命,所以禁暴止邪,养育群生也。"⑤但宣帝在重用文法吏的同时,又曾多次下诏,反复告诫文法吏执法必须公平,不得擅自法外用刑。在考核官吏时,汉宣帝还能够带头严格遵守法律,有

---

① [汉]班固:《汉书》卷七八《萧望之传》,北京:中华书局,1962年,第3284页。
② [汉]班固:《汉书》卷七七《盖宽饶传》,北京:中华书局,1962年,第3247页。
③ [汉]班固:《汉书》卷五一《路温舒传》,北京:中华书局,1962年,第2369页,有
④ 于迎春:《秦汉士史》,北京:北京大学出版社,2000年,第174页。
⑤ [汉]班固:《汉书》卷八《宣帝纪》,北京:中华书局,1962年,第255—256页。

功则赏,有过则罚,不乱搞法外用刑。《汉书·循吏传》称其"自霍光薨后始躬万机,厉精为治,五日一听事,自丞相已下各奉职而进。及拜刺史守相,辄亲见问,观其所由,退而考察所行以质其言,有名实不相应,必知其所以然"①。班固在《汉书·宣帝纪》中称赞宣帝"信赏必罚,综核名实,政事、文学、法理之士咸精其能"②。与武帝时期相较,汉宣帝时期尽管法网依旧较为严密,但法外定罪、法外用刑的情况却得到有效遏制,这是汉宣帝时期三公犯罪率能够维持在一个较低水平的重要原因。

汉宣帝时期三公犯罪率较低的另一个原因是三公同宣帝的关系都比较亲密,三公基本上都能得到君主的充分信任。在君主专制制度中,君权与相权的矛盾始终是一个无法完全解决的难题。君主既需要委宰相以职权,让他们帮助自己管理国家,同时又要时刻提防相权过大威胁到君权的稳固。因此,能否得到君主的信任就成为宰相工作能否顺利开展的关键。君臣关系和谐,整个官僚系统就能正常运作;一旦失去君主的信任,即便贵为宰相,转瞬之间就可能锒铛入狱,就像扬雄在《解嘲》中描述的那样:"当涂者入青云,失路者委沟渠,旦握权则为卿相,夕失势则为匹夫。"③汉武帝本人是一个权力欲极强并且生性多疑的君主,因为缺乏对三公最基本的信任,所以汉武帝时期,三公很难有全身而退者。但凡能够保全自己者,大体上都是诸如公孙弘、卫青之流能够懂进退、识时务者。《史记·平津侯主父列传》记载,公孙弘"每朝会议,开陈其端,令人主自择,不肯面折庭争"④。正因为他处处都以君主为上,不与君主争权,所以才会得到汉武帝非常有限度的信任,他也才得以在官场上保全自己。

汉宣帝对待三公的态度与汉武帝不同。汉宣帝所选任的三

①　[汉]班固:《汉书》卷八九《循吏传》,北京:中华书局,1962年,第3624页。

②　[汉]班固:《汉书》卷八《宣帝纪》,北京:中华书局,1962年,第275页。

③　[汉]班固:《汉书》卷八七下《扬雄传下》,北京:中华书局,1962年,第3568页。

④　[汉]司马迁:《史记》卷一一二《平津侯主父列传》,北京:中华书局,1959年,第2950页。

公有两个特点:第一,都与自己有密切的关系。第二,三公本人多兼通儒法学说,办事灵活、干练。由于三公与宣帝之间的关系不仅非常密切,并且还能够得到宣帝的充分信任,因此君臣之间的关系十分和谐,即便三公偶尔犯些小过错,也大多能够得到宣帝的谅解。

以宣帝时期的历任丞相为例。宣帝一朝共有六位丞相,分别是蔡义、韦贤、魏相、丙吉、黄霸和于定国。六人中,蔡义在昭帝时期就已经被任命为丞相,所以他的情况先不予考虑,剩余五人同宣帝的关系都极为亲密。韦贤是昭帝的师傅,曾亲自教授昭帝《诗经》,宣帝即位后"以先帝师,甚见尊重"①,与宣帝的关系自不一般。魏相因上书宣帝力陈霍氏一族把持朝政的危害,力主宣帝消灭霍氏势力,从而得到宣帝赏识,并因此升任丞相,魏相同宣帝的关系自然也不差。六人中,与宣帝关系最为亲密者当推丙吉。武帝晚年,巫蛊之事起,丙吉被武帝派遣到郡邸狱彻查巫蛊之事。当时还是皇曾孙的宣帝被关押在郡邸狱中。丙吉可怜刚出生数月的宣帝,于是"择谨厚女徒,令保养曾孙,置闲燥处"②,对狱中的宣帝极为照顾。武帝后元二年(公元前 87 年),有望气者称长安狱中有天子气,于是武帝令使者到长安各中都官狱,将狱中人犯不分罪行轻重一律处死,因丙吉的维护,宣帝得以保全性命。昌邑王被废,又是丙吉向霍光谏言宣帝"通经术,有美材,行安而节和"③,可以继承大统。宣帝很感激丙吉的恩情,即位后,封丙吉为博阳侯,食邑一千三百户,后又让其代魏相为丞相。丙吉在相位上一直优宠有佳,终老于相位。其余黄霸、于定国等人也皆因与宣帝的亲密关系,能够得到宣帝的充分信任。再加上他们大多儒法兼通,既能够坚持原则,同时也懂得灵活变通,处理政务简洁干练,因此深得宣帝赏识。几人中,除韦贤因为年老疾病被策免之外,其余人等在任期内没有一人因犯罪被免官下狱,皆得以善终,反映出汉宣帝时期,三公犯罪率与武帝时期相比确实有明显下降。

---

① [汉]班固:《汉书》卷七三《韦贤传》,北京:中华书局,1962 年,第 3107 页。
② [汉]班固:《汉书》卷七四《丙吉传》,北京:中华书局,1962 年,第 3142 页。
③ [汉]班固:《汉书》卷七四《丙吉传》,北京:中华书局,1962 年,第 3143 页。

四、西汉后期的三公犯罪

(一)元成时期"纯任德教"国策的确立与法网稍见宽松局面的出现

汉武帝采纳董仲舒的建议,"罢黜百家,独尊儒术",但由于汉武帝本人"外仁义而内多欲",他在任用儒生的同时,又启用了大批文法吏和酷吏,所以儒学的独尊地位并未真正确立起来。继汉武帝之后的昭、宣二帝同样对法家思想表现出浓厚的兴趣,在治国方略上也同样继承了汉武帝的做法,在刑名之术外缘饰以儒家学说,时人盖宽饶在给宣帝的奏疏中称:"方今圣道浸废,儒术不行,以刑余为周召,以法律为《诗》《书》。"①非常准确地解释了宣帝时期儒、法两家学说在国家政治活动中的地位。

虽然汉武、昭、宣帝时期,由于君主的偏好,法家思想仍然表现得较为强势,但随着元帝即位后纯任德教治国理念的全面展开,儒家思想终于取代法家思想,成为国家政治活动的指导思想。汉元帝本人"柔仁好儒",自小就非常推崇儒学。在他还是太子时,"见宣帝所用多文法吏,以刑名绳下",遂向宣帝提出"陛下持刑太深,宜用儒生"②的建议,结果遭到宣帝的批评。元帝即位之后,一改汉武、昭、宣时期"霸王道杂之"的治国方略,转而推行"纯任德教"的政策。在元帝的努力下,儒学的独尊地位得以真正确立起来。皮锡瑞在《经学历史》中称赞这一时期:"刑名渐废。上无异教,下无异学。皇帝诏书,群臣奏议,莫不援引经义,以为据依。国有大疑,辄引《春秋》为断。一时循吏多能推明经意,移易风化,号为以经术饰吏事。汉治近古,实由于此。"③

元帝"纯任德教"政策中非常重要的一个环节就是通过修改

---

① [汉]班固《汉书》卷七七《盖宽饶传》,北京:中华书局,1962年,第3247页。

② [汉]班固:《汉书》卷九《元帝纪》,北京:中华书局,1962年,第277页。

③ [清]皮锡瑞著,周予同注释:《经学历史》,北京:中华书局,2011年,第67页。

国家律典,扭转汉武帝以来刑罚太重的局面。重新修订律令的工作,其实早在汉宣帝时期就已经开始。汉宣帝于本始四年(公元前 70 年)下令由于定国主持重新修订律令。经过于定国修订后的汉律有令 960 卷,大辟 490 条,判例 1882 件,死罪决事比 3472 件,其他各种条例两万六千余条。修订后的律令,虽然较汉武帝时期有所减少,但数目依然十分庞大。因此,汉元帝即位之初即下诏,令有司进一步删定律令:"夫法令者,所以抑暴扶弱,欲其难犯而易避也。今律令烦多而不约,自典文者不能分明,而欲罗元元之不逮,斯其刑中之意哉!其议律令可蠲除轻减者,条奏,唯在便安百姓而已。"①然而汉元帝修订律令的动作虽然不小,但效果却很有限:"元、哀二帝轻殊死之刑以一百二十三事,手杀人者减死一等。"李贤注引《东观记》曰:"元帝初元五年,轻殊死刑三十四事,哀帝建平元年,轻殊死刑八十一事,其四十二事手杀人者减死一等。"②这种程度的小修小补,无益于改变法网严苛的局面。结果到了汉成帝时期,律令数目不降反升,洋洋洒洒已多至一百余万言。成帝不得已于河平年间颁布诏令,令有司及二千石官员、博士以及熟悉律令者共同制定一套简省刑律的方案。然而这次修订律令行动同元帝时期一样,因主持修订律令的官员"徒钩微细,毛举数事,以塞诏而已"③,最后只能无果而终。继成帝之后,哀帝也曾尝试修订律令,但结果同样不理想。

虽然元、成、哀几位君主试图修订律令的努力所取得的成果较为有限,但至少,几位君主所做出的努力,对遏制武帝以来法网日趋严密的势头多少会有一定的帮助。再加上儒学在社会上的影响力大大提升,援引经义作为断案的标准在司法审判中逐渐成为一种普遍现象,这一切都使法律严苛的局面得到一定程度的控制。根据作者的统计,汉元帝时期,共任命 14 位三公,这其中只有两人因犯罪被免除官职:于定国因为灾异频发被元帝策免,郑

---

①　[汉]班固:《汉书》卷二三《刑法志》,北京:中华书局,1962 年,第 1103 页。
②　[刘宋]范晔:《后汉书》卷三四《梁统传》,北京:中华书局,1965 年,第 1166 页。
③　[汉]班固:《汉书》卷二三《刑法志》,北京:中华书局,1962 年,第 1103 页。

弘"坐与京房论议免"①。但好景不长,元帝时期一度有所下降的三公犯罪率,在成、哀间又有明显上升。成帝与哀帝时期,国家行政系统运转不畅,君主多将其归咎于三公的不任职,因为这一原因而被策免的三公人数较前代有所增加,再加上西汉后期外戚之间斗争激烈,三公因卷入党争被免官下狱的人数大大超过了前代。基于以上两点原因,这一时期犯罪三公人数占任命三公总人数的比例有较大幅度的回升,但即便如此,三公犯罪率较之武帝时期仍然是偏低的,这也从一个侧面反映了元帝以后的司法格局是相对宽松的。

(二)西汉后期宫廷权力的争斗与宰辅的频繁更替

经过宣帝中兴的短暂辉煌,元帝以后,随着皇权的衰落,汉帝国昔日的盛世已不复存在。各方势力为争夺朝政的控制权,彼此之间争斗不休。在激烈的宫廷权力之争中,被重重社会矛盾缠绕的汉王朝不可挽回地走向了崩溃的边缘。

林剑鸣先生指出:"西汉王朝自元帝以后的历史,可以说是宦官外戚迭相掌权的历史。"②元成以后,外戚擅权已是不争的事实。而在众多外戚中,最有权势、把持朝政时间最长者当属元帝皇后王政君所在的王氏家族。王政君于宣帝五凤中"入掖庭为家人子"③,后被宣帝赐给时为太子的刘奭为妃,并生下后来的成帝。成帝即位,王政君以成帝母亲身份被尊为皇太后,王氏一族成员也凭借外戚的身份获得了显赫的地位。建始元年(公元前 32 年),成帝增封王凤封邑五千户,又封王政君兄弟王崇为安成侯,王谭、王商、王立、王根、王逢时五人为关内侯。河平二年(公元前 27 年),王谭五人又同时晋爵为列侯。继王凤之后,王氏一族成员王音、王商、王根、王莽相继被成帝任命为大司马大将军,领尚书事,其间除哀帝时期外家丁、傅两族短暂把持朝政外,其余大部分

---

① [汉]班固:《汉书》卷六六《郑弘传》,北京:中华书局,1962 年,第 2903 页。
② 林剑鸣:《秦汉史》,上海:上海人民出版社,1989 年,第 21—22 页。
③ [汉]班固:《汉书》卷九八《元后传》,北京:中华书局,1962 年,第 4015 页。

时间,朝政始终被王氏家族成员牢牢控制,《汉书·外戚传》称王氏"家凡十侯,五大司马,外戚莫盛焉"①。

以王氏家族为代表的外戚势力长期垄断国家军政大权,对西汉后期的三公犯罪产生了很大影响。把持朝政的外戚凭借血缘裙带关系,大肆在朝中拉帮结派,为所欲为。自宫内的宦官、乳母,到宫外的勋臣贵戚、三公九卿,再到地方郡守、王国相,形成了一张以王氏成员为中心,辐射宫内宫外的巨大的权力网络。刘向在《极谏外家封事》奏疏中说:"今王氏一姓乘朱轮华毂者二十三人,青紫貂蝉充盈幄内,鱼鳞左右。大将军秉事用权,五侯骄奢僭盛,并作威福,击断自恣,行污而寄治,身私而托公,依东宫之尊,假甥舅之亲,以为威重。尚书九卿州牧郡守皆出其门,管执枢机,朋党比周。称誉者登进,忤恨者诛伤;游谈者助之说,执政者为之言。排摈宗室,孤弱公族,其有智能者,尤非毁而不进。"②外戚家族妄图通过广树朋党的方式垄断朝政,架空皇权,此种卑劣行径遭到一些正直的朝廷官员的抵制。然而在强大的外戚势力面前,任何试图破坏这张权力网络的官员,事后都受到王氏家族的严厉报复。王商遭王凤陷害丢掉丞相职位就是一例。王商本为外戚王氏家族成员,却与王凤之间有很深的积怨。成帝即位之初,大司马大将军王凤倚仗外戚的身份把持了朝政,这引起王商的不满。建始三年(公元前 30 年)秋,京师民奔走相告,言大水将至,引起京师震动。王凤建议"太后与上及后宫可御船,令吏民上长安城以避水"③,而王商认为此民传为谣言,只需静待不动,无须多日谣言即可不攻自破。结果果然如王商的判断。王商因此获得成帝的嘉奖,王凤却因在成帝面前失了面子,遂对王商怀恨在心。王商后代匡衡出任丞相,因上书弹劾王凤连婚琅邪太守杨肜治理地方不利,再次与王凤交恶。王凤遂秘密指使耿定上书言"商与

---

① [汉]班固:《汉书》卷九七下《外戚传下》,北京:中华书局,1962 年,第 3973 页。
② [汉]班固:《汉书》卷三六《楚元王传》,北京:中华书局,1962 年,第 1960 页。
③ [汉]班固:《汉书》卷八二《王商传》,北京:中华书局,1962 年,第 3370 页。

父傅通，及女弟淫乱，奴杀其私夫，疑商教使"①，企图通过诬告的方式除去王商这块绊脚石。尽管成帝赦免了王商的罪责，却派使者收回王商的丞相印绶。王商气愤不过，免相三日后呕血而死。

　　王氏家族的另一位成员王莽，与王凤的做法几乎如出一辙，"附顺者拔擢，忤恨者诛灭"②。对于不依附于自己，或是与自己政见不合者，王莽或免官，或流放，或诛杀，逐一将他们排挤出政治中心。哀帝时的宠臣董贤便是一例。董贤以父任为太子舍人。因"为人美丽自喜"，深得哀帝宠信，"出则参乘，入御左右，旬月间赏赐累巨万，贵震朝廷"。③ 后又代外戚丁明为大司马，一时之间，朝政大权皆掌握在董贤之手，这是被哀帝连续打压后，急于重新夺回朝政控制权的王家所不能容忍的。哀帝刚一驾崩，王莽便以董贤治丧不力为由，收回大司马印绶。董贤惶恐不安，即日便与妻子自杀。其他丁氏、傅氏子弟以及依附丁、傅二家，同王氏家族有过节的朝廷官员，在失去哀帝这座靠山后，也大多遭到王莽残忍的报复。不仅外戚王氏家族如此，其他外戚家族掌权时，也大抵如王氏家族一般，"称誉者登进，忤恨者诛伤"。秉政的外戚随便捏造罪名，肆意诛杀不依附自己的朝中大臣，这是造成西汉后期三公犯罪率居高不下的主要原因之一。

　　西汉官吏的任期，从现有史料来看，并没有明确的期限规定，但从《秦汉官制史稿》一书所举的例子来看："萧何、曹参、公孙贺为丞相并十三年，张苍十五年，陈平十二年，石庆十年，于定国、魏相并九年。徐自为为光禄勋二十六年，王恬启二十五年，张武二十三年，于永十六年，周仁十三年。……"④西汉一朝，官员久任已经是一种普遍的现象，上至三公九卿，下至地方郡守县令莫不如此。但西汉中期以后，官员久任现象开始有所改变。随着宫廷内权力斗争日趋激烈，中央正常的行政运作秩序被严重破坏，政令

---

①　[汉]班固：《汉书》卷八二《王商传》，北京：中华书局，1962年，第3372页。

②　[汉]班固：《汉书》卷九九《王莽传》，北京：中华书局，1962年，第4045页。

③　[汉]班固：《汉书》卷九三《佞幸董贤传》，北京：中华书局，1962年，第3733页。

④　安作璋、熊铁基：《秦汉官制史稿》，济南：齐鲁书社，2007年，第876页。

的上传下达也出现严重问题。为恢复正常的行政秩序,君主不得不频繁地更换朝中大臣,致使三公的任职时间大为缩短。为更加直观地反映汉代三公任职时间的变化情况,作者绘制了如下表格(表6-2)。

表6-2 《两汉三公平均任职时间表》

	君主在位时间	任命三公人数	三公平均任职时间
高祖	12	6	2
惠帝	7	6	1.17
吕后	8	9	0.89
文帝	23	12	1.92
景帝	16	12	1.33
武帝	54	36	1.5
昭帝	14	10	1.4
宣帝	26	18	1.44
元帝	16	14	1.14
成帝	26	25	1.04
哀帝	6	23	0.26
平帝	9	5	1.8
光武帝	34	23	1.36
明帝	18	15	1.2
章帝	15	11	1.36
和帝	18	18	1
殇帝	1	6	0.17
安帝	22	25	0.88
顺帝	21	24	0.875
冲帝、质帝	2	6	0.33
桓帝	24	38	0.63
灵帝	25	70	0.36
献帝	32	21	1.52

资料来源:《史记》《汉书》《后汉书》。

　　从表格的统计数据来看,西汉初期的吏治比较稳定,三公在任时间都比较长,除吕后统治时期三公任职时间出现了短暂较大幅度的下降外,在汉武帝即位之前,三公的平均任职时间大致在一年半左右。汉武帝时期,由于法网日趋严密,三公多因获罪下狱身死,能得善终者寥寥无几,致使这一时期宰辅的更替较为频繁。但因为汉武帝在位时间非常长,因此平均下来,每位三公的任职时间仍然达到了一年半。昭宣帝时期,三公平均任职时间基本维持在武帝时期的水平。但自元帝以后,三公的平均任职时间出现大幅度缩减,汉元帝时期,三公的平均任职时间由宣帝时期的 1.44 年下降为 1.14 年,成帝时期进一步减少为 1.04 年,至哀帝统治的 6 年中,更是频繁更换了 23 位三公,折算下来,平均每人的任职时间竟然才三个多月。直到王莽秉政期间,为挽救动荡的局势,采取了一系列旨在稳定朝政的举措,三公的平均任期才恢复到西汉中期的平均水平。西汉后期如此频繁地更替宰辅,是汉朝建立以来所不曾有过的,在哀帝统治时期,甚至出现数月之间丞相三易其人的"奇特现象"。孔光于成帝绥和二年(公元前 7 年)三月被任命为丞相,哀帝建平二年(公元前 5 年)四月,孔光因反对哀帝祖母傅太后欲同成帝母王太后俱称尊号的提议,被哀帝免除丞相之职。孔光被策免后,哀帝又任命朱博为丞相,但仅过了四个多月,朱博便因不道罪自杀。朱博自杀后,哀帝又相继任命平当、王嘉为丞相。王嘉为丞相一年多,又因弹劾哀帝的宠臣董贤被逼自杀。哀帝不得已,重新启用被免官的孔光为相,致使"旬月间阅三相"①。由于中央官员的调动过于频繁,政府日常政令的传达和执行受到非常大的影响。哀帝即位之初,丞相王嘉就曾专门向哀帝上奏,痛陈元、成以来因官员频繁调动所造成的政治上的混乱局面,请求哀帝能够重视这一状况。他说:"公卿以下传相促急,又数更改政事,司隶、部刺史察过悉劾,发扬阴私,吏或居官数月而退,送故迎新,交错道路。中材苟容求全,下材怀危内

---

　　① ［汉］班固:《汉书》卷八一《孔光传》,北京:中华书局,1962 年,第 3359 页。

顾,壹切营私者多。二千石益轻贱,吏民慢易之。或持其微过,增加成罪,言于刺史、司隶,或至上书章下;众庶知其易危,小失意则有离畔之心。"①但王嘉的奏疏并未起到多大效果,在此之后,争夺宫廷权力的斗争愈演愈烈,宰辅频繁更替的局面也依然持续着。

五、光武明章时期的三公犯罪

(一)东汉前期律令的改革

王莽篡汉后,曾一度以严刑峻法治国,时"朝廷不考功校德,而虚纳毁誉,数下诏书,张设重法,抑断诽谤,禁割论议,罪之重者,乃至腰斩"②。刘秀本人曾亲自参与了反王莽政权的农民起义,对王莽政权的黑暗统治有非常深刻的认识。为改变王莽时期法律严苛的局面,待国内形势初步稳定后,刘秀便着手删改王莽时期遗留下来的混乱律法,同时颁布了一系列旨在减轻刑罚的诏令,例如建武十八年(公元 42 年)四月,光武帝颁布诏书:"今边郡盗谷五十斛,罪至于死,开残吏妄杀之路,其蠲除此法,同之内郡。"③这是光武帝下诏减轻边郡对偷盗谷物者判刑的力度,使之与内地的判罚采用统一的标准。

在改革律令的同时,光武帝也曾数次颁布赦免令减轻犯罪者所受的刑罚。如建武五年(公元 29 年)五月,光武帝以久旱伤麦,秋种未下为由,颁布诏书,令"中都官、三辅、郡、国出系囚,罪非犯殊死一切勿案,见徒免为庶人"④。建武七年(公元 31 年)春正月,光武帝再次下诏,令"中都官、三辅、郡、国出系囚,非犯殊死,皆一

---

① [汉]班固:《汉书》卷八六《王嘉传》,北京:中华书局,1962 年,第 3490 页。

② [刘宋]范晔:《后汉书》卷二九《申屠刚传》,北京:中华书局,1965 年,第 1011—1012 页。

③ [刘宋]范晔:《后汉书》卷一上《光武帝纪上》,北京:中华书局,1965 年,第 69 页。

④ [刘宋]范晔:《后汉书》卷一上《光武帝纪上》,北京:中华书局,1965 年,第 39 页。

切勿案其罪。见徒免为庶（民）［人］。耐罪亡命，吏以文除之"①。此后，光武帝又曾于建武十二年、十三年、十八年、二十二年、二十八年、二十九年、三十一年，多次颁布诏令，或在特定地区，或在全国范围内以各种形式减免刑罚，同时又频繁派遣使者举冤狱，出系囚，尽量减少冤假错案的发生。经过光武帝的改革，王莽时期法律过于混乱的局面得到初步改善。

明帝即位后，继续推行光武帝宽减刑罚的政策。在即位之初，明帝就颁布诏令，宣布："其弛刑及郡国徒，在中元元年四月己卯赦前所犯而后捕系者，悉免其刑。又边人遭乱为内郡人妻，在己卯赦前，一切遣还边，恣其所乐。中二千石以下至黄绶，贬秩赎论者，悉皆复秩还赎。"②其后，明帝又曾于中元二年，永平二年、七年、九年、十五年、十六年、十七年、十八年，多次颁布诏令，下令赦免或减轻罪犯所犯罪行和应受的刑罚。

光武、明帝通过一系列法律改革，在一定程度上扭转了王莽以来法网严苛的状况，使烦冗的法律条文得到简化，阶级矛盾和冲突也在一定程度上有所缓和。班固在《汉书·刑法志》中称："自建武、永平，民亦新免兵革之祸，人有乐生之虑，与高、惠之间同，而政在抑强扶弱，朝无威福之臣，邑无豪杰之侠。以口率计，断狱少于成、哀之间什八，可谓清矣。"③

但是我们还应看到，在实际的司法审判中，吏治苛刻的局面仍然没有彻底改变："是时（肃宗）承永平故事，吏政尚严切，尚书决事率近于重。"④更为恶劣的是，司法官员为一己私利，随意出罪入罪的情况仍旧比比皆是。章帝时任尚书的陈宠在给章帝所上的奏章中就提到了这一问题："往者断狱严明，所以威惩奸匿，奸匿既平，必宜济之以宽。陛下即位，率由此义，数诏群僚，弘崇晏

① ［刘宋］范晔：《后汉书》卷一上《光武帝纪上》，北京：中华书局，1965 年，第 51 页。

② ［刘宋］范晔：《后汉书》卷二《明帝纪》，北京：中华书局，1965 年，第 96 页。

③ ［汉］班固：《汉书》卷二三《刑法志》，北京：中华书局，1962 年，第 1110 页。

④ ［刘宋］范晔：《后汉书》卷四六《陈宠传》，北京：中华书局，1965 年，第 1549 页。

晏。而有司执事,未悉奉承,典刑用法,犹尚深刻。断狱者急于箠格酷烈之痛,执宪者烦于诋欺放滥之文,或因公行私,逞纵威福。"①为彻底解决这一问题,陈宠建议章帝"隆先圣之务,荡涤烦苛,轻薄箠楚,以济群生"②。章帝本人也看到了司法官员滥施刑罚造成的危害,遂一再颁布诏书,命令司法官员不得滥施刑罚,不得以苛察为明,不得随意出罪入罪:"今吏多不良,擅行喜怒,或案不以罪,迫胁无辜,致令自杀者,一岁且多于断狱,甚非为人父母之意。"遂要求"有司其议纠举之"。③元和元年(公元 84 年)十二月,章帝又亲自颁布诏书,命令彻底废除西汉以来时存时废的妖言夷三族刑罚。诏书称:"往者妖言大狱,所及广达,一人犯罪,禁至三属,莫得垂缨仕宦王朝。如有贤才而没齿无用,朕甚怜之,非所谓与之更始也。诸以前妖恶禁锢者,一皆蠲除之,以明弃咎之路,但不得在宿卫而已。"④元和二年(公元 85 年)春正月,章帝又颁布诏书,强调:"间敕二千石各尚宽明,而今富奸行赂于下,贪吏枉法于上,使有罪不论而无过被刑,甚大逆也。夫以苛为察,以刻为明,以轻为德,以重为威,四者或兴,则下有怨心。吾诏书数下,冠盖接道,而吏不加理,人或失职,其咎安在?勉思旧令,称朕意焉。"⑤在陈宠的帮助下,章帝对汉律进行了较大幅度改革,"绝钻鑽诸惨酷之科,结妖恶之禁,除文致之请谳五十余事,定著于令。"⑥经过一系列改革,自王莽以来始终漫延的刑罚惨酷之风在章帝时期得到扭转,"是后狱法和平"⑦。范晔在《后汉书·章帝纪》中称赞章帝:"素知人厌明帝苛切,事从宽简。"沈家本在《汉律摭遗》中也肯定了章帝的刑罚改革:"考讯之事,故者亦不得已而

---

① [刘宋]范晔:《后汉书》卷四六《陈宠传》,北京:中华书局,1965 年,第 1549 页。

② [刘宋]范晔:《后汉书》卷四六《陈宠传》,北京:中华书局,1965 年,第 1549 页。

③ [刘宋]范晔:《后汉书》卷三《章帝纪》,北京:中华书局,1965 年,第 140 页。

④ [刘宋]范晔:《后汉书》卷三《章帝纪》,北京:中华书局,1965 年,第 147—148 页。

⑤ [刘宋]范晔:《后汉书》卷三《章帝纪》,北京:中华书局,1965 年,第 148 页。

⑥ [唐]房玄龄:《晋书》卷三〇《刑法志》,北京:中华书局,1974 年,第 919 页。

⑦ [唐]房玄龄:《晋书》卷三〇《刑法志》,北京:中华书局,1974 年,第 919 页。

用之。捶楚之下，何求不得，大可患也。汉法但得立而考讯之，限制尚严，而有司不遵法度，横施钻鑽之属，何其惨也。章帝感陈宠之言而颁此诏，其时风气为之一变，实盛德也。"①章帝统治时期，因犯罪被免官下狱的三公人数较前代大为减少，三公的犯罪率也降低到一个非常低的水平。章帝一朝共任命 11 位三公，但只有 1 人因犯罪被免除官职，如此之低的三公犯罪率，已经远远低于光武与明帝两朝，基本上与三公犯罪率最低的西汉初期持平。

（二）光武、明帝时期吏治苛刻的局面仍未改变

虽然光武、明帝两朝，经过一系列司法改革，稍稍缓解了王莽篡汉以来法律严酷的局面，然而，光武、明帝两朝，吏治苛刻的局面仍然未彻底改观。

光武、明帝对待手下的大臣，始终表现出两种截然相反的态度。首先，对那些属于东汉初期军功受益集团成员中以军功封侯、升任三公者，刘秀极尽优待。他们即便犯了错，光武帝也想方设法予以回护，不忍轻易处罚。《后汉书·马武传》中就说道："（光武）帝虽制御功臣，而每能回容，宥其小失，远方贡珍甘必先遍赐列侯，而太官无余。有功辄增邑赏，不任以吏职。故皆保其福禄，终无诛谴者。"②以窦融为例。窦融在东汉建立之初曾立下卓越战功，后被光武帝任命为大司空，位列三公。窦融"自以非旧臣，一旦入朝，在功臣之右，每召会进见，容貌辞气卑恭已甚，帝以此愈亲厚之"③。他认为自己是半路投靠光武帝，功劳不能和跟随光武帝一起起兵的旧臣相比，位居三公，却不自傲，深得光武帝信任。建武二十年（公元 44 年），大司徒戴涉因所荐举之人盗金而被牵连下狱，光武帝因三公参职的原因，不得已策免窦融官职。但数月之后，窦融又被加位特进，恩宠如故。后窦融子窦穆矫太

---

① ［清］沈家本：《汉律摭遗》卷六，《历代刑法考》，北京：中华书局，1985 年，第 1491 页。

② ［刘宋］范晔：《后汉书》卷二二《马武传》，北京：中华书局，1965 年，第 785 页。

③ ［刘宋］范晔：《后汉书》卷二三《窦融传》，北京：中华书局，1965 年，第 807 页。

后诏,令六安侯刘盱休掉原配妻子,纳自己的女儿为王妃。按汉代法律,矫诏大害,不仅本人要被处以极刑,其家属也要受到牵连。后窦穆矫诏一事被人揭发,明帝大怒,遂罢免窦氏一族所有人的官职,并令携其家属返回故郡,却以窦融功勋卓著为由,不仅没有处罚他,还将他留在京师赡养,其家人后来也依靠着窦融的关系,免去了归故郡的惩罚,足见窦融恩宠之盛。光武帝对追随自己平定天下的功臣极尽优待,不因犯小过错而随意杀人,因此,光武帝一朝,军功受益集团的成员,虽然有时会因各种原因被免除官职,却并没有一人因犯罪而遭到诛杀。

与此相反,对于建国以后通过选举途径而升任三公者,光武帝的态度就显得不那么客气了:"时内外群官,多帝自选举,加以法理严察,职事过苦,尚书近臣,至乃捶扑牵曳于前,群臣莫敢正言。"①正如于迎春所说:"在退武将、进文臣的同时,因痛恨上威不行、下专国命的西汉之衰,光武乃革变吏治,以严猛为政,试图通过对官僚士大夫,尤其是职高官大者的钳制,来加强、保障中央集权政治的有效运作和皇帝至高无上的专制权威。"②光武帝鉴于西汉末年,外戚权臣当道,导致皇权衰落,王莽借机篡汉的教训,一方面严格限制外戚势力的发展,另一方面则想尽各种办法抑制以三公为首的朝廷官员势力的膨胀。首先,鉴于西汉后期三公位高权重,严重威胁皇权的巩固,东汉建立伊始,光武帝便废除了拜三公之日同时加封列侯的惯例。其次,出于巩固皇权的目的,光武帝对三公的管理也相当严苛,三公一旦犯法,就严肃处理,绝不姑息。时任执金吾的朱浮在给光武帝的奏疏中称:"窃见陛下疾往者上威不行,下专国命,即位以来,不用旧典,信刺举之吏,黜鼎辅之任,至于有所劾奏,便加免退,覆案不关三府,罪遣不蒙澄察。"③在如何处理被弹劾三公的问题上,光武帝表现得非常坚决和果

---

① [刘宋]范晔:《后汉书》卷二九《申屠刚传》,北京:中华书局,1965 年,第 1017 页。

② 于迎春:《秦汉士史》,北京:北京大学出版社,2000 年,第 368 页。

③ [刘宋]范晔:《后汉书》卷三三《朱浮传》,北京:中华书局,1965 年,第 1143 页。

断。他既不与朝中大臣商议,也不经过正常司法程序的案验,但凡接到奏报,不论劾奏是否属实,即刻罢黜三公。光武帝的这种做法,引来朝野内外众多士大夫的批评和指责。仲长统在《昌言·法诫篇》中就批评道:"光武皇帝愠数世之失权,忿强臣之窃命,矫枉过直,政不任下,虽置三公,事归台阁。自此以来,三公之职,备员而已;然政有不理,犹加谴责。"①面对士大夫们的指责,尽管光武帝当时也摆出一副虚心接受的态度,事后却依然是我行我素,吏治严苛的局面并未有多少改观。

明帝是一位对儒学极为热爱且在儒学上又有很高造诣的人。他即位次年,即亲行雍礼,讲学于辟雍:"天子始冠通天,衣日月,备法物之驾,盛清道之仪,坐明堂而朝群后,登灵台以望云物,祖割辟雍之上,尊养三老五更。飨射礼毕,帝正坐自讲,诸儒执经问难于前,冠带缙绅之人,圜桥门而观听者盖亿万计。"②永平十五年(公元72年)三月明帝又亲自"幸孔子宅,祠仲尼及七十二弟子",并"亲御讲堂,命皇太子、诸王说经"。③ 明帝的儒雅之风得到朝野内外的一致称赞,范晔在《后汉书·明帝纪》中,称赞明帝"善刑理,法令分明。日晏坐朝,幽枉必达。内外无幸曲之私,在上无矜大之色。断狱得情,号居前代十二。故复之言事者,莫不先建武、永平之政"④。然仔细考察这位有儒雅之风的汉明帝在对待公卿大臣时的态度,范晔的这番话就显得有些言过其实了。

首先,明帝同光武帝一样,好探人隐私,时常当着群臣之面,棰楚亲近大臣:"帝(指明帝)性偏察,好以耳目隐发为明,故公卿大臣数被诋毁,近臣尚书以下至见提拽。"⑤明帝对国家官员缺乏

---

① [刘宋]范晔:《后汉书》卷四九《仲长统传》,北京:中华书局,1965年,第1657页。

② [刘宋]范晔:《后汉书》卷七九上《儒林列传上》,北京:中华书局,1965年,第2545—2546页。

③ [刘宋]范晔:《后汉书》卷二《明帝纪》,北京:中华书局,1965年,第118页。

④ [刘宋]范晔:《后汉书》卷二《明帝纪》,北京:中华书局,1965年,第124页。

⑤ [刘宋]范晔:《后汉书》卷四一《钟离意传》,北京:中华书局,1965年,第1409页。

必要的信任，即便是地位尊崇的三公，但凡被抓住小错，便会遭到严厉的处罚，致使大臣所犯罪行与接受的处罚显得严重不对等。君主不按国家法律规定行事，仅凭个人的喜怒，肆意践踏法律的尊严，这种行为严重破坏了国家司法制度的正常运作，上行下效之下，又怎能指望国家司法清明呢？至于君主在朝堂之上棰扑近臣的做法，在强调"刑不上大夫"的两汉时期更是不曾多见。

其次，汉明帝时期发生了楚王英谋反案，明帝借机大肆株连朝中大臣，大臣受牵连范围之广，涉案大臣遭受的处罚之严厉，在整个两汉历史上也是不多见的。《后汉书·楚王英传》就说："其辞语相连，自京师亲戚诸侯州郡豪杰即考案吏，阿附相陷，坐死徙者以千数。"①《后汉书·袁安传》也说："是时英辞所连及系者数千人，显宗怒甚，吏案之急，迫痛自诬，死者甚重。"②时任三公的虞延、邢穆等人就皆因楚王谋反案的牵连而被免官下狱。虞延"坐与楚王英党羽黄初等交通免，自杀"③。邢穆"坐与淮阳王延交通，知谋逆，下狱死"④。

章帝即位之初，基本沿袭了光武、明帝时期的做法，官吏犯罪后所受到的处罚依旧相当严酷："是时承永平故事，吏政尚严切，尚书决事率近于重。"⑤"间者守宰数见换易，迎新相代，疲劳道路。寻其视事日浅，未足昭见其职，既加严切，人不自保，各相顾望，无自安之心。有司或因睚眦以骋私怨，苟求长短，求媚上意。二千石及长吏迫于举劾，惧于刺讥，故争饰诈伪，以希虚誉。"⑥后在陈宠、郭躬等人的协助下，章帝对现有律法进行了较大幅度改革，才使吏治苛刻的局面得到扭转。

---

① ［刘宋］范晔：《后汉书》卷四二《楚王英传》，北京：中华书局，1965年，第1430页。

② ［刘宋］范晔：《后汉书》卷四五《袁安传》，北京：中华书局，1965年，第1518页。

③ ［刘宋］范晔：《后汉书》卷三三《虞延传》，北京：中华书局，1965年，第1154页。

④ ［宋］熊方等著，刘祜仁点校：《后汉书三国志补表三十种》，北京：中华书局，1984年，第373页。

⑤ ［刘宋］范晔：《后汉书》卷四六《陈宠传》，北京：中华书局，1965年，第1549页。

⑥ ［刘宋］范晔：《后汉书》卷三三《朱浮传》，北京：中华书局，1965年，第1142页。

光武、明帝时期吏治苛刻的局面没有从根本上被扭转,致使这一时期的三公犯罪率依然维持在一个较高的水平。光武、明帝、章帝三朝分别曾任职三公的人数分别为 23、15 和 11 人,这其中因犯罪被免官下狱的人数分别为 9、5 和 1 人,三个时期的三公的犯罪率分别是 39.13％、33.33％和 9.1％。可见,光武、明帝统治时期,三公的犯罪率要远远高于吏治较为和缓的章帝时期,而这其中又尤以光武一朝的三公犯罪率最高。由于光武帝对公卿大夫较为严苛,因而担任宰辅的大臣多因罪而下狱。《后汉书·韩歆传》即说:"(韩)歆素有重名,死非其罪,众多不厌,帝乃追赐钱谷,以成礼葬之。后千乘欧阳歙、清河戴涉相代为大司徒,坐事下狱死,自是大臣难居相任。"[1]这一时期三公因多难在相位上得以善终,甚至连君主也不得不反复叮嘱担任宰辅的大臣须小心谨慎,避免获罪:"先是三公多见罪退,帝贤勤,欲令以善自终,乃因谯见从容戒之曰:'朱浮上不忠于君,下陵轹同列,竟以中伤至今,死生吉凶未可知,岂不惜哉!人臣放逐受诛,虽复追加赏赐赙祭,不足以偿不訾之身。忠臣孝子,览照前世,以为镜诫。能尽忠于国,事君无二,则爵赏光乎当世,功名列于不朽,可不勉哉!'"[2]

六、东汉中期以后的三公犯罪

(一)阴阳灾异思想的发展与"以灾异策免三公"的出现

冯友兰先生曾说:"西汉经师,皆采阴阳家之言以说经。所谓今文家之经学,此其特色也。当时阴阳家之空气,弥漫于一般人之思想中。'天道'人事,相互影响;西汉人深信此理。故汉儒多言灾异。君主亦多遇灾而恐惧。"[3]其实不仅西汉人如此,阴阳灾

---

① [刘宋]范晔《后汉书》卷二六《侯霸传》,北京:中华书局,1965 年,第 902—903 页。

② [刘宋]范晔:《后汉书》卷二六《冯勤传》,北京:中华书局,1965 年,第 910 页。

③ 冯友兰:《中国哲学史》(下册),重庆:重庆出版社,2009 年,第 6 页。

异思想影响下的东汉人也是一样。一旦发生灾异，汉代君主通常采用两种处理方法：其一是君主下"罪己诏"，检讨自己的过失，并请求得到上天原谅；其二是君主不亲自受过，反而在臣僚中寻找代替君主受过的"替罪羊"，而这个"替罪羊"的角色，十有八九会落到有燮理阴阳职责的三公身上。以灾异策免三公就是在这种情况下产生的。

西汉建立之初，每当灾异发生，帝王每每下罪己诏反思自己的过失，将灾异转嫁于他人的做法反而不多见。例如文帝前元二年（公元前 178 年）十一月发生日食，文帝所下罪己诏称："朕获保宗庙，以微眇之身托于士民君王之上，天下治乱，在予一人，唯二三执政犹吾股肱也。朕下不能治育群生，上以累三光之明，其不德大矣。"① 起初帝王敢于下罪己诏的做法可能还包含着几分帝王对上天的畏惧以及敢于承担上天惩罚的勇气。然而随着君主专制权力的加强，君主敢于承担上天责罚的勇气很快就消失了，帝王罪己诏中所蕴含的政治意义反而被凸显出来。董仲舒在《春秋繁露》中指出："唯天子受命于天，天下受命于天子，一国则受命于君。君命顺，则民有顺命；君命逆，则民有逆命。故曰：'一人有庆，万民赖之。'此之谓也。"② 根据董仲舒的天人感应理论，虽然每个人都有潜在的与天沟通的能力，然而，唯有圣人和君主才能够将这种潜在的能力转化为实际的能力。对此，董仲舒进一步解释道："古之造文者，三画而连其中，谓之王。三画者，天地与人也，而连其中者，通其道也。取天地与人之中以为贯而参通之，非王者庸能当是？是故王者唯天之施，施其时而成之，法其命而循之诸人，法其数而以起事，治其道而以出法，治其志而归之于人。"③ 因为唯有人间的至尊——帝王才拥有与天沟通的能力，所以也只

---

① ［汉］班固：《汉书》卷四《文帝纪》，北京：中华书局，1962 年，第 116 页。

② ［汉］董仲舒著，［清］苏舆撰：《春秋繁露义证》卷一一《为人者天》，北京：中华书局，1996 年，第 319 页。

③ ［汉］董仲舒著，［清］苏舆撰：《春秋繁露义证》卷一一《王道通三》，北京：中华书局，1996 年，第 328—329 页。

能是君主才有资格秉承上天的意志,也唯有他才有资格接受上天的警告,甚至惩罚。百姓是愚昧无知的,他们不能与天地发生感应,无法窥测天意。因此,他们被排除在天人感应之外。公卿大臣虽比普通百姓要强一些,但他们也没有能力窥探天意。而天子正是通过下罪己诏这样一种行动,向天下人宣示了自己天子身份的正当性和神圣性。由于罪己诏已经退化为一种抽象的象征符号,所以罪己诏的颁布,也越来越流于形式,帝王在罪己诏中使用的语言和表露出的情感也越发空洞。一方面君主在上天面前故作痛心疾首、后悔莫名状,可是回过头来却转化成对臣下越来越严厉的训斥和惩罚,"于是策免三公成了天子对付灾变的常策,下诏罪己反成了例行公事"①。

殇帝延平元年(公元 106 年),徐防"以灾异寇贼策免,就国"。范晔由此认为:"凡三公以灾异策免,始自防也。"②但从现有史料来看,汉代第一位因灾异被策免的丞相是于定国,而非徐防。据《汉书·于定国传》记载,汉元帝永光元年(公元前 43 年)出现"春霜夏寒,日青亡光"的反常天象,汉元帝认为这是由大臣办事不力造成的,下诏书责备丞相等人。于定国受到元帝的谴责,感到惶恐不安,于是"上书自劾,归侯印,乞骸骨"。③但是仔细考察于定国被策免一事,可以发现它和之后"以灾异策免三公"的情况有所不同。首先,于定国是主动上书自劾,而不是被皇帝下诏罢免,两者的性质不同。其次,元帝在诏书中责备于定国等人:"郎有从东方来者,言民父子相弃。丞相、御史案事之吏匮不言邪?将从东方来者加增之也?何以错缪至是?"④因此,于定国被免相,虽有灾异频现的原因在内,但更主要的原因恐怕是丞相和御史等人隐瞒灾情不报的行径本身就是错误的,这令元帝感到非常不满,一怒

---

① 于迎春:《秦汉士史》,北京:北京大学出版社,2000 年,第 395 页。

② [刘宋]范晔:《后汉书》卷四四《徐防传》,北京:中华书局,1965 年,第 1502 页。

③ [汉]班固:《汉书》卷七一《于定国传》,北京:中华书局,1962 年,第 3045 页。

④ [汉]班固:《汉书》卷七一《于定国传》,北京:中华书局,1962 年,第 3044—3045 页。

之下才罢免了于定国的官职。这与东汉以后三公本身可能并未做错什么，仅因灾异发生就被策免的情况是不同的。继于定国之后，薛宣、翟方进二人也相继因灾异数见被皇帝下诏策免。然西汉时期因灾异策免三公只是偶一为之，并未像东汉以后那样普遍。

东汉以后以灾异策免三公现象的增多与这一时期自然灾害的频繁发生有着密切的关系。作者欲援引王文涛《秦汉社会保障研究——以灾害救助为中心的考察》①一书中的数据来说明这一问题，东汉自安帝以后，自然灾害的发生率较整个西汉时期以及东汉前期有显著提高。安帝共在位 19 年，累计发生各类自然灾害 86 次，顺帝在位 19 年，发生自然灾害 33 次。冲帝、质帝在位时间很短，其间发生的灾害可以忽略不计。桓帝在位 21 年，发生自然灾害 55 次，灵帝和献帝在位时间分别为 22 和 32 年，其间发生的自然灾害分别为 41 和 42 次。合计自安帝即位开始，直到东汉灭亡这 110 多年时间里，累计发生自然灾害 260 次，平均一年竟然有两次多。自然灾害发生率之高，是两汉其他时间段所没有的。

以灾异策免三公现象越来越频繁地出现，以至于任职三公者多不能久任。例如灵帝光和元年（公元 178 年）这一年中，就先后有孟𫖮、张颢、陈球和桥玄四人相继被任命为太尉。几人之中，除孟𫖮情况不明外，张颢、陈球两人，一人以星孛被免官，一人以日食被免官。四人中在任时间最短者为陈球，被任命为三公仅一月即被罢免。这一时期，甚至还不止一次出现一次灾异同时策免两位以上三公的情况。例如顺帝永建二年（公元 127 年）"七月甲戌朔，日有食之。壬午，太尉朱宠、司徒朱伥罢"②。永建四年（公元 129 年），"五州雨水。秋八月庚子，遣使实核死亡，收敛禀赐。丁

---

① 王文涛：《秦汉社会保障研究——以灾害救助为中心的考察》，北京：中华书局，2007 年，第 40 页。

② ［刘宋］范晔：《后汉书》卷六《顺帝纪》，北京：中华书局，1965 年，第 254 页。

巳,太尉刘光、司空张皓免"①。阳嘉四年(公元135年)十一月,京师发生地震,"司徒刘崎、司空孔扶免"②。汉桓帝时期,甚至还出现了一次灾异三公同时被策免的情况:桓帝永兴元年(公元153年)"秋七月,郡国三十二蝗。河水溢"③。冬十月,太尉袁汤、司徒吴雄、司空赵戒俱被策免。如此频繁地因灾异发生而策免三公,这在之前的历史上是不曾有过的。

这一时期,因灾异策免三公的做法越来越多,遂逐渐形成一套固定的制度。《汉官旧仪》中就记载了天子因灾异策免三公的程序,其文说:"有天地大变,天下大过,皇帝使侍中持节乘四白马,赐上尊十斛,养牛一头,策告殃咎。使者去半道,丞相上病。使者还,未白事,尚书以丞相不起病闻。丞相不胜任,使者奉策书,驾骀骆马,即时布衣,步出府,免为庶人。"④每当灾异屡现,天子欲策免三公之时,并不直接给三公下诏,而多采取一种暗示的方式,即令使者赐给欲策免的三公十斛酒一头牛,三公看到皇帝所赐之物,即日在家称病不朝,天子即以丞相生病,恐不能胜任丞相一职为由策免。整个策免的过程始终笼罩着一层脉脉含情的面纱,皇帝不仅绝口不提策免之事,相反还赐给臣子牛酒,以示优宠。而大臣看到所赐之物,便立刻称病请辞,同样绝口不提被策免之事。在以灾异策免三公的问题上,皇帝与臣子似乎达成了一种默契,皇帝既然为策免的臣子保留了足够的面子,臣子也应知进退,以主动称病请辞维护皇帝的尊严。以灾异发生作为策免三公的理由,君主也自知理亏,因而在大多数情况下,只是罢免三公官职了事,并不多作其他处罚。东汉以后,许多被策免的三公在很短时间内又重新复出,因灾异被免的经历,显然对他们仕途的发展并没有造成太多不利的影响。

---

① [刘宋]范晔:《后汉书》卷六《顺帝纪》,北京:中华书局,1965年,第256页。
② [刘宋]范晔:《后汉书》卷六《顺帝纪》,北京:中华书局,1965年,第264页。
③ [刘宋]范晔:《后汉书》卷七《桓帝纪》,北京:中华书局,1965年,第298页。
④ [清]孙星衍等辑,周天游点校:《汉官六种》,北京:中华书局,1990年,第40页。

（二）明哲保身思想的盛行与东汉晚期的三公犯罪

在君主专制制度下，君主的权威是至高无上的，他可以完全凭借自己的喜怒，随意决定人的生死。皇帝身边的臣子，这一刻可能因为迎合了圣意而飞黄腾达，下一刻就有可能因为触怒君主而下狱身死。圣意的难以揣测以及官场中臣僚的钩心斗角、相互倾轧，使官员们内心充满了对自己前途和命运无法掌握的无力感，如临深渊，如履薄冰，正是他们内心最为真实的写照。如何才能在变幻莫测的官场中保全自己，成为官员们为官首先需要考虑的问题。明哲保身思想的出现，正是基于官员们内心的这种复杂心态。

东汉中期以后，由于君主或年幼，或昏庸无能，致使君主权力被外戚和宦官势力所篡夺，国家政治变得日益黑暗了。他们利用手中的权力肆意打击报复异己，许多正直的国家官员因为反对外戚、宦官专权被迫害致死。朱穆在给桓帝的一封奏疏中，就曾说："自延平以来，浸益贵盛，假貂珰之饰，处常伯之任，天朝政事，一更其手，权倾海内，宠贵无极，子弟亲戚，并荷荣任，故放滥骄溢，莫能禁御。凶狡无行之徒，媚以求官，恃势怙宠之辈，渔食百姓，穷破天下，空竭小人。"①敢于同外戚宦官作斗争的正直官员们的悲惨下场，深深地震撼了朝野内外的士大夫。特别是经历了两次党锢之祸的惨痛失利，面对仕宦前程的不可捉摸和灾祸的不可预知，明哲保身逐渐成为东汉晚期士大夫的普遍心态。汉和帝时，曾任会稽太守、侍中的张霸曾因病向皇帝上书辞官，在奏疏中他说自己："起自孤生，致位郡守。""盖日中则移，月满则亏。老氏有言：知足不辱。"②张霸这种退而求全、知足常乐的精神态度，正是那个时代大多数官员心声的代表。虽然这一时期仍然不乏为挽救国家危难，不惜与外戚、宦官集团英勇抗争的士大夫，但能够将自己生死置之度外者毕竟只是少数，更多的人还是选择了与外戚

---

① ［刘宋］范晔：《后汉书》卷四三《朱穆传》，北京：中华书局，1965年，第1472页。
② ［刘宋］范晔：《后汉书》卷三六《张霸传》，北京：中华书局，1965年，第1242页。

宦官势力妥协退让,甚至心甘情愿地接受他们的奴役。

以胡广为例。据《后汉书·胡广传》记载,胡广"少孤贫,亲执家苦"①。在以门第出身作为选官标准的东汉时期,以胡广一介寒门子弟之身,若想凭借自己的力量获得入仕的机会是非常困难的。胡广幸运地因法真的推举得以被察为孝廉,又幸运地以章奏为天下第一,被安帝提拔为尚书郎,后历任尚书仆射及济阴、汝南太守。汉安元年(公元 142 年)又被任命为司徒,开始了他三十多年的台阁任职经历。在担任宰辅期间,胡广时时以保身为上,以至于当政三十年,竟无一可值得称道之举。其中最能体现胡广明哲保身思想的一件事情发生在汉质帝驾崩后皇位继承人的选择上。汉质帝即位一年后,被权臣梁冀毒死。由于质帝年少无子,只能由外藩继承大统。此时群臣推举的皇位人选有二人:清河王刘蒜与蠡吾侯刘志。李固起初与胡广、赵戒商议,欲立清河王为帝。但在朝会上,震慑于梁冀的淫威,"自胡广、赵戒以下,莫不慑惮之。皆曰:'惟大将军令。'"②唯有李固与杜乔不惧梁冀淫威,坚守本议不改。最终蠡吾侯被立为帝,是为桓帝。梁冀在立蠡吾侯为帝后,又忌惮李固在士人之间的声望,遂以前事将李固处死。以宰辅身份作为商议拥立君主的重要参与者之一,胡广既缺乏与梁冀抗争的勇气,也没有如李杜一般坚守决议不动摇的信念,一旦梁冀稍露狰狞的面目,便立刻倒向梁冀一边。与李杜二人相较,从胡广身上,完全看不到士人应有的坚守气节的高尚情操,有的只是卑躬屈膝、刻意逢迎的丑态。此后,胡广又凭借着自己的左右钻营,在官场上顺风顺水,曾一任司空,两任司徒,三登太尉,位列三公三十余年而不倒。胡广早年贫寒的经历很可能对他此后的人生心态产生了巨大的影响,获得官职的不易,使他对自己的官位越发珍惜,也许这正是促成他后来在官场上处处明哲保身的一个重要原因。也正因为胡广采取明哲保身的策略,所以尽管他在官场上也曾小有失意,但很快又能重新崛起。但也因

---

① ［刘宋］范晔:《后汉书》卷四四《胡广传》,北京:中华书局,1965 年,第 1505 页。
② ［刘宋］范晔:《后汉书》卷六三《李固传》,北京:中华书局,1965 年,第 2086 页。

为他的明哲保身,所以在担任宰辅三十多年间,胡广一直平平庸庸,没有什么大的作为。当时京师流传着"万事不理问伯始,天下中庸有胡公"①的谚语,就是对胡广尸位素餐、无所作为行径的辛辣讽刺。

与胡广出身寒门不同,杨彪出生在一个典型的官宦家庭,其曾祖父杨震、祖父杨秉、父亲杨赐皆曾位列三公,弘农杨氏又是东汉地方上首屈一指的世家大族,有着如此雄厚的家庭背景,杨彪的仕途前景可以说从一开始就是非常光明的。杨彪年少时即因精通家学被举为孝廉,州举为茂材,辟公府,但他皆不为所动,拒绝出仕。可以说青年时代的杨彪并不像一般世家大族子弟那样沾染过多的顽劣习气,相反,在他身上似乎还保留着些许士大夫不慕名利的高尚节操。但随着杨彪步入官场,官职越做越大,早年的优良情操在黑暗的官场中消磨殆尽,人也变得越发小心谨慎。杨彪一生的仕宦生涯中,唯有光和年间揭露黄门令王甫"使门生于郡界辜榷官财物七千余万"②一事,还能够体现他敢于同邪恶势力作斗争的勇气,其余大多数时候,杨彪的表现勉强只能用平庸来形容。特别是转任三公后,面对以董卓为代表的新兴军阀势力在朝中为非作歹,他又不敢与之正面对抗,只能唯唯诺诺,委曲求全。初平元年(公元 190 年),因关东兵起,董卓欲迁都长安,杨彪起初以"天下无虞,百姓乐安,明公建立圣主,光隆汉祚,无故捐宗庙,弃园陵,恐百姓惊动,必有糜沸之乱"③为由反对迁都。然而,面对董卓强硬的态度,司空荀爽担心杨彪等人被董卓陷害,遂私下劝诫杨彪"诸君坚争不止,祸必有归,故吾不为也"④。在荀爽的劝诫下,杨彪很快就改变了本议,与董卓在迁都问题上达成了妥协。后虽因顶撞董卓被免除司徒之职,但好歹保住了自己的性命。曹氏篡汉之后,杨彪一方面以"彪备汉三公,遭世倾乱,不能

---

① [刘宋]范晔:《后汉书》卷四四《胡广传》,北京:中华书局,1965 年,第 1510 页。
② [刘宋]范晔:《后汉书》卷五四《杨彪传》,北京:中华书局,1965 年,第 1786 页。
③ [刘宋]范晔:《后汉书》卷五四《杨彪传》,北京:中华书局,1965 年,第 1786 页。
④ [刘宋]范晔:《后汉书》卷五四《杨彪传》,北京:中华书局,1965 年,第 1787 页。

有所补益。耄年被病,岂可赞惟新之朝"①为由拒不接受曹丕所封官职,另一方面却又坦然接受曹丕赐赠的几杖衣袍。他既想做汉室的忠臣,留名于青史,但又不愿弄僵与曹丕之间关系使自己无故丢了性命。这种矛盾的心态既是杨彪本人始终无法解开的心结,同时也是那个时代许多士大夫共同心理的反映。

当然,并非所有选择明哲保身的官员都能够在汉末混乱的官场中幸免于难。党锢之祸中,正直的士大夫大多自觉地同外戚、宦官集团作斗争,但也有部分人为了自己的仕途而选择投靠他们。如《后汉书·刘陶传》:"光和五年,诏公卿以谣言举刺史、二千石为民蠹害者。时太尉许戫、司空张济承望内官,受取货赂,其宦者子弟宾客,虽贪污秽浊,皆不敢问,而虚纠边远小郡清修有惠化者二十六人。"②时任太尉的许戫和司空张济都选择了投靠宦官。皇帝令公卿上奏二千石官员中的为害百姓者,他们不敢过问宦官子弟,只好以正直的官员来充数。一旦投靠外戚、宦官,就意味着将自己的命运同他们的命运绑定在一起,两者可谓一荣俱荣,一损俱损。这些以卖名节求荣者,虽然依靠外戚宦官势力的庇护显赫一时,但是随着外戚、宦官集团的倒台,这些人也多因阿附权贵而获罪,轻者被免官夺爵,重者则可能性命不保。如桓帝时期的太尉胡广、司徒韩缤、司空孙朗,灵帝时期的太尉许戫、司空张济,皆是因阿附外戚宦官而被策免。这既是那些变节求荣者的悲剧,更是那个黑暗时代的悲剧。

七、周代三公犯罪与汉代三公犯罪问题的比较

周代与汉代,一个是以宗法血缘关系为基础形成的宗法制社会,一个是以君主专制中央集权为特征的专制国家,尽管两者的社会形态迥然不同,但在应对和处理三公犯罪问题方面,两个朝代之间却有许多相似之处。

---

① [刘宋]范晔:《后汉书》卷五四《杨彪传》,北京:中华书局,1965 年,第 1790 页。
② [刘宋]范晔:《后汉书》卷五七《刘陶传》,北京:中华书局,1965 年,第 1851 页。

首先,国家法律中对罪名的设置都体现了对君主权威的维护。在以宗法血缘制为基础的周代社会,每一代周天子都是以嫡长子身份继承王位,因此他也被视为天下姬姓的大宗,周天子所分封的众多诸侯王,则被看作姬姓的小宗。而在各诸侯国内,每一代诸侯王又以其嫡长子的身份,成为诸侯王国内的大宗,诸侯王所分封的诸子为卿大夫,又被看作诸侯王国的小宗。在这种金字塔形的宗法等级关系中,小宗依附于大宗而存在,小宗必须要服从大宗的领导。周天子作为天下的大宗,他与诸侯王、臣民之间,就不仅仅只是政治上的领导与被领导的关系,同时也包含着宗法血缘关系上的大宗与小宗、被服从与服从的关系。集宗法权力与政治权力于一身的周天子,因此拥有了极高的权威,任何敢于违抗君命者,都被视作妄图破坏宗法等级制度,等待他们的将是最为严厉的惩罚。《周礼》是一部反映周代国家政治制度的书籍,其中虽然掺杂了不少后人理想化的成分,但《周礼》所反映出来的君尊臣卑思想,以及维护君主权威的意识,却是周代政治思想的真实反映。《周礼·夏官·大司马》:"以九伐之法正邦国……贼杀其亲则正之,放弑其君则残之,犯令陵政则杜之。"郑玄注曰:"犯令者,违命也。陵政者,轻政法,不循也。杜之者,杜塞使不得与邻国交通。"孙诒让《正义》曰:"言干犯王之命令也……谓轻蔑国之政法,不率循之,是为陵政也。"①不尊王命、以下犯上的行为,严重违背了宗法血缘制度的基本原则,因此被国家法律列入重点打击的对象。《周礼·秋官·士师》又有所谓的"八成"之说:"一曰邦汋,二曰邦贼,三曰邦谍,四曰犯邦令,五曰挢邦令,六曰为邦盗,七曰为邦朋,八曰为邦诬。""邦贼",郑玄注曰:"为逆乱者。"孙诒让《正义》曰:"为逆乱犯上之事。""犯邦令",郑玄注曰:"干冒王教令者。"孙诒让《正义》曰:"干犯抵触王之教令,专辄妄行。""为邦诬",郑玄注曰:"诬罔君臣,使事失实。"孙诒

---

① [清]孙诒让撰,王文锦、陈玉霞点校:《周礼正义》卷五五《夏官大司马》,北京:中华书局,1987年,第2288—2290页。

让《正义》曰:"谗臣诬构上下,乱善恶之实。"①"八成"所列八种罪行,皆是严重破坏宗法制度的恶劣行为,这些行为均对君主的统治构成极大威胁,为国家法律所不容,因此同样被列入法律重点打击的对象。虽然周代还没有出现后世诸如"十恶"之罪这样的称谓,但国家法律对君主权威的维护,却与后世并无二致。随着历史的演变,国家法律对君权的维护,不仅没有在战国秦汉间的社会变革中消失,反而随着君主专制权力的不断加强而得到强化。正如刘泽华先生所说:"如果说在上古国家形成过程中产生的宗法形式的君主专制还是初级的,那么秦汉以后的中央集权专制国家,就可以算是一种高级、完善化的君主专制形式了。"②君主专制制度的确立,使君主集政治权力、经济权力、军事指挥权力、司法权力等各项权力于一身,真正获得了政治上的独尊地位。任何敢于触犯君主权威的行为,都将会受到君主最为严厉的惩处。从汉代法律对谋反、大逆等罪的处理方式上,我们可以非常明显地感受到这一点。

其次,不论是周代还是汉代,勋臣贵戚在法律上都享有一定的特权。众所周知,周王朝是在宗法血缘关系的基础建立起来的,在这样一个严格遵守亲疏尊卑等级关系的国家里,国家各项制度的制定与实施也必定会带有浓重的宗法等级色彩,周代的法律制度也不会例外。在宗法等级制度之下,全部社会成员被划分为不同的等级,并依照等级高低的不同,各自享有不同的权利,承担不同的义务。

从宗法血缘关系上来看,西周时期,凡出任三公者,皆为姬姓宗族内德高望重者,他们与周天子在血缘关系上是非常亲近的。据晁福林先生考证,在世卿制度之下,周代的三公几乎都出自周公、召公、毛公、尹氏、荣氏、虢氏、樊氏、原氏几大家族,这些家族

---

① 〔清〕孙诒让撰,王文锦、陈玉霞点校:《周礼正义》卷六七《秋官士师》,北京:中华书局,1987年,第2787—2789页。

② 刘泽华:《专制权力与中国社会》,长春:吉林文史出版社,1988年,第11页。

都是周王后裔,同为姬姓贵族。① 尽管从单个的家族来看,某些世为三公的家族在延续一世或数世之后,因失去周天子的策命而丢掉三公之位,其职位自然也被其他家族成员代替。但从整体上看,三公始终是由姬姓贵族成员来担任,终西周之世不曾超出这一范围。因为与周天子之间始终保持着天然的血缘关系,并且三公的地位与庶民相比也更为尊贵,他们自然可以依法享有属于他们这一等级的法律特权。即便因为犯罪等原因被免除官职,他们在法律上的特权也不会被剥夺。从政治权力的角度来看,西周时期三公手中握有的权力是非常大。在天子年幼或因某些原因不能理政时,三公可以临时代替周天子处理政事,西周初期发生的周公辅政事件,以及西周晚期发生的"周召共和"事件,当时担任三公的周公和召公皆是在周天子因某种原因不能正常理政时,临时代替周天子履行天子的职责,直到周天子恢复正常理政能力为止。而与西周前期相比,西周中后期,随着姬姓贵族阶级经济实力和政治影响力的不断增长,三公的权力又不断被加强,三公也成为支撑王权不倒的一根重要支柱。因此,不论是从国家政治稳定方面考虑,还是从血缘亲情方面考虑,周天子在处理三公犯罪问题时,都必须谨慎对待,不能出现丝毫差错,否则就会严重动摇国家的统治基础。从现有的文献资料看,周代贵族成员犯罪,很少有被周天子直接处以死刑者。例如西周初年发生的三监之乱,挑唆武庚叛乱的三位姬姓贵族成员中,只有管叔一人被周公诛杀,其余二人,蔡叔被流放,霍叔被废为庶民。如果按照秦汉以后的法律规定,犯有谋反罪,不仅参与谋反者本人要被处以极刑,就连其家属,也要受到牵连。例如汉昭帝时期被卷入燕王刘旦、上官桀父子谋反事件中的御史大夫桑弘羊,除本人当即被霍光诛杀外,其整个家族也惨遭灭族之祸。这种残酷的处罚方式,与三监之乱中周公对姬姓贵族的处理方式形成鲜明的对照。从中我们可以明显地看到,周代的法律因为对宗法血缘关系极为看重,对

---

① 晁福林:《先秦社会形态研究》,北京:北京师范大学出版社,2003 年,第 197—198 页。

贵族成员的惩罚，除特殊情况外，都是比较轻的。

如果不得不对犯罪的贵族成员处以死刑，周天子也多采取"隐诛"的方式。从现有资料看，西周时期，普通庶民如果犯了死罪，多采用"显戮"的方式，即从审判到行刑完全是公开的，行刑时一般会选择在闹市中进行，行刑完毕，尸体也多陈放在闹市或行人来往的路口供人围观，这就是《周礼》中所谓的"踣诸市，肆之三日"①。然而对于即将被处以死刑的贵族成员，出于对人格尊严的维护，处以死刑的方式须改为"隐诛"。《周礼·秋官·小司寇》："王之同族有罪，不即市。"郑司农云："刑诸甸师氏。"贾公彦疏曰："必于甸师者，甸师掌耕耨王藉，其场上多屋，就隐处刑之。"②《礼记·文王世子》又说："公族，其有死罪，则磬于甸人。其刑罪，则纤剸，亦告于甸人。公族无宫刑，狱成，有司谳于公。其死罪，则曰'某之罪在大辟'。其刑罪，则曰'某之罪在小辟'。公曰'宥之'，有司又曰'在辟'。公又曰'宥之'，有司又曰'在辟'。及三宥，不对，走出，致刑于甸人。"③与普通百姓的处死刑方式不同，贵族成员的行刑地点应尽量选择在隐蔽的场所，整个行刑过程都是不对外人公开的，罪犯的尸首也不陈放在闹市供人围观。为慎重起见，在执行死刑之前还需经过"三宥"的程序。如果是姬姓贵族成员被处以死刑，周天子还要"素服不举，为之变，如其伦之丧，无服，亲哭之"④以示哀悼。

但是，随着君主专制制度的逐步确立，君臣之间的关系却在缓慢地发生变化。西汉建立之初，三公皆由汉初军功受益集团成员担任，他们凭借着赫赫战功和崇高的威望，获得了君主对他们

---

①　[清]孙诒让撰，王文锦、陈玉霞点校：《周礼正义》卷六九《秋官·掌戮》，北京：中华书局，1987年，第2878页。

②　[汉]郑玄注，[唐]贾公彦疏：《周礼注疏》卷四一《秋官司寇》，上海：上海古籍出版社，2010年，第1339页。

③　[清]孙希旦：《礼记集解》卷二〇《文王世子》，北京：中华书局，1989年，第573页。

④　[清]孙希旦：《礼记集解》卷二〇《文王世子》，北京：中华书局，1989年，第573页。

的礼遇。但凡遇有国家大事,君主必定会与三公协商解决,三公是国家政治权力格局中非常重要的一环。但自汉武帝启用布衣公孙弘为相后,情况发生了变化。公孙弘以白丁之身荣登相位,既没有显赫的功劳,也没有耀眼的资历,所倚仗者唯有君主的赏识,公孙弘要想在官场上获得生存机会,唯有俯身听命于君主,成为皇权之下的依附。与公孙弘的经历如出一辙,田千秋也因一言合于帝意,得到武帝的赏识,旋即被任命为丞相。就连班固在《汉书》中也感叹:"千秋无他材能术学,又无伐阅功劳,特以一言寤意,旬月取宰相封侯,世未尝有也。"① 田千秋以迎合帝意荣登相位,不仅汉人看不起他,就连匈奴单于闻之此事也轻蔑地说:"苟如是,汉置丞相,非用贤也,妄一男子上书即得之矣。"② 公孙弘、田千秋的为相经历,一方面反映出自汉武帝以后,三公因地位急剧下降,不得不依赖于皇权而存在,另一方面则反映出随着君主专制制度不断走向成熟,君主的个人权力不断膨胀的趋势。在这种此消彼长的变化中,君臣之间的地位差距迅速地被拉大。由于三公逐渐失去了以往的显赫地位,正在逐步沦为君权的附庸,所以君主在处理三公的犯罪问题时,自然就少了许多顾虑。君主既然可以随时将一名布衣提拔为丞相,自然也可以随便罗织一个罪名将不合自己心意的三公免官下狱。汉武帝统治时期,前后有 13人被任命为丞相。这其中就有六人因举动不合帝意被武帝下狱处死或被逼自杀。"李蔡、庄青翟、赵周三人比坐事死。"刘屈氂、公孙贺,又皆因利用巫蛊之术诅咒君主,落得身死族灭的下场。石庆"虽以谨得终,然数被谴"。③ 汉武帝时期三公频繁地获罪被杀,这是汉代自建立以来从未发生过的。东汉中期以后,频繁出现以灾异策免三公的现象,更是君主利用手中权力任意罢黜三公的典型事例。在阴阳灾异思想泛滥的汉代,自然灾害的频繁发生,被认为是对君主统治出现失误的警示。但君主往往不愿意承

---

① [汉]班固:《汉书》卷六六《田千秋传》,北京:中华书局,1962 年,第 2884 页。
② [汉]班固:《汉书》卷六六《田千秋传》,北京:中华书局,1962 年,第 2884 页。
③ [汉]班固:《汉书》卷六六《公孙贺传》,北京:中华书局,1962 年,第 2877 页。

认自己的错误,遂将过错转嫁到公卿大臣身上。在因灾异被策免的三公中,大部分人严格说来并未做什么违反国家法律的事情,却因为君主急于转嫁自己的过错而被免除官职。所有因灾异被策免的三公,不曾有一人接受过正常的司法审讯,也没有经过公开的司法审判,仅凭君主的一纸诏书,便被罢免了官职。君主之所以能够以莫须有的罪名随意将三公罢黜,正是以凌驾于国家法律之上的强大君权作为保障的。汉代君主在处理三公犯罪问题时的态度显然与西周时期相去甚远。

两周距离上古社会不远,国家制度中还保留了不少原始民主制度的遗风。而这种原始民主遗风的存在,不仅对这一时期君主专制权力的发展有相当大的制约作用,同时,它也对周代司法制度的演变产生了相当大的影响。在原始民主社会中,氏族大会是全体氏族成员参与讨论国家事务的重要组织形式,大会拥有对所有重大事务的最终表决权。西周建立之后,氏族大会虽然已不复存在,但是出于维护周王朝统治的需要,周天子仍然保留了一部分国人参政议政的权力。这样,上自地位尊贵的三公、卿士,下至地位低下的国人、庶民,皆拥有对国家大事的发言权。《周礼·秋官·小司寇》:"以三刺断庶民狱讼之中。一曰讯群臣,二曰讯群吏,三曰讯万民。"郑玄注曰:"刺,杀也。三讯罪定则杀之。"[1]如果遇有大狱,君主必须分别向三公、卿士以及国人征求意见,所有人皆认为可杀,君主才可以杀之。这样不仅最大限度地避免了某些冤假错案的发生,也可以有效地避免君主滥用手中的司法权力。原始民主的残余在司法领域的另一重要表现是西周公卿集体合议制度的盛行。从现存资料看,公卿通过集体商议的形式对重大国家事务进行协商解决的议政方式至少在西周初年就已经形成了。武王病逝后,周公暂时代替年幼的成王执掌国家大权,但凡遇有军国大事,周公经常会与共同辅政的太公、召公等人共同协商解决。从现已经发现的卫盉、卫鼎等器物中保留的西周金文记

―――――――――

① ［汉］郑玄注,［唐］贾公彦疏:《周礼注疏》卷四一《秋官·司寇》,上海:上海古籍出版社,2010 年,第 1343—1344 页。

载来看,其后凡遇国家重大事务,或由周天子,或由三公牵头,召集公卿集体协商讨论,并提出处理问题的办法,逐渐成为一种常态。在贵族集体议会制中,虽然周天子或执政的卿士拥有主持会议的权力,但作为公卿集议中必不可少的一个环节,所有与会者均需要作出表态,而最终的决策也必须遵从少数服从多数的原则,周天子或执政的卿士是不能够脱离多数人的意见单独拟定最终决议的。公卿集议方式的存在,既体现了原始民主制度的遗风,同时,通过大臣的集体讨论,又可以提高决策的准确性和可靠性。从这一点来说,公卿集议制度不失为一项有益的政治制度。

汉代也保留了公卿大臣集议制度,这种集议制度在当时被称为廷议。但是,与周代不同,廷议的启动权始终牢牢地被君主掌握,其他任何官员在未经皇帝允许或授权的情况下都不允许擅自召集大臣集议,即便身份尊贵如丞相,也不能例外。否则轻则免官,重则下狱问罪。例如汉昭帝时期,身为丞相的田千秋,在未经昭帝允许的情况下,"召中二千石、博士会公车门,议问吴法"。第二日,霍光便"以千秋擅召中二千石以下,外内异言"①为由,将其弹劾。是否召开廷议,以及派谁来主持和由哪些人参与廷议,完全要以皇帝的意志为准。廷议结束之后,负责主持廷议的官员要将群臣商议的结果以奏疏的形式送呈皇帝御览。虽然大臣们在廷议上可以提出自己的意见,但是大臣的意见仅能作为皇帝作出最终决定的参考,并不具有任何法律效力,皇帝完全可以抛开大臣们的决议,独自拟定处理意见。周代集议制度中的少数服从多数的原则,在汉代的廷议制度中基本不适用。廷议制度的运作,集中体现了在君主专制制度下,皇帝对司法权的垄断。

总之,两周时期,原始民主制度的遗风还未完全泯灭,贵族成员,甚至全体"国人",皆有参政议政的权力。周天子作为天下臣民的共主,虽有统领天下臣民的资格,但在某些重大问题的决策上,周天子的意志仍然要受到执政卿士、贵族集体议事会甚至全

---

① [汉]班固:《汉书》卷六〇《杜周传》,北京:中华书局,1962年,第2662—2663页。

体"国人"的制约。这种以全体贵族成员与国君共同执掌国政为特征的贵族民主制度的存在极大限制了君主个人权力的膨胀。但是,我们对这种制约作用仍然不能作过高的估计。正如徐鸿修先生所言:"周代政体中的原始民主成分虽然不容忽视,但毕竟是第二位的东西。它在国家政治生活中发挥作用,主要是凭借传统习惯的力量,政治生活中起支配作用的东西并不是由原始民主习惯发展起来的共和制,而是由家长奴役制发展起来的一长制、世袭制和等级制。原始民主的存在,只是限制而并不能取消专制主义。"[1]随着秦汉以后君主专制制度的基本确立,原始民主制度的残余也消失殆尽。在君主专制制度下,庶民参政议政的权力差不多被完全剥夺,在公卿集体合议制度中,群臣也只保留了讨论权,而不再拥有决策权,能够对君主权力形成制约的因素减少了,君主个人的权力遂逐渐膨胀起来。因此,与周代相比,汉代君主在处理三公犯罪问题上的顾虑不仅要小得多,而且在处理三公犯罪问题的方式和手段上也更加能够体现出君主个人的意志。

---

[1] 徐鸿修:《周代贵族专制政体中的原始民主遗存》,《中国社会科学》,1981 年第 2 期。

结　　语

在中国传统阶级社会里,法律始终是统治阶级意志的集中体现,带有很强的阶级烙印。无论是从法律条文的制定还是各种刑罚的实施,无一不是为了维护统治阶级的利益,满足统治阶级的需求。统治阶级内部成员犯罪,虽然也会被定罪处罚,但因为国家法律不仅赋予他们多方面的司法特权,还处处为他们的罪责进行开脱,统治阶级内部成员可以凭借这些司法特权最终获得减刑甚至是免刑的优待。作为汉代官僚系统最顶层的一群官吏,汉代君主在给予三公尊贵地位的同时,也赋予了三公许多法律上的特权,比如有罪先请,被逮捕和羁押时免于佩戴刑具等。但是,汉代三公享有的法律特权,与后世相比仍然显得不够完备。汉代是君主专制社会下国家法律制度的草创时期,后世国家官员享有的许多特权在这一时期或是还未形成,或是尚处于萌芽和完善阶段。唐宋时期,官员因各种原因离职后,虽然职事官暂时不存在了,但凭借散官或勋官,他们仍然可以获得法律上的特权。汉代则与之不同。汉代的官僚系统基本是遵照"职位分等"原则排列的,官员所享有的各种福利都是附丽于职位的,官位越高,职事越重,所享受的权力也就越多;反之,官位越低,职事越轻,所能够享受的权力也就越少。而一旦因为各种原因离职,那么该官员享有的种种特权也旋即被取消。从这一点上看,似乎汉代君主对国家官员的待遇要较唐宋时期差了很多,甚至有些"不近人情",但这却恰恰反映出处于草创期的君主专制制度下的法律的不成熟、不完备之处,两汉时期的法律制度与唐宋以后成熟的国家法律制度之间仍然存在着不小的差距。

另一方面,汉代法律赋予三公的诸多法律特权,也并非在任何时候都能够起作用。自秦始皇统一中国,建立了中国历史上第一个大一统帝国之后,君主专制中央集权制度便成为两千年来中国社会的根本政治制度。在君主专制制度下,皇帝享有至高无上的权力,他有权制定和修改法律,还能随时颁布具有法律效力的"令",而他本人却是凌驾于法律之上的。皇帝可以依照自己的喜怒随意为臣子罗织罪名,既无须遵照国家法律的规定,也无须经过正常的司法审判程序。由于缺乏对皇权的有效约束,以言定法、以权压法的现象在中国历史上层出不穷。汉代的三公身居高位,身份显赫,法律中明确规定其享有许多特权。但我们也应该看到,三公享有的法律特权既然是皇帝给予的,他既然可以将这种特权赋予任何一个人,也可以随时收回他们的特权。只要不触动统治者的根本利益,再大的违法行为也都能够被君主所容忍,但是,一旦其行为威胁到皇权的统治,再大的特权在绝对皇权的面前也都将变得毫无用处。所以从这个意义上来说,三公所拥有的特权其实只是一种相对的权力。

　　汉代的三公犯罪在近四百年的时间里曾经历过多次变化。总的来说,时间越靠后,国家的法律就越严密,刑罚也越来越重,犯罪三公的人数也就越多。但具体到西汉和东汉两个王朝,三公的犯罪趋势却又呈现出某种相似性:王朝的前期,三公犯罪率较低;王朝的后期,三公犯罪率则较高。王朝前期,统治者吸取了前一王朝覆亡的教训,出于巩固新生政权的目的,都极为注重法律制度的建设,尽量创造出一个相对宽松的法律环境,因而这一时期三公的犯罪比例是较低的。但随着国家统治的稳固,出于巩固专制皇权的需要,一系列严苛的法律条文逐渐被制定出来,法律越造越多,刑罚越来越重,犯罪人数自然也逐渐攀升。另一方面,越到王朝后期,国家的政治局面就越显混乱,而法律的实际执行能力也迅速降低,这又使得许多犯罪者因为缺乏有效的约束而逍遥于法外。这种情况,不单秦汉时期如此,其后的唐、宋、明、清各代也无不是这样,表现出中国历史发展的一种普遍性规律。

　　汉代是中国古代社会君主专制中央集权制度初步确立并不

断完善的时期。与此相应,汉代的法律也正处于专制主义社会法律制度形成并日趋成熟的阶段。汉代的法律,虽然大体继承了秦代的法律体系,但它同时也继承了西周德刑并用的司法传统,使得汉代的法律表现得较为柔和,改变了秦代专任刑罚所造成的法律严苛的局面,在立法的指导思想以及司法审判所采取的手段和坚持的原则方面,汉代法律也较秦代更为成熟。同时,汉代法律所开创的许多新的制度也为后代法律制度继承和发扬。例如汉代法律制度规定国家高级官员享有有罪先请等特权,都为后代法律所继承。董仲舒提出的"《春秋》决狱"思想,更是逐渐演变为后代司法审判的重要指导思想。两汉时期,国家在预防和减少官员犯罪时,始终坚持以礼教为主、以刑罚为辅助的指导思想,以及政府监督同社会舆论监督相结合的原则,也同样为后代政府继承和完善。所以,无论从法律制度的建设,还是从法律思想的完善等方面来看,汉代法律在中国古代社会的法律体系中,都占据着重要的地位。但是,以维护专制主义中央集权制度为目的而制定的汉代法律,同中国历史上其他各朝代的法律一样,都具有专制主义社会所无法克服的缺点。俗话说,以史为鉴可以知得失。两汉时期,国家在预防和减少官吏犯罪所作出的种种努力,既有成功的经验,也有失败的教训。我们今天的政府,正在下大力气整顿官员队伍,大批政府高官在整顿行动中落马。在预防和处理国家官员犯罪问题时,我们的政府不仅要借鉴和学习两汉的成功经验,对于两汉在探索过程中出现的失误和教训更应给予足够的重视,避免重蹈覆辙的悲剧。

参考文献

史料类：

［汉］司马迁.史记[M].北京：中华书局,1959.

［汉］班固.汉书[M].北京：中华书局,1962.

［汉］荀悦、袁宏.两汉纪[M].北京：中华书局,2002.

［汉］荀悦.申鉴[M].北京：中华书局,1954.

［汉］孔安国撰,［唐］孔颖达正义.尚书正义[M].上海：上海古籍出版社,2007.

［汉］郑玄注,［唐］贾公彦疏.周礼注疏[M].上海：上海古籍出版社,2010.

［汉］许慎撰,［清］段玉裁注.说文解字注[M].杭州：浙江古籍出版社,2006.

［汉］贾谊著,严振益、钟夏校注.新书校注[M].北京：中华书局,2000.

［汉］董仲舒著,［清］苏舆撰.春秋繁露义证[M].北京：中华书局,1996.

［汉］桓宽著,王利器校注.盐铁论校注[M].北京：中华书局,1992.

［汉］王符著,［清］汪继培笺.潜夫论笺校正[M].北京：中华书局,1985.

［汉］王充著,张宗祥校注.论衡校注[M].上海：上海古籍出版社,2010.

［汉］刘珍,等撰.东观汉记校注[M].北京：中华书局,2008.

［刘宋］范晔.后汉书[M].北京：中华书局,1965.

［晋］陈寿.三国志[M].北京：中华书局,1959.

[唐]房玄龄. 晋书[M]. 北京:中华书局,1974.

[宋]熊方,等撰,刘祜仁点校. 后汉书三国志补表三十种[M]. 北京:中华书局,1984.

[宋]徐天麟. 西汉会要[M]. 北京:中华书局,1955.

[宋]徐天麟. 东汉会要[M]. 北京:中华书局,1955.

[宋]郑樵. 通志[M]. 北京:中华书局,1987.

[明]顾炎武著,[清]黄汝成集释. 日知录集释[M]. 上海:上海古籍出版社,2006.

[清]程树德. 九朝律考[M]. 北京:中华书局,1963.

[清]程树德. 论语集释[M]. 北京:中华书局,1990.

[清]黎翔凤撰,梁运华整理. 管子校注[M]. 北京:中华书局,2004.

[清]李道平. 周易集解纂疏[M]. 北京:中华书局,1994.

[清]刘宝楠. 论语正义[M]. 北京:中华书局,1990.

[清]沈家本. 历代刑法考[M]. 北京:中华书局,1985.

[清]皮锡瑞著,周予同注释. 经学历史[M]. 北京:中华书局,2011.

[清]孙希旦. 礼记集解[M]. 北京:中华书局,1989.

[清]孙星衍等辑,周天游点校. 汉官六种[M]. 北京:中华书局,1990.

[清]王念孙. 广雅疏证[M]. 北京:中华书局,1983.

[清]王先谦. 汉书补注[M]. 北京:中华书局,1993.

[清]王先谦撰,沈啸寰、王星贤点校. 荀子集解[M]. 北京:中华书局,1988.

[清]王先慎撰,钟哲点校. 韩非子集解[M]. 北京:中华书局,1998.

[清]徐元诰撰,王树民、沈长云点校. 国语集解[M]. 北京:中华书局,2002.

[清]严可均校辑. 全上古三代秦汉三国六朝文[M]. 北京:中华书局,1958.

［清］颜昌峣.管子校释［M］.长沙：岳麓书社,1996.

［清］赵翼.廿二史札记［M］.北京：中华书局,1984.

蒋礼鸿.商君书锥指［M］.北京：中华书局,1986.

王利器.颜氏家训集解［M］.北京：中华书局,1993.

许维遹.吕氏春秋集释［M］.北京：中国书店,1985.

杨伯峻.春秋左传注［M］.北京：中华书局,1990.

睡虎地秦墓竹简整理小组.睡虎地秦墓竹简［M］.北京：文物出版社,1990.

甘肃省文物考古研究所.居延新简［M］.北京：文物出版社,1990.

张家山二四七号汉墓竹简整理小组.张家山汉墓竹简（二四七号墓）》（释文修订本）［M］.北京：文物出版社,2006.

著作类：

安作璋、熊铁基.秦汉官制史稿［M］.济南：齐鲁书社,2007.

卜宪群.秦汉官僚制度［M］.北京：社会科学文献出版社,2002.

蔡枢衡.中国刑法史［M］.北京：中国法制出版社,2005.

蔡万进.张家山汉简《奏谳书》研究［M］.桂林：广西师范大学出版社,2007.

曹旅宁.秦律新探［M］.北京：中国社会科学出版社,2002.

陈苏镇.春秋与汉道——两汉政治与政治文化研究［M］.北京：中华书局,2011.

［英］崔瑞德、鲁唯一.剑桥中国秦汉史［M］.北京：中国社会科学出版社,1992.

［日］大庭修著,林剑鸣等译.秦汉法制史研究［M］.上海：上海人民出版社,2000.

冯友兰.中国哲学史［M］.重庆：重庆出版社,2009.

［日］富谷至著,柴生芳、朱恒晔译.秦汉刑罚制度研究［M］.桂林：广西师范大学出版社,2006.

［英］弗雷泽著,徐育新等译.金枝——巫术与宗教之研究

［M］.北京：中国民间文艺出版社,1987.

范忠信.情理法与中国人［M］.北京：北京大学出版社,2011.

高恒.秦汉法制论考［M］.厦门：厦门大学出版社,1994.

高敏.秦汉史探讨［M］.郑州：中州古籍出版社,1998.

葛荃.权力宰制理性——士人、传统政治文化与中国社会［M］.天津：南开大学出版社,2003.

葛兆光.中国思想史［M］.上海：复旦大学出版社,2011.

何兹全.中国古代及中世纪史［M］.厦门：鹭江出版社,2003.

黄留珠.秦汉仕进制度［M］.西安：西北大学出版社,1985.

贾丽英.秦汉家族犯罪研究［M］.北京：人民出版社,2010.

蒋英炬、杨爱国.汉代画像石与画像砖［M］.北京：文物出版社,2001.

金春峰.汉代思想史［M］.北京：中国社会科学出版社,2006.

［美］卡尔·科恩著,聂崇信、朱秀贤译.论民主［M］.北京：商务出版社,1988.

孔庆明.秦汉法律史［M］.西安：陕西人民出版社,1992.

［日］堀毅.秦汉法制考论［M］.北京：法律出版社,1998.

雷戈.秦汉之际的政治思想与皇权主义［M］.上海：上海古籍出版社,2006.

雷戈.道术为天子合——后战国思想史论［M］.保定：河北大学出版社,2008.

李开元.汉帝国的建立与刘邦集团——军功受益阶层分析［M］.北京：三联书店,2002.

李明德、马小红.中国古代法律的社会特征［M］.北京：中共中央党校出版社,1993.

［美］李普曼著,林珊译.舆论学［M］.北京：华夏出版社,1989.

李禹阶、秦学顾.外戚与皇权［M］.重庆：西南师范大学出版社,1993.

李玉福.秦汉制度史论［M］.济南：山东大学出版社,2002.

李玉福.中国法制史[M].济南:山东大学出版社,2003.

廖伯源.简牍与制度[M].桂林:广西师范大学出版社,2005.

林端.儒家伦理与法律文化[M].北京:中国政法大学出版社,2002.

林剑鸣.秦汉史[M].上海:上海人民出版社,1989.

林乾.中国古代权力与法律[M].北京:中国政法大学出版社,2004.

刘建明.舆论学概论[M].北京:中国传媒大学出版社,2009.

刘建明.社会舆论原理[M].北京:华夏出版社,2002.

刘中建.专制王权的依附性合作者[M].保定:河北大学出版社,2009.

刘泽华.中国的王权主义[M].上海:上海人民出版社,2000.

鲁迅.且介亭杂文[M].北京:人民文学出版社,1959.

[英]鲁唯一著,于振波译.汉代行政记录[M].桂林:广西师范大学出版社,2005.

吕红梅.秦汉时期士人犯罪研究[M].北京:人民出版社,2012.

[法]孟德斯鸠著,张雁深译.论法的精神[M].北京:商务印书馆,1982.

[日]籾山明.中国古代诉讼制度研究[M].上海:上海古籍出版社,2009.

瞿同祖.中国法律与中国社会[M].北京:中华书局,2003.

彭卫.汉代社会风尚研究[M].西安:三秦出版社,1998.

钱穆.秦汉史[M].北京:三联书店,2004.

孙家洲.秦汉法律文化研究[M].北京:中国人民大学出版社,2007.

王亚南.中国官僚政治研究[M].北京:商务印书馆,2010.

王育民.秦汉政治制度[M].西安:西北大学出版社,1996.

王子今.秦汉社会政治意识研究[M].北京:商务印书馆,2012.

吴荣增.先秦两汉史研究[M].北京:中华书局,1995.

[日]西屿定生.中国古代帝国的形成与结构[M].北京:中华书局,2004.

阎步克.中国古代官阶制度引论[M].北京:北京大学出版社,2010.

阎步克.品位与职位——秦汉魏晋南北朝官阶制度研究[M].北京:中华书局,2002.

闫晓君.秦汉法律研究[M].北京:法律出版社,2012.

杨鸿烈.中国法律思想史[M].北京:中国政法大学出版社,2004.

杨鸿烈.中国法律发达史[M].北京:中国政法大学出版社,2007.

于迎春.秦汉士史[M].北京:北京大学出版社,2000.

于振波.秦汉法律与社会[M].长沙:湖南人民出版社,2000.

余英时.士与中国文化[M].上海:上海人民出版社,1987.

张传玺.秦汉问题研究[M].北京:北京大学出版社,1985.

张建国.中国法系的形成与发达[M].北京:北京大学出版社,1997.

张建国.帝制时代的中国法[M].北京:法律出版社,1999.

张晋藩主编.中国法制通史[M].北京:法律出版社,1999.

张忠炜.秦汉律令法系研究初编[M].北京:社会科学文献出版社,2012.

曾加.张家山汉简法律思想研究[M].北京:商务印书馆,2008.

祝总斌.两汉魏晋南北朝宰相制度研究[M].北京:中国社会科学出版社,1998.

论文类:

安作璋.汉代的选官制度[J].山东师院学报(哲学社会科学版),1981(1).

安作璋.汉代官吏的任用和考核制度[J].东岳论丛,1981(3).

卜宪群.秦汉三公制度渊源论[J].安徽史学,1994(4).

蔡万进.《奏谳书》与秦汉法律实际应用[J].南都学坛,2006(2).

陈乃华.关于秦汉刑事连坐的若干问题[J].山东师大学报(社会科学版),1987(6).

方竞.论中国古代廉政制度的探讨[J].中国人民大学学报,1993(5).

方燕.略论东汉"党人"集团[J].西南民族学院学报(哲学社会科学版),1999(10).

韩树峰.秦汉律令中的完刑[J].中国史研究,2003(4).

黄致远、黄今言.东汉太尉系年录[J].江西师范大学学报(哲学社会科学版),2010(6).

胡仁智.由简牍文书看汉代的职务罪规定[J].法商研究,2001(3).

胡新.中国古代的犯罪原因论[J].法商研究,1994(2).

贾福海、程杰、魏义.我国历史上的弹劾制考略[J].学术月刊,1981(8).

贾丽英.秦汉时期族刑论考[J].首都师范大学学报(社会科学版),2008(2).

姜建设.从《二年律令》看汉律对渎职罪的处罚[J].史学月刊,2004(1).

姜晓敏.略论西汉对犯罪的预防与惩治[D].中国政法大学,2001.

林剑鸣.秦代中央官制简论[J].西北大学学报(哲学社会科学版),1983(1).

刘长江.汉代法政体制述论[J].成都大学学报(社科版),2005(5).

刘长江.中国封建法政体制的形成和演变述论[J].山东师范大学学报(人文社会科学版),2005(2).

刘厚琴.汉代"不忠入律"研究[J].济南大学学报(社会科学

版),2007(5).

　　刘太祥.秦汉中央行政决策体制研究[J].史学月刊,1999
(6).

　　吕红梅.略论秦汉时期的禁锢[J].求索,2006(9).

　　吕宗力.汉代的流言与讹言[J].历史研究,2003(2).

　　李巍涛.汉代酷吏的法律文化解读[J].陕西师范大学学报
(哲学社会科学版),2013(2).

　　李均明.张家山汉简所反映的二十等爵制[J].中国史研究,
2002(2).

　　李均明.简牍所反映的汉代诉讼关系[J].文史,2002(3).

　　李均明.张家山汉简所反映的适用刑罚原则[J].郑州大学学
报(哲学社会科学版),2002(4)

　　李宜春.论西汉的内朝政治[J].史学月刊,2000(3).

　　李晓英.汉代奏谳制度辨析[J].河南大学学报(社会科学
版),2010(3).

　　李振宏.两汉官吏法研究[J].中国史研究,1992(4).

　　李振宏.西汉贵族、官吏经济犯罪问题考论[J].史学月刊,
1992(3).

　　鲁加亮.张家山汉简《具律》中所见影响"减刑"的几个因素
[J].社会科学,2008(3).

　　马彪.东汉士风中的"禄利""名节"之变[J].北京师范大学学
报(社科版),1992(3).

　　马作武.古代司法吏治论略[J].中山大学学报,1996 年增刊.

　　彭炳金.论汉代法律中的官吏职务犯罪[J].南阳师范学院学
报,2008(11).

　　钱大群.谈我国古代法律中官吏的受贿、贪污、盗窃罪[J].南
京大学学报,1983(2).

　　沈伟.从丞相、太尉、大司马大将军看西汉君权与臣权关系
[J].理论界,2012(10).

　　史广全.春秋决狱对礼法融合的促动[J].哈尔滨学院学报,

2002(7).

宋杰.东汉的黄门北寺狱[J].首都师范大学学报(社会科学版),2007(2).

宋杰.汉代的廷尉狱[J].史学月刊,2008(1).

宋杰.汉代监狱建置设施丛考[J].首都师范大学学报(社会科学版),2009(3).

孙家洲.论汉代"不奉诏"的类型及其内涵[J].中国人民大学学报,2005(6).

王丽娟.谈中国古代的依法治吏[J].辽宁大学学报(哲学社会科学版),1994(4).

王森.秦汉律的髡、耐、完的辨析[J].法学研究,1986(1).

王雪静.两汉时期"下狱死"考[J].首都师范大学学报(社会科学版),2006增刊.

王彦辉.汉代的"去官"与"弃官"[J].中国史研究,1998(4).

王彦辉、于凌.浅议秦汉官吏法的几个特点[J].史学月刊,2006(12).

魏道明.汉代的不道罪与大逆不道罪[J].青海社会科学,2003(2).

席小华.中国古代关于预防犯罪的思想[J].首都师范大学学报(社科版),2001(6).

熊伟华.汉代经济犯罪的类型及其惩治的司法原则[J].人文杂志,1995(1).

徐世虹.汉劾制管窥[J].简帛研究(第二辑),法律出版社,1996.

许树安.西汉中枢职官的设置和演变[J].北京大学学报(哲学社会科学版),1986(5).

阎晓君.秦汉盗罪及其立法沿革[J].法学研究,2004(6).

杨鹤高.商鞅的预防和治理犯罪思想[J].政法论坛,1998(1).

余华青.略论秦汉王朝的保密制度[J].中国史研究,2002

(3).

臧知非.赀刑变迁与秦汉政治转折[J].文史哲,2006(4).

张建国.汉简《奏谳书》和秦汉刑事诉讼程序初探[J].中外法学,1997(2).

张建国.论西汉初期的赎[J].政法论坛,2002(5).

张远煌.论犯罪预防的概念[J].法商研究,1996(5).

赵光怀.狱吏与汉代司法系统[J].河南师范大学学报(哲学社会科学版),2005(4).

朱子彦、陈生民.汉代选官制度与朋党势力的形成[J].上海大学学报(社科版),1992(2).

祝总斌.西汉宰相制度变化的原因[J].历史研究,1986(2).

附　　录

附表 1　西汉丞相表

姓名	任职时间	任职前职位	去职理由	去职后职位
萧何	高帝元年—惠帝二年七月辛未		薨	
曹参	惠帝二年七月癸巳—五年八月己丑	齐相	薨	
王陵	惠帝六年十月己丑—高后元年十一月甲子		职位变动	太傅
陈平	惠帝六年十月己丑—文帝二年十月		薨	
审食其	高后元年十一月甲子—七年七月辛巳	典客	职位变动	太傅
吕产	高后七年七月—八年九月		以吕氏族人被杀	
审食其	高后八年九月丙戌—九年	太傅		
周勃	高后八年十月辛亥—文帝元年八月辛未		自请归相印	
周勃	文帝二年十一月乙亥—十二月		以列侯就国	
灌婴	文帝三年十二月乙亥—四年十二月乙巳	太尉	薨	

续表

姓名	任职时间	任职前职位	去职理由	去职后职位
张苍	文帝四年正月甲午—后元二年八月戊戌	御史大夫	反对改正朔，易服色，免	
申屠嘉	文帝后元二年八月庚午—景帝二年六月	御史大夫	呕血而死	
陶青	景帝二年八月丁未—七年六月乙巳	御史大夫		
周亚夫	景帝七年六月乙巳—景帝中元三年九月戊戌	太尉	病免	
刘舍	景帝中元三年九月戊戌—景帝后元元年七月丙午	御史大夫		
卫绾	景帝后元元年八月壬辰—武帝建元元年六月	御史大夫	以景帝病时诸官囚多坐不辜者，不任职，免之	
窦婴	武帝建武元年六月—建武二年十月		受御史大夫赵绾请毋奏事太皇太后牵连免官	
许昌	武帝建武二年三月乙未—建武六年六月癸巳	太常	坐丧事不办，免	
田蚡	武帝建元六年六月—元光四年三月乙卯		薨	
薛泽	武帝元光四年五月丁巳—元朔五年十一月乙丑	平棘侯		
公孙弘	武帝元朔五年十一月—元狩二年三月戊寅	御史大夫	薨	
李蔡	武帝元狩二年三月—元狩五年三月甲午	御史大夫	坐法死	
庄青翟	武帝元狩五年四月乙卯—元鼎二年二月壬辰	太子少傅	坐与三长史谋害张汤，自杀	

姓名	任职时间	任职前职位	去职理由	去职后职位
赵周	武帝元鼎二年二月辛亥—元鼎五年九月辛巳	太子太傅	下狱死	
石庆	武帝元鼎五年九月丙申—太初二年正月戊寅	御史大夫	薨	
公孙贺	武帝太初二年闰月丁丑—征和二年四月壬申	太仆	倚旧故乘高势而为邪,兴美田以利子弟宾客,又诈为诏书	
刘屈氂	武帝征和二年五月丁巳—征和三年六月壬寅	涿郡太守	下狱腰斩	
田千秋	武帝征和四年六月丁巳—昭帝元凤四年正月甲戌	大鸿胪	薨	
王䜣	昭帝元凤四年二月乙丑—元凤五年十二月庚戌	御史大夫	薨	
杨敞	昭帝元凤六年十一月己丑—元平元年八月己巳	御史大夫	薨	
蔡义	昭帝元平元年九月戊戌—宣帝本始三年六月己丑	御史大夫	薨	
韦贤	宣帝本始三年六月甲辰—地节三年正月甲申	长信少府	以老病免	
魏相	宣帝地节三年六月壬辰—神爵三年三月丙午	御史大夫	薨	
丙吉	宣帝神爵三年四月戊戌—五凤三年正月癸卯	御史大夫	薨	
黄霸	宣帝五凤三年二月壬申—甘露三年三月己丑	御史大夫	薨	
于定国	宣帝甘露三年五月甲午—元帝永光元年十一月戊寅	御史大夫	以灾异免	

续表

姓名	任职时间	任职前职位	去职理由	去职后职位
韦玄成	元帝永光二年二月丁酉—建昭三年六月甲辰	御史大夫	薨	
匡衡	元帝建昭三年七月癸亥—成帝建始三年十二月丁丑	御史大夫	监临盗所主守直十金以上	
王商	成帝建始四年三月甲申—河平四年四月壬寅	右将军	执左道以乱政,为臣不忠,罔上不道	
张禹	成帝河平四年六月丙午—鸿嘉元年三月庚戌	光禄大夫	老病免	
薛宣	成帝鸿嘉元年四月庚辰—永始二年十月己丑	御史大夫	广汉郡盗贼群起,丞相御史遣掾吏逐捕不能克	
翟方进	成帝永始二年十一月壬子—绥和二年二月壬子	执金吾	以灾异免,自杀	
孔光	成帝绥和二年三月丙戌—哀帝建平二年四月乙未	左将军	忤傅太后	
朱博	哀帝建平二年四月—八月甲戌	御史大夫	不道,自杀	
平当	哀帝建平二年十二月甲寅—建平三年三月己酉	御史大夫	薨	
王嘉	哀帝建平三年四月丁酉—元寿元年三月丙午	御史大夫	迷国罔上不道	
孔光	哀帝元寿元年七月丙午—元寿二年九月辛酉	御史大夫	职位变动	太傅
马宫	哀帝元寿二年九月辛酉—平帝元始五年四月	右将军	职位变动	大司马
平晏	平帝元始五年十二月丙午	长乐少府		

注:1. 两汉时期,有人曾多次担任丞相一职,但为方便统计,他们担任丞相的次数需分别计算。后面的附表遇到相同的情况也遵照此方法统计。

2. 资料来源:《史记》《汉书》。

附表 2　西汉太尉表

姓名	任职时间	任职前职位	去职理由
卢绾	高帝五年		封为燕王
周勃	高帝十一年	绛侯	官省
周勃	惠帝六年—文帝元年十月辛亥	绛侯	转任右丞相
灌婴	文帝元年十月辛亥—三年十二月	将军	转任丞相
周亚夫	景帝三年—七年	中尉	转任丞相
田蚡	武帝建元元年—建元二年十月	武安侯	受御史大夫赵绾请毋奏事太皇太后牵连免官
卫青	武帝元狩四年—元封五年	大将军	薨
霍去病	武帝元狩四年—元狩六年九月	骠骑将军	薨
霍光	武帝后元二年二月丁卯—宣帝地节二年三月	奉车都尉	薨
张安世	宣帝地节三年四月戊申—元康四年八月丙寅	车骑将军光禄勋	薨
韩增	宣帝神爵元年—五凤二年四月己丑	前将军	薨
许延寿	宣帝五凤二年五月—甘露元年三月丁巳	强弩将军	薨
史高	宣帝黄龙元年十二月癸西—元帝永光元年七月癸未	侍中乐陵侯	
王接	元帝永光元年九月戊子—永光三年四月癸未	侍中、卫尉	薨
许嘉	元帝永光三年七月壬戌—成帝建始三年八月癸丑	左将军、卫尉	赐金免
王凤	元帝竟宁元年六月己未—成帝阳朔三年八月丁巳	侍中、卫尉	薨

姓名	任职时间	任职前职位	去职理由
王音	成帝阳朔三年九月甲子—永始二年正月乙巳	御史大夫	薨
王商	成帝永始二年二月丁酉—永始四年十一月庚申	成都侯	赐金安车驷马免
王商	成帝元延元年正月壬戌—元延元年十二月辛亥	成都侯	薨
王根	成帝元延元年十二月庚申—绥和元年七月甲寅	光禄勋	赐金安车驷马免
王莽	成帝绥和元年十一月丙寅—绥和二年十一月丁卯	侍中骑都尉光禄大夫	赐金安车驷马免
师丹	成帝绥和二年十一月庚午—绥和二年四月	左将军	职位变动
傅喜	哀帝建平元年四月丁酉—建平二年二月丁丑	侍中光禄大夫	免
丁明	哀帝建平二年二月—元寿元年九月己卯	阳安侯	免
傅晏	哀帝元寿元年正月辛丑—元寿元年正月辛亥	孔乡侯	赐金安车驷马免
韦赏	哀帝元寿元年十一月壬午—元寿元年十一月己丑	诸吏光禄大夫	薨
董贤	哀帝元寿元年十二月庚子—元寿二年六月乙未	侍中驸马都尉	免
王莽	哀帝元寿二年六月庚申—平帝元始元年二月丙辰	新都侯	不广尊尊之义,抑贬尊号,亏损孝道

资料来源:《史记》《汉书》。

附表3　西汉御史大夫表

姓名	任职时间	任职前职位	去职理由	去职后职位
周苛	高帝元年—四年	内史	薨	
周昌	高帝四年—十年	中尉	职位变动	赵丞相
赵尧	高帝十年—高后元年	符玺御史	高后元年,怨尧前定赵王如意之画,乃抵尧罪	
任敖	高后元年—四年	上党守	免	
曹窋	高后四年—八年	平阳侯	坐事免	
张苍	高后八年—文帝前元四年	淮南相	职位变动	丞相
围	文帝前元四年—七年			
冯敬	文帝前元七年—十六年	典客		
申屠嘉	文帝前元十六年—后元二年	淮阳守	职位变动	丞相
陶青	文帝后元二年八月庚午—景帝前元二年八月丁未	开封侯	职位变动	丞相
晁错	景帝前元二年八月丁巳—三年正月壬子	左内史	亡臣子礼,大逆无道,腰斩	
介	景帝前元四年—七年			
刘舍	景帝前元七年—中元三年	太仆	职位变动	丞相
卫绾	景帝中元三年—后元元年	太子太傅	职位变动	丞相
直不疑	景帝后元元年八月壬辰—武帝建元元年	卫尉	以过免	
牛抵	武帝建元元年—建元二年	齐相		
赵绾	武帝建元二年—冬十月		坐请毋奏事太皇太后,下狱自杀	
庄青翟	武帝建元四年—建元六年	武强侯	坐窦太后丧不办免	
韩安国	武帝建元六年—元光四年	大农令	病免	

续表

姓名	任职时间	任职前职位	去职理由	去职后职位
张欧	武帝元光四年—元朔三年	中尉	老病免	
公孙弘	武帝元朔三年—元朔五年	左内史	职位变动	丞相
番係	武帝元朔四年丁未—元狩元年	河东太守		
李蔡	武帝元狩元年—元狩三年	乐安侯	职位变动	丞相
张汤	武帝元狩三年三月壬辰—元鼎二年	廷尉	有罪自杀	
石庆	武帝元鼎二年—元鼎六年	太子太傅	职位变动	丞相
卜式	武帝元鼎六年—元封元年	齐相	不习文章	太子太傅
倪宽	武帝元封元年—太初三年	左内史	薨	
延广	武帝太初三年正月—天汉元年	胶东太守		
王卿	武帝天汉元年—天汉三年	济南太守	有罪自杀	
杜周	武帝天汉三年二月—太始三年	执金吾	薨	
暴胜之	武帝太始三年三月—征和二年	光禄大夫	坐失纵,自杀	
商丘成	武帝征和二年九月—后元二年	大鸿胪	坐祝诅自杀(《汉书·百官公卿表下》) 坐于庙中醉而歌(《汉书·武帝纪》)	
桑弘羊	武帝后元二年二月乙卯—昭帝元凤元年	搜粟都尉	坐谋反,诛	
王䜣	昭帝元凤元年九月庚午—元凤四年二月乙丑	右扶风	职位变动	丞相
杨敞	昭帝元凤四年二月乙丑—元凤六年十一月己丑	大司农	职位变动	丞相

姓名	任职时间	任职前职位	去职理由	去职后职位
蔡义	昭帝元凤六年十一月—元平元年	少府	职位变动	丞相
田广明	昭帝元平元年九月戊戌—宣帝本始元年	左冯翊	职位变动	祁连将军
魏相	宣帝本始三年六月甲辰—地节三年六月壬辰	大司农	职位变动	丞相
丙吉	宣帝地节三年六月辛丑—神爵三年四月戊戌	太子太傅	职位变动	丞相
萧望之	宣帝神爵三年七月甲子—五凤二年	大鸿胪	遇丞相亡礼,廉声不闻,敖慢不逊,亡以扶政,帅先百僚	太子太傅
黄霸	宣帝五凤二年八月壬午—五凤三年二月壬申	太子太傅	职位变动	丞相
杜延年	宣帝五凤三年六月辛酉—甘露二年	西河太守	病免	
于定国	宣帝甘露二年五月己丑—甘露三年五月甲午	廷尉	职位变动	丞相
陈万年	宣帝甘露三年五月甲午—元帝初元五年	太仆	薨	
贡禹	元帝初元五年六月辛酉—十二月丁未	长信少府	薨	
薛广德	元帝初元五年十二月丁巳—永光元年	长信少府	病免	
韦玄成	元帝永光元年七月辛亥—永光二年	太子太傅	职位变动	丞相
郑弘	元帝永光二年二月丁酉—建昭二年	右扶风	坐与京房论议免,自杀	

续表

姓名	任职时间	任职前职位	去职理由	去职后职位
匡衡	元帝建昭二年八月癸亥—建昭三年七月癸亥	诸吏散骑光禄勋	职位变动	丞相
李延寿	元帝建昭三年七月戊辰—竟宁元年	卫尉	薨	
张谭	元帝竟宁元年三月丙寅—成帝建始三年	太子少傅	坐选举不实免	
尹忠	成帝建始三年十月乙卯—建始四年	诸吏左曹光禄大夫	坐河决自杀	
张忠	成帝建始四年十一月壬戌—阳朔二年	少府	薨	
王音	成帝阳朔二年四月癸卯—阳朔二年九月甲子	侍中太仆	职位变动	大司马车骑将军
于永	成帝阳朔三年十一月丁卯—鸿嘉元年	诸吏散骑光禄勋	薨	
薛宣	成帝鸿嘉元年正月癸巳—四月庚辰	少府	职位变动	丞相
王骏	成帝鸿嘉元年四月庚辰—永始二年	京兆尹	薨	
翟方进	成帝永始二年三月丁酉—八月	京兆尹	坐为京兆尹时奉丧事烦扰百姓	执金吾
孔光	成帝永始二年十一月壬子—绥和元年	诸吏散骑光禄勋	议不中意	廷尉
何武	成帝绥和元年三月戊午—绥和二年	廷尉	事亲不笃免	
师丹	成帝绥和二年十月癸酉—哀帝建平元年	大司马	大不敬	

姓名	任职时间	任职前职位	去职理由	去职后职位
朱博	哀帝建平元年十月壬午—建平二年四月乙未	京兆尹	职位变动	丞相
赵玄	哀帝建平二年四月乙亥—五月	中尉	下狱论	
平当	哀帝建平元年九月乙酉—十二月甲寅	诸吏散骑光禄勋	职位变动	丞相
王嘉	哀帝建平二年十月丙寅—建平三年四月丁酉	京兆尹	职位变动	丞相
王崇	哀帝建平三年四月丁酉—建平四年	河南太守	贬	
贾延	哀帝建平四年三月丁卯—元寿元年	诸吏散骑光禄勋	职位变动	
孔光	哀帝元寿元年五月乙卯—七月丙午	诸吏光禄大夫	职位变动	丞相
何武	哀帝元寿元年七月丙午—八月	前大司空	职位变动	前将军
彭宣	哀帝元寿元年八月辛卯—元寿二年八月	光禄大夫	病免	
王崇	哀帝元寿二年八月戊午—平帝元始二年二月癸酉	右将军	病免	
甄丰	平帝元始二年四月丁酉	少傅、左将军		

资料来源:《史记》《汉书》。

附表4 东汉司徒表

姓名	任职时间	任职前职位	去职理由
邓禹	光武建武元年七月壬子—建武三年闰月乙巳	前将军	坐击赤眉败免
伏湛	光武建武三年三月壬寅—建武五年十一月壬寅	大司徒司直	坐河南尹、司隶校尉庙中争论不举奏免
侯霸	光武建武五年十一月壬寅—建武十三年正月庚申	尚书令	薨
韩歆	光武建武十三年三月辛未—建武十五年正月辛丑	沛郡太守	以直言无讳免,自杀
欧阳歙	光武建武十五年正月丁未—十一月甲戌	汝南太守	坐在汝南臧罪,下狱死
戴涉	光武建武十五年十二月庚午—建武二十年四月庚辰	关内侯	坐所举人盗金,下狱死
张湛	光武建武二十年四月庚辰—六月庚寅	太子太傅	老病免
蔡茂	光武建武二十年六月庚寅—建武二十三年五月丁卯	广汉太守	薨
玉况	光武建武二十三年九月辛未—建武二十七年四月戊午	陈留太守	薨
冯勤	光武建武二十七年五月丁丑—建武中元元年六月乙未	大司农	薨
李䜣	光武建武中元元年十月辛未—明帝永平三年二月甲寅	司隶校尉	
郭丹	明帝永平三年二月丙辰—永平四年十月乙卯	左冯翊	坐考陇西太守邓融事无所据免

姓名	任职时间	任职前职位	去职理由
范迁	明帝永平四年十月丙辰—永平八年正月己卯	河南尹	薨
虞延	明帝永平八年三月辛卯—永平十四年三月甲戌	太尉	坐与楚王英党羽黄初等交通免,自杀
邢穆	明帝永平十四年四月丁巳—永平十六年五月癸丑	巨鹿太守	坐与淮阳王延交通,下狱死
王敏	明帝永平十六年六月丙寅—永平十七年二月乙巳	大司农	薨
鲍昱	明帝永平十七年三月癸丑—章帝建初四年五月甲戌	汝南太守	职位变动,迁为太尉
桓虞	章帝建初四年五月甲戌—章和元年六月戊辰	南阳太守	
袁安	章帝章和元年六月癸卯—和帝永元四年三月癸丑	司徒	薨
丁鸿	和帝永元四年闰月丁丑—永元六年正月己卯	太常	薨
刘方	和帝永元六年二月丁未—永元九年九月庚申	司徒	坐事免归,自杀
吕盖	和帝永元九年十一月癸卯—永元十三年十一月戊辰	光禄勋	
鲁恭	和帝永元十三年十二月丁丑—永元十六年七月辛酉	光禄勋	坐族弟弘农都尉炳事免
张酺	和帝永元十六年七月庚午—八月己酉	光禄勋	薨
徐防	和帝永元十六年十月辛卯—殇帝元平元年正月辛卯	司徒	职位变动,为太尉
梁鲔	殇帝延平元年正月辛卯—安帝永初元年二月庚午	光禄勋	薨

姓名	任职时间	任职前职位	去职理由
鲁恭	安帝永初元年五月甲戌—永初三年三月壬寅	长乐卫尉	老病免
夏勤	安帝永初三年四月丙寅—元初二年十二月己酉	大鸿胪	
刘恺	安帝元初二年十二月庚戌—永宁元年十二月戊辰	司徒	病免
杨震	安帝永宁元年十二月癸酉—安帝延光二年十月甲戌	太常	职位变动,为太尉
刘熹	安帝延光二年十月甲戌—延光四年四月丁酉	光禄勋	职位变动,为太尉
李郃	安帝延光四年四月丁酉—顺帝永建元年正月辛巳	前司空	坐人多病疫,仍有灾异,免
朱伥	顺帝永建元年二月丙戌—永建二年七月壬午	长乐少府	以日食策免
许敬	顺帝永建二年七月庚子—永建四年十一月庚辰	光禄勋	坐陵轹使官免
刘崎	顺帝永建四年十二月乙卯—阳嘉三年十一月壬寅	宗正	
黄尚	顺帝阳嘉三年十一月乙巳—永和三年八月己未	大司农	
刘寿	顺帝永和三年九月己酉—汉安元年十月辛未	光禄勋	
胡广	顺帝汉安元年十一月壬午—质帝本初元年闰月戊子	大司农	职位变动,为太尉
赵戒	质帝本初元年闰月戊子—桓帝建和元年十月	司徒	职位变动,为太尉
袁汤	桓帝建和元年十月—建和三年十月	司徒	职位变动,为太尉

姓名	任职时间	任职前职位	去职理由
张歆	桓帝建和三年十月—元嘉元年四月	大司农	
吴雄	桓帝元嘉元年四月—永兴元年十月	光禄勋	
黄琼	桓帝永兴元年十月—永兴二年九月丁卯	太仆	职位变动,为太尉
尹颂	桓帝永兴二年闰月—永兴三年十一月	光禄勋	薨
韩𫄧	桓帝永兴三年十一月—延熹二年八月丁丑	司徒	坐阿附梁冀下狱
祝恬	桓帝延熹二年八月壬午—延熹三年六月辛丑	光禄大夫	薨
盛允	桓帝延熹三年七月—延熹四年二月壬辰	司徒	以水灾免
种嵩	桓帝延熹四年二月壬辰—延熹六年二月戊午	大司农	薨
许栩	桓帝延熹六年三月戊戌—延熹九年四月	卫尉	
胡广	桓帝延熹九年五月—灵帝建宁元年九月	太常	职位变动,为太傅
刘宠	灵帝建宁元年九月丁亥—建宁二年六月	司徒	职位变动,为太尉
许训	灵帝建宁二年六月—建宁四年三月辛酉	太常	坐民大疫免
桥玄	灵帝建宁四年三月辛酉—七月	司空	以灾异免
许栩	灵帝建宁四年七月—熹平元年十二月	前司空	以寇贼免

姓名	任职时间	任职前职位	去职理由
袁隗	灵帝熹平元年十二月—熹平五年十月壬午	大鸿胪	
杨赐	灵帝熹平五年十一月丙戌—熹平六年十二月庚辰	光禄大夫	坐辟党人免
袁滂	灵帝光和元年二月癸丑—光和二年三月	光禄勋	
刘郃	灵帝光和二年三月—十月甲申	大鸿胪	谋诛宦官，事泄，下狱死
杨赐	灵帝光和二年十二月—光和四年闰月辛酉	光禄勋	病免
陈耽	灵帝光和四年十月—光和五年三月	太常	
袁隗	灵帝光和五年四月—中平二年二月己亥	太常	以寇贼免
崔烈	灵帝中平二年三月—中平四年四月	廷尉	职位变动，为太尉
许相	灵帝中平四年五月—中平五年八月	司徒	
丁宫	灵帝中平五年八月—中平六年七月庚寅	司徒	
黄琬	灵帝中平六年九月甲午—十二月戊戌	豫州牧	
杨彪	灵帝中平六年十二月戊戌—献帝初平元年二月乙丑	司徒	以灾异免
王允	献帝初平元年二月乙丑—初平三年六月	太仆	为李傕所害
赵谦	献帝初平三年六月	前将军	薨
淳于嘉	献帝初平三年九月甲申—兴平元年九月	司徒	

姓名	任职时间	任职前职位	去职理由
赵温	献帝兴平元年十月—建安十三年正月	卫尉	坐辟忠臣子弟选举不实免

资料来源：《后汉书》《后汉书三国志补表三十种》。

附表5 东汉太尉表

姓名	任职时间	任职前职位	去职理由
吴汉	光武建武元年七月壬子—建武二十年五月辛亥	大将军	薨
刘隆	光武建武二十年六月壬辰—建武二十七年五月丁丑	左中郎将	改大司马为太尉,骠骑大将军行大司马事隆即日罢
赵熹	光武建武二十七年五月丁丑—明帝永平三年二月甲寅	太仆	坐考事不实免
虞延	明帝永平三年二月己未—永平八年三月辛卯	南阳太守	职位变动,为司徒
赵熹	明帝永平八年三月辛卯—永平十八年十月丁未	卫尉	职位变动,为太傅
牟融	明帝永平十八年十月丁未—章帝建初四年二月庚寅	司空	薨
鲍昱	章帝建初四年五月甲戌—建初六年六月丙辰	司徒	薨
邓彪	章帝建初六年七月癸巳—元和元年八月甲子	大司农	病免
郑弘	章帝元和元年八月甲子—元和三年四月丙寅	大司农	漏泄密事免
宋由	章帝元和三年四月丙寅—和帝永元四年六月己丑	大司农	坐党窦宪自杀
尹睦	和帝永元四年八月癸丑—永元五年十月辛未	大司农	薨
张酺	和帝永元五年十一月乙丑—永元十二年九月戊午	太仆	被劾以有怨言免

姓名	任职时间	任职前职位	去职理由
张禹	和帝永元十二年九月丙寅—殇帝延平元年正月辛卯	大司农	职位变动,为太傅
徐防	殇帝延平元年正月辛卯—安帝永初元年九月庚午	司徒	以灾异屡见免
张禹	安帝永初元年九月庚寅—永初五年正月己丑	太傅	以阴阳不和免
李修	安帝永初五年正月甲申—元初元年九月乙丑	光禄勋	
司马苞	安帝元初元年九月辛未—初元二年六月丙戌	大司农	薨
马英	安帝初元二年七月辛巳—建光元年七月壬寅	太仆	薨
刘恺	安帝建光元年八月甲子—延光二年十月辛未	前司徒	病免
杨震	安帝延光二年十月甲戌—延光三年三月壬戌	司徒	有恚恨之心,免
冯石	安帝延光三年四月戊辰—延光四年四月丁酉	光禄勋	职位变动,为太傅
刘熹	安帝延光四年四月丁酉—顺帝永建元年正月辛巳	司徒	坐阿党权贵免
朱宠	顺帝永建元年二月丙戌—永建二年七月壬午	大鸿胪	以日食免
刘光	顺帝永建二年七月庚子—永建四年八月丁巳	太常	以阴阳不和免
庞参	顺帝永建四年九月癸酉—阳嘉二年七月己未	大鸿胪	以灾异免
施延	顺帝阳嘉二年八月己巳—阳嘉四年四月甲子	大鸿胪	以选举贪污免

姓名	任职时间	任职前职位	去职理由
庞参	顺帝阳嘉四年四月戊寅—永和元年十一月丙子	前太尉	病免
王龚	顺帝永和元年十二月乙巳—永和五年九月辛未	前司空	老病免
桓焉	顺帝永和五年九月壬午—汉安元年十月辛未	太常	以日食免
赵峻	顺帝汉安元年十一月壬午—建康元年八月丁丑	司隶校尉	职位变动,为太傅
李固	顺帝建康元年八月丁丑—质帝本初元年闰月丁亥	大司农	议立清河王蒜,忤梁冀免
胡广	质帝本初元年闰月戊子—桓帝建和元年六月	司徒	病免
杜乔	桓帝建和元年六月—九月丁卯	光禄勋	以地震免
赵戒	桓帝建和元年十月—建和三年十月	司徒	以地震免
袁汤	桓帝建和三年十月—永兴元年十月	司徒	以灾异免
胡广	桓帝永兴元年十月—永兴二年九月丁卯	太常	以日食免
黄琼	桓帝永兴二年九月丁卯—延熹元年七月甲子	司徒	以日食免
胡广	桓帝延熹元年七月甲子—延熹二年八月丁丑	太常	坐阿附梁冀免
黄琼	桓帝延熹二年八月壬午—延熹四年三月	大司农	以寇贼免
刘矩	桓帝延熹四年四月—延熹五年十一月	太常	以蛮夷反叛免

姓名	任职时间	任职前职位	去职理由
杨秉	桓帝延熹五年十一月—延熹八年五月丙戌	太常	薨
陈蕃	桓帝延熹八年七月—延熹九年七月	太中大夫	坐辟举不实免
周景	桓帝延熹九年九月—灵帝建宁元年四月戊辰	光禄勋	薨
刘矩	灵帝建宁元年五月丁未—十一月	太中大夫	以日食免
闻人袭	灵帝建宁元年十一月—建宁二年五月	太仆	以灾异免
刘宠	灵帝建宁二年六月—建宁二年十一月	司徒	以日食免
郭禧	灵帝建宁二年十一月—建宁三年四月	太仆	
闻人袭	灵帝建宁三年四月—建宁四年三月辛酉	太中大夫	以日食免
李咸	灵帝建宁四年三月辛酉—熹平二年三月	太仆	
段颎	灵帝熹平二年五月—熹平二年十二月	司隶校尉	病免
陈耽	灵帝熹平三年二月己巳—熹平五年五月	太常	
许训	灵帝熹平五年五月—熹平五年七月	司空	
刘宽	灵帝熹平五年七月—熹平六年十月	光禄勋	病免
孟彧	灵帝熹平六年十二月甲寅—光和元年正月	太常	

续表

姓名	任职时间	任职前职位	去职理由
张颢	灵帝光和元年三月辛丑—光和元年九月	太常	以星孛免
陈球	灵帝光和元年十月—光和元年十一月	太常	以日食免
桥玄	灵帝光和元年十二月丁巳—光和二年三月乙丑	光禄大夫	病免
段颎	灵帝光和二年三月乙丑—光和二年四月辛巳	太中大夫	以日食下狱死
刘宽	灵帝光和二年五月—光和四年九月庚寅	卫尉	以日食免
许馘	灵帝光和四年九月庚寅—光和五年十月	卫尉	坐错缪免
杨赐	灵帝光和五年十月—中平元年四月	太常	以贼寇免
邓盛	灵帝中平元年四月—中平二年五月	太仆	以大风雨雹免
张延	灵帝中平二年五月—中平三年二月庚戌	太仆	
张温	灵帝中平三年二月庚戌—中平四年四月	车骑将军	以寇贼免
崔烈	灵帝中平四年四月—中平四年十一月	司徒	
曹嵩	灵帝中平四年十一月—中平五年四月	大司农	
樊陵	灵帝中平五年五月—中平五年六月丙寅	永乐少府	以大风免
马日磾	灵帝中平五年七月—中平六年四月丙午	射声校尉	以日食免

姓名	任职时间	任职前职位	去职理由
刘虞	灵帝中平六年四月丙午—中平六年九月乙酉	幽州牧	职位变动，为大司马
董卓	灵帝中平六年九月乙酉—献帝初平二年二月丁丑	司空	职位变动，自为太师
黄琬	灵帝中平六年十二月戊戌—献帝初平元年二月乙亥	司徒	以灾异免
赵谦	献帝初平元年二月乙亥—初平二年七月丙寅	光禄勋	
马日碑	献帝初平二年七月辛酉—初平三年七月庚子	太常	职位变动，为太傅
皇甫嵩	献帝初平三年八月辛未—初平三年十二月	车骑将军	以流星免
周忠	献帝初平三年十二月—初平四年六月	光禄大夫	以灾异免
朱儁	献帝初平四年六月—兴平元年秋七月壬子	太仆	以日食免
杨彪	兴平元年秋七月戊子—建安元年九月	太常	职位变动，为右将军
袁绍	献帝建安元年九月—建安二年三月		职位变动，自为大将军

资料来源:《后汉书》《后汉书三国志补表三十种》。

附表6 东汉司空表

姓名	任职时间	任职前职位	去职理由
王梁	光武建武元年七月丁丑—建武二年二月己酉	野王令	不奉召
宋弘	光武建武二年二月壬子—建武六年十二月壬辰	太中大夫	坐考上党太守无所据免
李通	光武建武七年五月戊戌—建武十二年九月	前将军	病免
马成	光武建武十二年十二月辛卯—建武十三年三月丙子	扬武将军	
窦融	光武建武十三年四月甲寅—建武二十年四月庚辰	冀州牧	大司徒戴涉坐所举人盗金下狱，受牵连免职
朱浮	光武建武二十年六月庚寅—建武二十二年十月壬子	太仆	卖弄国恩免
杜林	光武建武二十二年十月癸丑—建武二十三年八月丙戌	光禄勋	薨
张纯	光武建武二十三年十月丙申—建武中元元年三月戊辰	太仆	薨
冯鲂	光武建武中元元年六月辛卯—明帝永平四年十月乙卯	太仆	坐考邓融任职奸吏免
伏恭	明帝永平四年十月丙辰—永平十二年七月乙亥	太仆	薨
牟融	明帝永平十二年七月乙未—永平十八年十月丁未	大司农	职位变动，为司空
第五伦	明帝永平十八年十一月戊戌—章帝元和三年五月丙子	蜀郡太守	薨

姓名	任职时间	任职前职位	去职理由
袁安	章帝元和三年五月丙子—章和元年六月癸卯	太仆	职位变动，为司徒
任隗	章帝章和元年六月癸卯—和帝永元四年八月辛亥	光禄勋	薨
刘方	和帝永元四年十月己亥—永元六年二月丁未	宗正	职位变动，为司徒
张奋	和帝永元六年二月定期—永元九年十二月丙寅	太常	病免
韩棱	和帝永元九年十二月壬申—永元十年七月己巳	太仆	薨
巢堪	和帝永元十年八月丙子—永元十四年十月丁酉	太常	
徐防	和帝永元十四年十一月癸卯—永元十六年十月辛卯	大司农	职位变动，为司徒
陈宠	和帝永元十六年十月辛卯—殇帝延平元年四月丙寅	大鸿胪	薨
尹勤	殇帝延平元年六月丁未—安帝永初元年九月辛未	太常	以雨水伤稼免
周章	安帝永初元年九月庚寅—十一月丁亥	太常	坐密谋废立免，自杀
张敏	安帝永初元年十二月乙卯—永初六年四月乙丑	颍川太守	病免
刘恺	安帝永初六年四月己卯—元初二年十二月庚戌	太常	职位变动，为司徒
袁敞	安帝元初二年十二月庚戌—安帝元初四年四月戊申	光禄勋	漏泄省中语免
李郃	安帝元初四年五月丁丑—永宁元年十月己巳	太常	坐请托免

姓名	任职时间	任职前职位	去职理由
陈褒	安帝永宁元年十月癸酉—延光元年四月癸巳	卫尉	以地震免
刘授	安帝延光元年五月庚戌—延光四年十一月己卯	宗正	阿附恶逆,辟召非其人,免
陶敦	安帝延光四年十二月甲申—顺帝永建元年十月丁亥	少府	
张皓	顺帝永建元年十月壬寅—永建四年八月丁巳	廷尉	以阴阳不和,久托病,免
王龚	顺帝永建四年九月癸酉—阳嘉二年五月戊午	太常	以地震免
孔扶	顺帝阳嘉二年六月辛未—阳嘉三年十一月壬寅	太常	
王卓	顺帝阳嘉三年十一月乙巳—永和二年三月乙卯	光禄勋	薨
郭虔	顺帝永和二年三月丁丑—永和六年三月庚子	光禄勋	
赵戒	顺帝永和六年三月丙午—质帝本初元年闰月戊子	太仆	职位变动,为司徒
袁汤	质帝本初元年闰月戊子—桓帝建和元年十月	太仆	职位变动,为司徒
胡广	桓帝建和元年十月—元嘉元年十月	前司空	告老致仕
黄琼	桓帝元嘉元年闰月庚午—元嘉二年十一月	太常	以地震免
赵戒	桓帝元嘉二年十二月—永兴元年十月	特进	
房植	桓帝永兴元年十月—永寿元年六月	光禄勋	以水灾免

姓名	任职时间	任职前职位	去职理由
韩缜	桓帝永寿元年六月—永寿三年十一月	太常	职位变动,为司徒
孙朗	桓帝永寿三年十一月—延熹二年八月丁丑	太常	坐阿附梁冀下狱
盛允	桓帝延熹二年八月壬午—延熹三年七月	大鸿胪	职位变动,为司徒
虞放	桓帝延熹三年七月—延熹四年六月己酉	尚书	以水灾免
黄琼	桓帝延熹四年六月己酉—九月	前太尉	以地震免
刘宠	桓帝延熹四年九月—延熹六年十一月	大鸿胪	以阴雾愆阳免
周景	桓帝延熹六年十二月—延熹八年十月	卫尉	以地震免
刘茂	桓帝延熹八年十月—延熹九年九月	太常	上疏为李膺等情,免
宣酆	桓帝延熹九年十二月—灵帝建宁元年四月戊辰	光禄勋	
王畅	灵帝建宁元年四月戊辰—八月	长乐卫尉	以水灾免
刘宠	灵帝建宁元年八月—九月辛亥	宗正	职位变动,为司徒
许栩	灵帝建宁元年九月丁亥—建宁二年五月	大鸿胪	以灾异免
刘嚣	灵帝建宁二年六月—建宁三年七月	太仆	
桥玄	灵帝建宁三年八月—建宁四年三月辛酉	大鸿胪	职位变动,为司徒
来艳	灵帝建宁四年四月—七月	太常	以灾异免
宗俱	灵帝建宁四年七月—熹平二年正月丁丑	太常	薨

姓名	任职时间	任职前职位	去职理由
杨赐	灵帝熹平二年二月壬午—七月	光禄勋	以灾异免
唐珍	灵帝熹平二年七月—熹平三年十二月	太常	以寇贼免
许训	灵帝熹平三年十二月—熹平五年五月	永乐少府	职位变动,为司空
刘逸	灵帝熹平五年六月壬戌—熹平六年七月	太常	
陈球	灵帝熹平六年七月—十一月	廷尉	以地震免
陈耽	灵帝熹平六年十二月庚辰—光和元年四月丙辰	太常	以地震免
来艳	灵帝光和元年四月丙辰—九月	太常	薨
袁逢	灵帝光和元年十月—光和二年三月乙丑	屯骑校尉	以地震免
张济	灵帝光和二年三月乙丑—中平元年四月	太常	
张温	灵帝中平元年四月—中平二年八月	大司农	职位变动,为车骑将军
杨赐	灵帝中平二年九月—十月庚寅	特进	薨
许相	灵帝中平二年十月—中平四年五月	光禄大夫	职位变动,为司徒
丁宫	灵帝中平四年五月—中平五年八月	光禄勋	职位变动,为司徒
刘宏	灵帝中平五年八月—中平六年八月辛未	光禄勋	以久不雨免
董卓	灵帝中平六年八月辛未—九月乙酉	并州牧	职位变动,为司空
杨彪	灵帝中平六年九月丙戌—十二月戊戌	太中大夫	职位变动,为司徒

姓名	任职时间	任职前职位	去职理由
荀爽	灵帝中平六年十二月戊戌—献帝初平元年五月	光禄勋	薨
种拂	献帝初平元年六月辛丑—初平二年七月	光禄大夫	以地震免
淳于嘉	献帝初平二年七月癸卯—初平三年九月甲申	光禄大夫	职位变动,为司徒
杨彪	献帝初平三年九月甲申—初平四年十月辛丑	光禄大夫	以地震免
赵温	献帝初平四年十月丙午—十二月辛丑	太常	以地震免
张喜	献帝初平四年十二月乙巳—建安元年九月	卫尉	
曹操	献帝建安元年十一月丙戌		职位变动
郗虑	献帝建安十三年八月丁未	光禄勋	

资料来源:《后汉书》《后汉书三国志补表三十种》。

附表 7　西汉历朝犯罪三公策免比重图

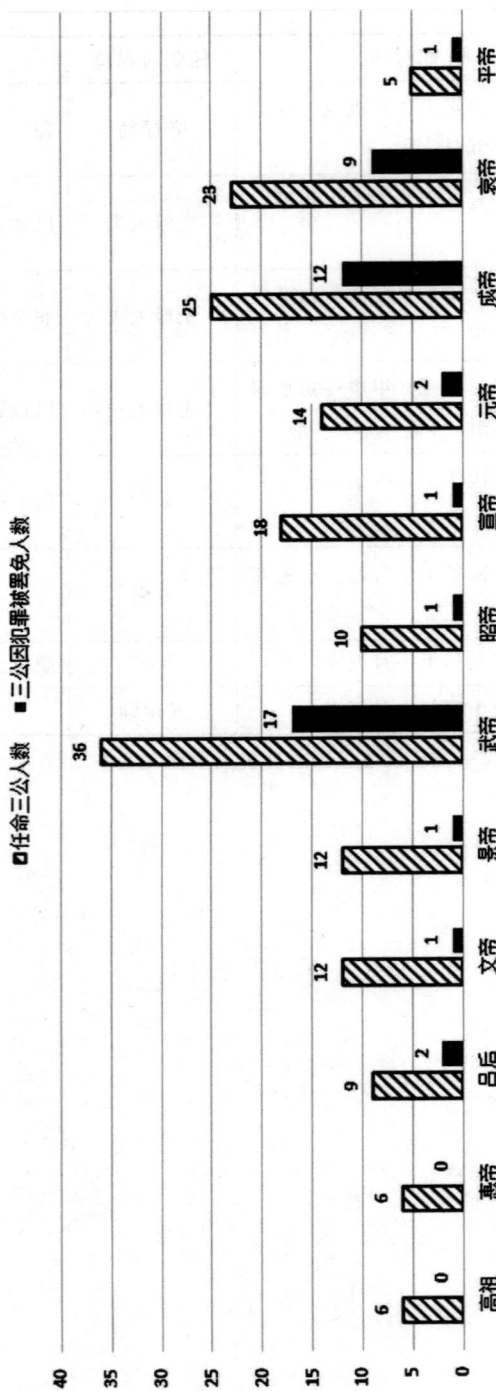

□任命三公人数　■三公因犯罪被罢免人数

三公因犯罪被罢免人数/任命三公人数：高祖 0/6　惠帝 0/6　吕后 2/9　文帝 1/12　景帝 1/12　武帝 17/36　昭帝 1/10

宣帝 1/18　元帝 2/14　成帝 12/25　哀帝 9/23　平帝 1/5

附表 8　东汉历朝犯罪三公策免比重图

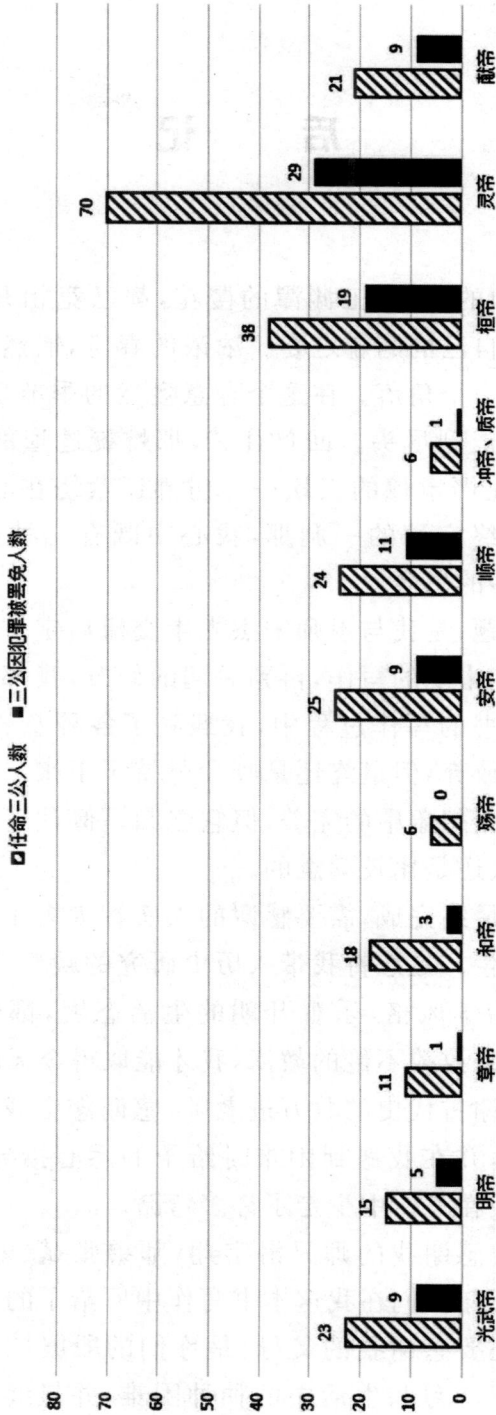

□任命三公人数　■三公因犯罪被墨免人数

	光武帝	明帝	章帝	和帝	殇帝	安帝	顺帝	冲帝、质帝	桓帝	灵帝	献帝
任命三公人数	23	15	11	18	6	25	24	6	38	70	21
三公因犯罪被墨免人数	9	5	1	3	0	9	11	1	19	29	9

三公因犯罪被墨免人数/任命三公人数：光武 9/23　明帝 5/15　章帝 1/11　和帝 3/18　殇帝 0/6　安帝 9/25　顺帝 11/24
冲帝、质帝 9/23　桓帝 1/6　桓帝 19/38　灵帝 29/70　献帝 9/21

· 257 ·

后　记

　　窗外,景山的牡丹,玉渊潭的樱花,都已竞相开放,正肆意向世人们展现着自己的婀娜之姿。浓浓的春意,悄然之间已覆盖了古老帝都的每一个角落。在这个春意盎然的季节里,我的三年博士生生活即将走到尽头。回首往昔,那蜿蜒逶迤的长城,金碧辉煌的紫禁城,庄严肃穆的天坛……仿佛还萦绕在心间,久久不曾淡去。本书最终定稿的一刹那,我心中既有一种如释重负的感觉,也有着颇多的感慨。

　　本书的命题,是我与恩师宋杰先生交流后定下来的。从前期的资料搜集,到中期的写作,再到后期的修改,我都在努力做到最好。尽管在本书的写作过程中,我遇到了各种意想不到的困难,也曾一度想过放弃,但最终还是咬牙坚持了下来。也许本书的最终定稿并没有我想象中的完美,但它终归是倾注了大量心血的一件作品,我本人还是比较满意的。

　　本书能够最终完成,需要感谢的人实在太多了。首先我要感谢恩师宋杰先生。是您将我带入历史研究的殿堂之中,您渊博的学识,严谨的治学风格,乐观开朗的生活态度,都令我深深地折服。因为有了您孜孜不倦的教诲,我才能取得今天的成绩。

　　我也要感谢古代史的蔡万进老师,感谢您在我这本书的写作中给予的鼓励,并在我遇到困难时给予的悉心指导,因为有了您的教诲,才使我在写作中少走了许多弯路。

　　同时,我要感谢我的师兄滑宇翔,师弟张斌、宋磊,以及舍友王栋亮等人,感谢你们在我这本书写作中所给予的帮助。

　　最后,我还要感谢我的父母,是你们的殷殷期盼和亲切的鼓励,让我克服了学习和生活中的种种困难,并最终取得了今天的成绩。子曰："父母在，不远游。"但在外求学的十几年中，我在家的时间屈指可数，每一次都是匆匆而来，又匆匆而去。在这里，我想借这个机会，向你们表达我内心深深的愧疚，你们的养育之恩儿子无以为报，唯有在未来的工作和学习中加倍努力，以不辜负你们的期望。

　　三年的博士生生活即将结束，我也要走上新的工作岗位，一副崭新的人生画卷即将徐徐展开。未来的人生之路上究竟会发生什么，我无法预知，但不管怎样，我都将奋然而前行。因为我始终坚信，唯有自助者才能得到天助。

郜俊斌

2015 年 4 月 15 日

于首都师范大学 10 号公寓